陕西抗战记忆丛书

抗战中的陕西民众

陈答才 ◉ 主编　袁文伟 ◉ 编著

陕西新华出版传媒集团

太白文艺出版社·西安

图书在版编目（CIP）数据

抗战中的陕西民众 / 袁文伟编著. — 西安：太白
文艺出版社，2018.1（2023.2重印）
（陕西抗战记忆 / 陈答才主编）
ISBN 978-7-5513-0862-5

Ⅰ. ①抗… Ⅱ. ①袁… Ⅲ. ①抗日战争—史料—陕西
省 Ⅳ. ①K265.06

中国版本图书馆CIP数据核字（2015）第258422号

抗战中的陕西民众
KANGZHAN ZHONG DE SHAANXI MINZHONG

作　者	袁文伟
总策划	党　靖
责任编辑	史　婷
封面设计	高　薇
版式设计	新纪元文化传播
出版发行	陕西新华出版传媒集团
	太白文艺出版社
经　销	新华书店
印　刷	三河市嵩川印刷有限公司
开　本	787mm×1092mm　1/16
字　数	273千字
印　张	19.75
版　次	2018年1月第1次印刷
印　次	2023年2月第3次印刷
书　号	ISBN 978-7-5513-0862-5
定　价	68.00元

版权所有　翻印必究
如有印装质量问题，可寄出版社印制部调换
联系电话：029-81206800
出版社地址：西安市曲江新区登高路1388号（邮编：710061）
营销中心电话：029-87277748 029-87217872

抗战精神　永放光芒

姚文琦

陕西不仅有着悠久的历史、灿烂的文化，而且有着光荣的革命传统。在伟大的全民族抗日战争中，陕西的爱国军民无论在陕甘宁边区还是在国民党统治区，一直坚持抗日民族统一战线，在敌后战场和正面战场英勇杀敌，为国家的独立、民族的解放做出了卓越的贡献，有的献出了宝贵的生命。他们的业绩永载史册，民族精神将世代相传。

1931年9月18日，日本帝国主义制造了震惊中外的九一八事变，地处西北的三秦儿女和全国人民一样，被日军的疯狂侵略所激怒，迅速掀起了抗日救亡运动的高潮。9月20日，中共陕西省委发表了《关于日本帝国主义出兵占领东三省的决议》，要求各级党组织在群众中开展反对日本帝国主义的宣传，在学生中成立反帝大同盟组织，将反帝特别是反日斗争和日常斗争、拥护苏维埃运动结合起来。

九一八事变后，从苏区到国民党统治区，在中国共产党的宣传、领导下，抗日救亡团体纷纷成立，而且组织了抗日武装力量。他们矢志抗日，誓言宁愿战死，不做亡国奴。强烈要求开赴抗日前线，与日寇决一死战，收回国土，以雪国耻。

1935 年 12 月，北平学生发起"一二·九"运动的消息传到陕西，省城西安的学生冲破国民党高压政策的压制，走上街头，声援北平学生的爱国壮举，勇敢地投入到抗日救亡的洪流中去。

1936 年 12 月，西安事变爆发后，西安成为举世瞩目的中心。张学良、杨虎城果断采取了一系列紧急措施，使陕西政治气象焕然一新，陕西成为国民党统治区民主空气最为活跃的地区。

西安事变的和平解决，迫使蒋介石结束了反共内战，对于国共两党再次合作、团结抗日起了重要的推动作用，成为中国革命由国内革命战争走向抗日民族战争的转折点，成为时局转换的枢纽。

1937 年 1 月 17 日，中共中央进入延安。从此，延安成为中共中央所在地，中国人民革命斗争的总后方，全国进步青年向往的革命圣地。

1937 年 7 月 7 日，卢沟桥事变爆发后，中共陕西省委适时将工作重点转移到执行党的抗日民族统一战线的路线、方针和政策上。在国民党统治区，中共陕西省委广泛发动群众，开展轰轰烈烈的抗日救亡活动，同消极抗日的国民党顽固派进行不懈的斗争。开展广泛的抗日民族统一战线工作，直接参加或配合友军奔赴抗日前线，与日军血战。三秦子弟以血肉之躯，阻止了日军西进步伐。

全面抗日战争时期，陕西分为两个不同的区域，一个是中国共产党领导的陕甘宁边区，一个是陕甘宁边区以外的国民党统治区（陕南、关中及陕北部分地区）。抗战中，陕西军民在中国共产党抗日民族统一战线方针的指导下，坚持国共两党团结抗日，为民族解放战争做出了重大贡献。

延安和陕甘宁边区是中共中央所在地，是全民族抗战的政治指导中心，是八路军、新四军和全国共产党领导的抗日武装的战略总后方。在这里，中共中央和毛泽东制定了一系列指导抗日战争的路线、方针和政策，进行了伟大的整风运动和大生产运动，培育了光芒四射的延安精神，形成了毛泽东思想的科学体系；在这里，中国工农红军改编为八路军，出师抗日，开辟广大的敌后战场，配合正面战场，迎来了抗日战争的伟大胜利；在这里驻守边区的八路军留守兵团，在府谷至宜川的千里河防上，阻击日军，保卫了边区；在这里，培养造就了大批干部，他们成为后来中国革命和建设的领导骨干。在中共中央和毛泽东的直接领导和指导下，陕甘宁边区成为抗日战争的中流砥柱，中国新民主主义政治、经济、文化的示范区，模范的抗日民主根据地。

陕西国民党统治区既是抗战的大后方，又是抗战的前线。全面抗战爆发后，大部分由三秦儿女组成的国民革命军第三十八军、第九十六军、第二十二军、第十七军、第九十八军在人民群众的支援下，出师华北，英勇杀敌，保家卫国；驻守在绥蒙陕边界、宜川、韩城、合阳、大荔、朝邑、潼关黄河沿岸的陕军各部，形成铜墙铁壁，阻击日军，使日军无法西进，保卫了西北、西南的安全；在国民革命军其他部队的三秦儿女奋战在大江南北，奋勇杀敌，立下了赫赫战功。由于陕西在抗战中的战略地位，日军对陕西国统区及陕甘宁边区进行了无差别的轰炸，使陕西军民生命财产受到极大损失，但是陕西军民不畏强暴，为保卫陕西，保卫黄河，保卫国家，积极参军参战，在民族解放战争中写下了光辉的一页，并将永载史册。

抗战时期，陕甘宁边区有3万多青年参加八路军，民众缴纳爱国公粮100多万石，支前154万多人次，组织150多万头牲畜运送物资，做军鞋20多万双。抗战时期的陕西国统区约有937万人，其中训练壮丁160万人以上。按当时陕西总人口计算，不到9人就有1人应征入伍，占总人口的12%。其中1942年到1945年直接送往中国远征军的兵员为63589人。

抗战中，陕西由于特殊的政治、地理因素，成为日军攻击和飞机轰炸的重点。日军空袭陕西的飞机大多是从运城、临汾、太原、武汉、包头等机场起飞。轰炸的范围遍及陕西55个市县镇，西安、延安、宝鸡、潼关、安康等地为重点。从1937年11月7日日军轰炸潼关始，到1945年1月4日日军最后一次轰炸安康，其间日机共轰炸陕西560余次，投弹1.36万枚，炸死百姓9047人，炸伤7015人，炸毁房屋 43825 间，民众财产直接损失 982.5 亿元。其中一次死伤在百人以上的城市有西安、延安、宝鸡、安康等。遭受轰炸最为严重的为西安市，日机轰炸 147 次，死亡 2719 人，伤 1228 人，炸毁房屋 7972 间。

日军对中共中央所在地延安也进行了轰炸，据 1946 年 3 月 10 日延安《解放日报》文章披露，1938 年 11 月 20 日，日机第一次轰炸延安，到 1941 年 10 月最后一次轰炸，据统计日机共轰炸 17 次，投弹 1690 枚，炸死 214 人，伤 184 人，炸毁公共房产 1176 间（不含教堂的 169 间和礼拜堂一座），民房 14452 间，毁坏粮食 34.4 万斤，其他间接损失合边币 28.21 亿元，按 1945 年时值约合法币 1.5799 亿元。

抗战时期，主要由陕籍青年组成的国民革命军之孙蔚如统领的第三十八军（军长赵寿山）、九十六军（军长李兴中），高桂滋第十七军，高双成第二十二军以及冯钦哉第二十七路军，武士敏统领的第九十八军，王劲哉率领的一二八师等三秦子弟组成的几支部队，东渡黄河，置身华北、中原等抗日前线，或与八路军配合，或独立作战，奋勇杀敌，抗击了大量的日军、伪军。抗战中，牺牲的陕籍军民达数十万人，涌现出无数动人的英勇事迹，谱写了一曲曲爱国乐章。

《陕西抗战记忆》丛书包括《陕西抗战将领》《陕西抗战遗存》《抗战中的陕西民众》和《陕西抗战事件》，太白文艺出版社策划出版这套丛书，就是为了纪念那段难忘的岁月，再现中国人民保家卫国的抗战精神和大无畏的牺牲精神，告慰在抗战中牺牲的千千万万英烈。

抗战英烈，永垂不朽！

抗战精神，永放光芒！

目录／CONTENTS

第一章　陕甘宁边区群众抗战团体

1937 年 7 月 7 日，日本发动卢沟桥事变，全面抗日战争爆发。在中共中央的领导下，中共陕西党组织适时地把党的工作转移到执行党的抗日民族统一战线的路线和方针上。在西北苏区，根据国共两党协议，将西北革命根据地更名为陕甘宁边区，相继建立了各级民主政权，边区成为抗日的坚强堡垒，延安成为中共中央指导抗战的政治中心、举世闻名的革命圣地。在中共中央的直接领导下，陕甘宁边区党委、边区中央局、中央西北局领导和组织边区人民群众，成立各种抗战团体支援抗战，把边区真正建成了全国模范的抗日民主根据地。

第一节　西北青年救国联合会

西北青年救国联合会，简称青救会，是中国共产党领导的中国抗日民族统一战线青年组织形式，曾为动员、鼓舞和团结爱国青年积极投入民族抗日战争发挥了重要作用。

一、西北青年救国联合会（简称青救会）的成立

1935年，华北事变后中日民族矛盾上升为主要矛盾，日本帝国主义成了中华民族的主要敌人。1935年8月1日，中共驻共产国际代表团起草了《为抗日救国告全体同胞书》，提出建立抗日民族统一战线。1935年7月，共产国际"七大"亦明确通过了建立国际反法西斯统一战线的决议。同年9月，遵照共产国际"七大"决议精神，少年共产国际第六次代表大会决定建立全世界青年反法西斯统一战线，指示各国青年团要"根本改造"，"成为广大群众的非党的青年团"。1935年12月20日，中国共青团中央发表《为抗日救国告全国各校学生和各界青年同胞宣言》，呼吁："一切爱国的青年同胞和青年组织，大家在抗日救国的义旗之下联合起来！""中国共产青年团不但愿意与任何抗日救国的组织合作，与一切爱国同胞实行亲密团结，共同奋斗！而且愿意把我们的组织开放起来，欢迎一切赞成抗日救国的青年加入，把我们共产主义的青年组织，公开地变成广大群众的抗日救国青年团。"1935年12月，中共中央召开了瓦窑堡会议，制定了抗日民族统一战线政策。在建立广泛的抗日民族统一战线过程中，青年救国会开始建立。

1936年11月1日，中共中央为了充分发挥各界青年在抗日救国活动中的作用，做出了《关于青年工作的决定》，要求把青年团改变为群众性的抗日救国的非党青年组织。陕北团省委当即制订出改造团的具体计划，其主要内容是：

（1）提高团员的觉悟，以保证多数团员转到党组织里来。

（2）广泛宣传青救会组织，以保证广大青少年加入青救会组织。

（3）把文化教育作为冬季的主要工作等。

1936年12月5日，中央一级青年俱乐部宣告成立，刘瑛、许起荣、雷铁鸣组成主席团，朱德、毛泽东、洛甫（张闻天）到会并先后讲话，提出"俱乐部应成为抗日救国青年组织"。在各区县建立青救会的基础上，

12 月 26 日召开了各县青救会主任联席会议，会议决定成立陕北省青救会临时委员会，高朗山等十七人为执行委员。

1937 年 1 月，陕甘宁省和陕甘省青救会临时委员会也宣告成立。

1937 年 2 月，国民党五届三中全会后，抗日民族统一战线基本形成，"为争取千百万群众进入抗日民族统一战线而斗争"成为党在这一时期的中心任务。西北青年救国会筹备会在《召集西北青年救国代表大会决定》中指出，召开西北青年救国代表大会的目的是"为着迎接剧烈开展着的政治形势的任务，检阅一年来西北青年斗争的经验，确定西北青年救国方针，加强西北青年救亡运动的领导"。

为了迎接西北青年救国代表大会的召开，1937 年 3 月 29 日，关中分区召开了青年救国代表大会，正式成立了关中分区青救会。同时，陕甘宁省也召开了青年救国代表大会，正式成立了陕甘宁省青救会。4 月 7 日，陕北省也召开了青年救国代表大会，正式成立了陕北省青救会。三个代表大会都分别选出了出席西北青年救国代表大会的代表。

1937 年 4 月 12 日至 17 日，西北青年救国联合会第一次代表大会在延安召开。到会代表共三百一十二名（其中西安代表二十一名），分别来自苏区、国统区和沦陷区的十八个省和地区，代表着全国二十多万有组织的爱国青年群众。宋庆龄、马相伯、蒋介石、毛泽东、周恩来等二十五位国、共两党及无党派知名人士被选举为大会名誉主席团成员，宋继唐、冯文彬等二人被选举为大会主席团成员。大会通过了《目前政治形势与青年救亡运动的决议》，决定建立"西北青年救国联合会"，作为全国青年救国会成立前现有各地青年团体的最高领导机关。18 日，大会选举产生了西北青救会第一届执行委员会，冯文彬任主任，白治民、高朗山、李瑞山等六人为常委，胡耀邦等为候补常委。大会开幕当天，向全国拍发了四份通电，即《致中国国民党中央委员会、中国共产党中央委员会电》《致南京国民政府电》《致全国各青年团体电》和《致世界青年电》。大会通过了《目前政治形势与西北青年救亡运动任务的决议》，提出了《全国青年救国纲领》（草案），制定了《西北青年救国联合会章程》。

大会决议明确提出一切青年应在抗日救国的旗帜之下团结起来。《西北青年救国联合会章程》确定青救会的性质和宗旨是团结西北和全国青年，建立不分阶级、党派、民族的青年统一战线。这个统一战线的任务，首先是坚持持久抗战，铲除一切汉奸，收复一切失地。其次是实现青年的互爱、互助、互励，解决青年的各种切身问题并为青年的彻底解放而奋斗。

这次大会为第二次国共合作时期青年运动的发展，做了组织上和思想上的准备，它标志着全国青年抗日救国统一战线组织的正式建立。

二、西北青年救国联合会的机构

西北青救会成立之初，机关驻地在延安市，1937年12月迁至陕西省泾阳县云阳镇，1938年3月又迁到泾阳县安吴堡，1938年10月迁回延安。其主任先后有冯文彬、白治民、高朗山。

西北青救会设有组织、文化教育、宣传、青妇、社会、儿童、军事体育、联络、军事、经济等工作部门。先后领导陕北省、陕甘宁省、陕甘省和陕北东、陕北西、关中、神府、三边、绥德、洛川等分（特）区和边区直属各县以及甘肃境内的庆环（陇东）分区青救会。

西北青救会下辖的机构有：

（一）中国青年干部训练班，亦称战时青年短期训练班、安吴青训班。

1937年10月11日举办第一期，地址在三原县于右任创办的斗口农场。

青训班由中共陕西省委安排西安事变前后青年运动中的积极分子一百五十人参加学习。经过十五天短期培训后，分配到各地开展抗日救亡工作。班主任冯文彬、大队长乐少华。

第一期结束后，各方面认为，举办这种短期训练班培养青年干部的方法很好，陕西省委又提议举办第二期。这时，由全国各地来到西安八路军办事处的青年，要求去延安、去解放区参加革命工作。所以，八路军办事处便将这些青年安排到青训班来学习。

第二期青训班的地址由斗口农场迁到泾阳县云阳镇城隍庙，学员五百人，学习时间延长为二十天。1937年11月，胡乔木担任青训班副主任。

1938 年 1 月，即从第四期开始，青训班迁移到云阳镇以北五里处的安吴堡。中央从抗大和党校等单位抽调一批革命经验丰富和有一定理论水平的干部到青训班执教。学习课目主要是军事和政治两方面。军事方面讲武器使用、步兵战术、游击战法及军事训练等。政治课主要讲抗日民族统一战线的方针政策、政治常识、社会科学基础等。学习时间延长为一至三个月。

1938 年 8 月，八路军总司令朱德由前线回来，专程到青训班为学员做报告并担任了青训班的名誉主任。同年 11 月，刘瑞龙担任青训班副主任。1937 年 7 月，朱致平代理青训班主任。

1939 年 10 月 5 日，为纪念青训班开办两周年，毛泽东主席为青训班题词："带着新鲜血液与朝气加入革命队伍的青年，无论他们是共产党员或非党员，都是宝贵的。没有他们，革命队伍就不能发展，革命就不能胜利……"

1940 年 4 月，安吴青训班迁往延安，并入新成立的泽东青年干部学校。安吴青训班在两年半时间里共举办十四期，培训学员一万两千名。为抗日战争输送了优秀的干部，被誉为"抗日青年熔炉，青运史上的丰碑"。

（二）西北青救会西安办事处。

西北青救会为加强对陕西国统区青年抗战组织的指导，1937 年 12 月在西安设立办事处，1938 年 12 月撤离，办公地点在西安北大街平民坊 5 号。一年时间里，以西安为据点，就近联络和推动国民党统治区及敌后青年运动，争取团结了更多的青年学生到抗日民族统一战线中来。1938 年 8 月，西安形势逆转，办事处转移到西安东大街基督教青年会的两间房子中秘密办公。黄华、何志诚（何之忱）、刘光、陈宇、罗毅、罗云、周继颐（周颐）等先后为负责人。

（三）西北青救会渭北办事处。

1938 年 3 月建立，同年 9 月结束。方晨、何贵生（何承华）为办事处负责人。工作人员有杨帆、白云帆、王宜才、张瑛。主要工作是帮助渭北各县建立青救会、民先队，为恢复这些地区的党组织做好思想准备和组织准备。

此外,西北青救会所属单位还有抗战剧团、孩子剧团、总剧团、青年艺术剧院和战地工作团,领导泽东青年干部学校和华北巡视团、边区青年工作团、绥(德)米(脂)考察团、少年儿童工作团。

西北青救会成立后,广泛组织根据地的青年参加救亡活动,积极同国统区各青年团体联系,使青年运动蓬勃兴起并迅速发展。1938年10月,西北青救会已成为冀、晋、察、绥、陕、甘、宁、豫各省的共同组织,并与国统区的许多青年团体建立了广泛的联系与合作,成为全国现有一切青年救亡组织中最大的一个。

为了加强与全国青年团体的联系,进一步开展与扩大青年救亡运动,1937年12月初,西北青救会由延安移驻陕西省泾阳县云阳镇、安吴堡等地办公。在延安新成立了陕甘宁特(边)区青年临时救国联合会,统一领导陕甘宁特(边)区各级青救会和青年运动。边区青救会由九人组成,主任委员高朗山,负责各级青救会的改选工作。

从1938年初开始,西北青救会和西安办事处陆续派干部和青训班毕业学员到陕西国统区关中部分县份建立青救会组织,并在同国民党陕西省党部取消青救会的斗争中不断发展,会员达三千余人。

1938年2月到9月间,国民党陕西省党部两次下令解散西北青救会等十三个青年抗日团体,还在六七月间逮捕了青救会、民先队等组织的五名负责人。经青救会等组织的积极斗争和陕甘宁边区各团体、西北各界爱国人士的大力声援,国民党省党部被迫释放了"西安五青年"。在这场斗争中,扩大了青救会等抗日团体的影响。同年6月,世界学联代表团来到陕西,西安、延安、安吴堡等地的青救会热烈欢迎,并同他们进行了广泛的座谈讨论,加强了西北青年对世界学生运动的了解和联系,扩大了西北青年抗日救国运动在国际上的影响。

1938年10月10日至11月21日,西北青救会在延安召开第二次代表大会,到会的有西北、西南、华北、华南、南洋等地代表三百一十四人,大会选举了西北青救会新的领导人,听取了冯文彬做的《中国青年运动的新方向》的报告。报告指出，在敌人占据的地方，救国会的任务是秘密地积蓄力量，来配合乡村的游击战；同时，要团结各阶层，参加到敌人允许的组织里去，以便取得掩护。在抗日根据地，青救会的任务是组织青年、武装青年，建立抗日政权，发展游击战争。这个报告为青救会的工作进一步指明了方向。大会还通过了《抗日少年先锋队章程》和《儿童组织章程》。

为加强各青年团体在抗日救亡运动中的团结和统一，大会成立了中华青年救国团体联合办事处，主任冯文彬、副主任李昌、组织部副部长黄华、宣传部长胡乔木。在这次大会的推动下，到 1939 年 7 月，晋察冀边区就有了青救会员二十二万多人。冀鲁豫边区有会员七万多人，胶东有会员八万多人。陕甘边区抗战才开始一年，就有青救会员十六万多人。

西北青救会、中华青联办事处与中共中央青年工作委员会三个机构在延安合署办公，一套班子，这样形成了以中共中央青委为核心，以中华全国青年联合会办事处为主体的全国青年运动领导机关。

西北青救会第二次代表大会结束后，西北青救会为加强对陕西国统区青救会的领导，在形势好转时，对国民党领导的陕西三青团开展统战工作，决定黄爱民负责筹建陕西省青救会。12 月初，陕西省青救会在泾阳县安吴堡召开成立大会，到会的关中各地青救会代表三十余人，选举了陕西省青救会领导成员，主任黄爱民。陕西省青救会隶属西北青救会和中共陕西省委青委领导，以泾阳县安吴堡为机关驻地。

1942 年 8 月，为了贯彻党中央"精兵简政"的方针，陕甘宁边区青救会、妇联、总工会等三团体合并，组成了边区各界抗日救国联合会。1945 年初，抗日战争即将取得胜利，为了适应抗战胜利后的形势与任务的要求，中华青联办事处、西北青救会、陕甘宁边区青救会和陕甘宁边区学联于 3 月 28 日联合提出组织"中国解放区青年联合会"的倡议。

1945 年 5 月 3 日，西北青救会在延安组织召开了中国解放区青年联合会筹备委员会成立大会，会上由各解放区青年团体选出二十四人组成解放区青年联合会筹委会，并推选出十一人为常务委员，主任冯文彬、秘书长蒋南翔。

1946年4月，陕甘宁边区青救会召开执委扩大会议，总结了抗日救国中的青年工作，边区青救会改为边区各界青年联合会。解放区青年联合会筹委会的建立，标志着西北青救会、中华青联办事处完成了历史使命，青年运动进入了新的历史时期。

三、西北青年救国联合会的抗日救亡活动

西北青救会在建立、发展青年抗日救国统一战线的同时，积极引导广大青年参加抗日救国的各项工作，形成了一股强大的青年抗日救国运动。

1. 开展统战工作，争取青救会的 公开合法地位

1938年2月，国民党陕西省党部宣布解散西北青救会等十三个青年团体，六七月间又先后逮捕了民先、青救、新文字促进会负责人于志远、蔺克义、何志诚、李连璧、陈宇五位爱国青年。办事处一面派代表与国民党陕西省党部商洽，一面发动社会各界抗议省党部对抗日青年的迫害，发动"营救、慰问五青年"的社会活动。

为搞好西安各青年团体之间的统一战线工作，办事处负责人多次在各团体和学校做说服工作，并发表《致西北青年抗敌协会及抗敌先锋团全体会员同志一封信》和《致青年抗敌总会西北分会的信》，号召国民党领导的青年团体从民族利益出发，为搞好西安青年团体间的真诚合作而努力。同时，亦向西安各界名流做统战工作。

2. 积极组织青年参军参战，支援抗战前线

西北青救会从它诞生那天起，就在全国青年救亡纲领的基础上，率先担负起团结广大青年共赴国难的重任。七七事变后，7月8日，党中央向全国发表宣言，指出"只有全民族实行抗战，才是我们的出路"。9日，西北青救会通电全国青年，号召全国青年团结抗战，保卫华北。10日，西北青救会向全体会员发出紧急动员令，要求青救会组织及会员：（1）扩大抗战的宣传和动员；（2）加强组织民众，扩大救亡组织；（3）加强抗战准备与军事训练；（4）援助前线的抗敌将士等。号召广大会员参军参

战，奔赴前线抵御日寇的侵略。

西北青救会紧密围绕抗战需要，在广大青年中开展了轰轰烈烈的救亡活动。1937年，西北青救会在陕甘宁边区发起和组织了"普及教育突击年"活动，结合文化普及学习进行战时教育，八个月中，六万多名青救会员跃入了文化战线。同年8月1日至7日，西北青救会在延安举行"抗战动员"的国防体育运动大会，各级青救会选拔的六百多名运动员参加了这次把国防体育项目和国防政治知识融为一体的比赛，推动了青年中国防体育和国防教育的深入。

为了更广泛地传播救亡思想，1938年3月25日，西北青救会与西安民先队、西安学生联合会联合创办《青年战线》旬刊，介绍抗战形势，宣传抗日民族统一战线理论，研究讨论青年抗战问题，成为鼓舞青年参加救亡活动的号角，被誉为西安出版界的主力。编辑部设在西安平民坊5号，刘光任主编。朱德、林伯渠等为杂志题词，冯文彬、胡乔木、贺华等为杂志撰写了重要文章。在西安出刊十二期后，《青年战线》被国民党无理查封，1938年10月编辑部迁往延安。1939年4月，又在延安创办《中国青年》，继续指导全国青年运动，交流救亡经验，并先后编印各种通俗书籍和小册子，以扩大抗战的宣传。

戏剧宣传，也是西北青救会战时教育的一个重要形式。1938年1月，西北青救会的抗日剧团冲破顽固派的阻挠、封锁和刁难，从延安迁至关中，在三原、韩城、西安、渭南、临潼等地的民众和军队（包括国民党军队）中，演出《亡国恨》《打回老家去》等剧目，激发民众的抗敌情绪。1939年，西北青救会派出三个抗战剧团、一个孩子剧团，分别到陕西、甘肃、河南等省的工厂、农村、学校、部队以及国民党友军中进行演出。1940年，又成立了青救剧团总团部，同时把原西北青救会第一剧团和四川来延安的旅外剧团组成泽东青干校直属剧团，不仅使深受群众士兵欢迎的文艺工作成为宣传抗战的经常形式，而且还以自己的特点，去影响别的戏剧团体，形成了抗战的地方（戏）剧运（动）的新作风。

此外，西北青救会还十分重视各级青救会组织在战时宣传、教育中的作用，充分利用各种识字班、识字牌、夜校、墙报、读报组、训练班、救亡室、歌咏队等，结合文化普及教育传播救亡思想。

在广泛宣传动员的基础上，西北青救会积极组织一切抗日青年投身于抗战的各种实际工作。专门成立军事体育部，建立了武装半武装性质的抗日青年队、青年营、青抗先、少先队、儿童团等青少年组织，有组织有计划地对青年进行防空、防毒、刺杀、射击、劈刀等军事训练，全面提高全体青少年反击日寇侵略、保卫家乡、保卫根据地的能力，并随时向前线源源不断地输送抗日战士，仅陕甘宁边区走上抗日前线的就达两万余人。

西北青救会还把拥军优抗、保卫根据地、推动根据地经济发展作为救亡活动的基本内容。组织会员热情为驻军解决食宿，为部队运送物资、侦察敌情、救护伤员，许多地区的青救会还成立了大刀队、火枪队、送饭团、带路组等协助部队作战，开展游击战争，配合正规部队行动，并在青年中开展募捐"一大枚（钱）运动""一升米运动"，为前方将士募集寒衣、手套、袜子、鞋等钱、物和废旧钢铁等活动支援前线，还专门发起"拥军礼拜六""优抗日"等活动，帮助烈军属开荒种地、拾柴挑水，动员青年为抗属代耕，儿童对军属进行慰问，尽一切力量克服他们生产、生活上的困难，使抗日将士能在前线安心杀敌。陕甘宁青救会在支前的工作中，还发动青年妇女积极动员自己的丈夫或亲人上前线，并亲自动手缝制军服，仅1938年，为了慰问前方部队，就做了棉被五千八百多条，棉衣三千六百套，鞋子一万五千多双，大衣三百多件。青救会还组织儿童团担任警戒任务，站岗放哨，盘查过路的陌生人。

在巩固后方工作中，青救会配合政府组织青年努力生产，建立变工队、互助组、青年合作社等生产组织。1940年，开展了"青年的、民主的、活跃的青救会"的活动。在活动中，帮助各级青救会与政府签订了经济建设、国民教育、武装斗争的互助协定，指导帮助青年在农场建立青年农场、青年林场、青年合作社等许多青字号组织，在根据地经济建设中发挥了突出作用，并在协助政府发展经济的同时，积极配合政府锄奸防奸、坚壁清野、剔除土匪、维护治安，"抗先戒严巡夜、儿童站岗放哨"，在反清剿、保卫根据地的各项工作中发挥了很大的作用。

3. 培养了大批抗日青年骨干力量

西北青救会十分重视为全国的抗日救亡运动培养、输送青年干部和积极分子，主张"只要有一技之长的青年都必须培养他"。通过西安办事处安排人员到陕西各地发展青救会组织。先后在三原、鄠县（户县）、郃阳（合阳）、渭南、兴平、华县、商县等地建立西北青救会的联络据点，帮助当地建立民先队（中华民族解放先锋队的简称）、青救会，传达西北青救会的指示和会议精神。1937年10月，西北青救会与中共陕西省委商定对西安事变前后青年运动中涌现出来的青年积极分子进行战时军事政治训练，为适应日益复杂的斗争需要培养干部。10月10日，在泾阳县斗口镇创办了战时青年短期训练班（后称安吴青训班），朱德任名誉主任，冯文彬任班主任，胡乔木任副班主任。1937年底，又根据毛泽东"青训班要扩大办、来者不拒"的指示精神，自觉担负起向全国撒种子的重任，制定了"遵照抗战建国纲领，训练青年干部，服务战区、军队、农村，开展青年运动，组织动员青年参加抗战，达到统一青运，完成中华民族彻底解放"的方针，在以最短的时间授予青年各种战时军事政治知识教育的原则下，不断扩大青训班的规模。安吴青训班从1937年10月10日开办到1940年，共办了十四期，先后把经过培训的一万两千多名来自全国各地的不同出身、信仰、宗教、职业的学员，分别输送到延安、前线、敌后根据地、国民党友军、国统区爱国救亡团体以及自己的家乡，开展抗日青年运动及民众运动，为实现党的全民抗战路线而奋斗。

在西北青救会的影响下，各级青救会也把培养与输送青年干部作为自己义不容辞的责任，"差不多各县都有青年的训练班和短期学校，青年在里面受着军事的和政治的训练"。晋东南边区在1938年到1939年，各县青年训练班受过训的青年达万人以上。晋察冀边区青救会组织青年在各种学校、训练班接受基本教育，使村一级的干部中的工农青年达到总数的十分之九，仅县级青年干部输送到军队和政府部门工作的就达三百六十名。

西北青救会培养输送干部的贡献还在于它为培养高级青年干部创造了条件。1939年下半年，国民党顽固派蓄意制造摩擦，形势越来越险恶，安吴青训班被迫撤回延安。为了适应新形势对青年工作高级干部的要求，巩固和扩大青年救亡运动，1940年初，党中央决定在安吴青训班的基础上创办泽东青年干部学校。同年5月3日，泽东青年干校举行开学典礼，毛泽东、周恩来、王明、邓发等党的领导人亲自到会，要求学员学习毛泽东：忠于革命、勤于学习、勇于创造、长于工作、善于团结。此后，泽东青干校绥德分校、山东分校也相继成立，青年运动的"种子"又从泽东青干校撒向全国。

在不断向各地培养输送干部的同时，西北青救会还把向各地、各种青年团体派遣干部具体进行或指导青年活动作为推动青年运动蓬勃发展的重要措施。1937年国共合作后，西北青救会即将常委会机关驻地由延安迁至邻近西安的国民党统治区泾阳县云阳镇，而先后在青年救亡活动活跃的西安、三原设立办事处，以直接帮助西安各青年救亡团体的发展和工作的开展，接待和转移无数要求奔赴延安的爱国青年，并由此向全国各地青年团体介绍、派出干部，进一步扩大了西北青救会在全国青年中的影响，为国统区和抗日根据地的青年架起了一座红色的桥梁。它不仅推动了陕西国统区的青年运动的发展，还成为中共陕西省委进行各项工作的得力助手。1938年，西北青救会先后向甘肃、宁夏、华北、河南等地以及国民党军队派出主要骨干力量开展工作，派出巡视员及时检查指导各地活动的开展，还把回族、蒙古族等少数民族青年的统战工作放在重要的地位，专门派人利用回民的上层关系进行活动。1939年，西北青救会又为促进抗日民众运动更广泛深入的开展，组织六个战地工作团越过日寇的封锁线，分赴华北战区协助军队、政府及地方青年团体进行宣传、组织民众的实际工作，指导青年团体开展救亡活动。与此同时，还多次做出派干部去三青团帮助工作的决定。西北青救会的上述工作，保证了党的抗战路线在青年运动及民众中的贯彻落实，对抗战胜利做出了重要的贡献。

4. 协助领导西安学生的抗日救国运动

西安学生救国会是西北青救会成立的基础之一，他们的抗日救国斗争与青救会抗日救国工作有着内在的联系。西北青救会向中共西安学委、民先队部、西安学生分会、西安学生救国会、平津同学会等传达中央青委的指示精神，研究西安青年运动的策略和行动安排。一二·九运动爆发以后，西安以及各地学生相继建立了抗日救国会。1936年11月中旬，西安学生救国会正式成立，并组织了"西安学生赴绥慰问团"，到抗日前线慰问抗日官兵，并进行了援绥募捐活动。1936年12月，一二·九运动一周年时，西安学生举行纪念游行请愿活动，直接促进了西安事变的发生；而西安事变的和平解决又促成了抗日民族统一战线的建立，迎接了全民族抗战高潮的到来。青救会还在1936年11月7日追悼鲁迅的大会上，号召全市学生继承鲁迅遗志，高举抗日救国的旗帜，坚持抗日救亡斗争。另外，青救会还领导了西北青年文艺工作者协会的工作。这个协会用文艺刊物《沙河》和演戏等方式，激励人民群众参加抗日救亡运动，宣传了共产党抗日救国的主张。

5. 促进陕甘宁边区的经济文化建设

青救会广泛发动广大青少年积极参加延安大生产运动。在1940年9月，陕甘宁青救会建立了青年农场、青年运输队、青年合作社等独立经济组织，还聘请朱德等同志当边区青年经济建设的顾问。为了进一步搞好边区的经济建设，1941年4月，陕甘宁边区青救会和边区政府建设厅制定了《关于共同开展边区经济建设运动的互助协定》，青救会帮助建设厅培养和供给经济建设后备力量，边区建设厅帮助青救会教育青少年，开展青年工作、改善青年的生活条件。在边区政府的领导下，青救会的农村青年积极开荒种地、植树造林、放养牲畜、制作军服、运送粮食，大力支援抗战。青救会在城市组织青年工人制造生活用品和各种纺织品、农器具以及油脂化工产品等，由于他们和边区人民的共同努力，使边区工业也有了很大发展。同时，青救会还组织青年参加文化教育事业。抗战开始后，经过边区文化教育机关和青救会的努力，1937年秋，边区小学已有545所，学生有10 396人。1938年春，小学就发展到706所，学生发展到14 207人。到1940年时，小学就达1 341所，学生激增到43 625人。在社会教育方面，1937年冬，有学校600多所，学生1万多人。1938年底，识字组发展到5 834个，组员达39 983人。夜校发展到208所，学生11 917人。教育事业的发展，提高了边区人民的文化素质，进一步激发了广大群众的抗战热忱。

青救会还组织青年运用秧歌队、剧团、宣传队等形式，开展生动活泼的抗日救国宣传活动。特别是陕北青救会组织的秧歌队更受人民群众的欢迎，不仅活跃了人民群众的文化生活，加强了干群、官兵间的联系，更激励了人民群众的抗战热情，鼓舞了军民抗战必胜的信心。

第二节　西北战地服务团

西北战地服务团，简称西战团。抗日战争爆发后，根据中共中央指示，以抗日军政大学二期四大队部分学员为主于1937年8月在延安组成。主任丁玲、副主任吴奚如。西北战地服务团自1937年成立到1944年结束，在苏区和敌后宣传演出六年时间，创作了大量的戏剧、诗歌、小说、绘画等不同体裁的文艺作品，并以演出戏剧为主组织了各种文艺宣传活动，在鼓动和号召人民群众团结抗日的宣传活动中取得了很大成就。

一、西北战地服务团的成立

1937年7月7日卢沟桥事变爆发后，全国人民的抗日浪潮风起云涌，延安抗大的学员也都纷纷要求提前毕业开赴前线。丁玲与吴奚如提议组织一个战地记者团开赴抗日前线进行战地采访报道。她提出的工作口号为："只要很少的人，花很少的钱，走很多的地方，写很多的通讯。"这个消息传出以后，抗大的同学们纷纷要求参加，很多人找到丁玲强烈要求加入战地记者团。他们的举动得到了中共中央的支持。经上级研究决定，将原拟组成宣传队的抗大四大队和正在准备成立的战地记者团合并，组成战地服务团这样一个综合性的文艺宣传团体。毛泽东先后多次与丁玲谈话，说："这个工作很重要，对你也很好，到前方去可以接近部队，接近群众，宣传党的政策，扩大党的影响。你们在宣传上要做到群众喜闻乐见，要大众化，新瓶新酒也好，旧瓶新酒也好，都应该短小精悍，适合战争的环境，为老百姓所喜欢。要向友军宣传我党的抗日主张，宣传抗日救国十大纲领，扩大我们党和军队的政治影响。"

1937 年 8 月 12 日，西战团召开第一次大会，朱光代表中央宣传部宣布了上级的任命，任命丁玲为主任、吴奚如为副主任。这标志着西北战地服务团的正式成立。在第一次大会上，到会的全体团员共二十三名，最初的成员大都是抗大学生，年龄约在二十岁左右。临出发时人数增加到三十个，后来在山西又有人陆续参加进来。其成员除丁玲、吴奚如之外，先后有张天虚、张可、陈明、孙强、王玉清、高敏夫、朱慧、洛男、李君裁、王钟、吴光伟、周巍峙、邵子南、苏醒知、史轮、李劫夫、黄竹君、袁勃、戈矛、吴理、吴坚、王琪、林权、李唯、长剑、陈克寒、天山、塞克、程远明、夏革非、田间、陈正清、何慧等。这是一支生意盎然、斗争意志十分旺盛的队伍。

西战团一成立，就通电全国，发出了《西北战地服务团成立宣言》，郑重地宣称：

> "现在是什么时候，烽火已在全国燃起来了，我们北方的军事、政治、经济、文化的重镇北平和天津，被日寇蛮横地占去了，几百万的人民在日本帝国主义疯狂的杀戮下逃生。上海的炮火也打响了，现在是生死存亡的最后关头，再没有退缩犹豫的余地了。中华民族只有立即实行全民族的团结，不分党派，不分军民，发动全民族大规模的神圣的抗战，为着保卫祖国而血战到底。……只有坚决抗战到底，才是生路，日寇并不以占

领平津为满足，妥协让步也不能满足日寇无止境的侵略欲望。只有进行全民族大规模抗战，坚持到底，才能粉碎日寇的侵略，才能挽救中华民族危机。现在大规模的抗战已经开始了，我们愿赴疆场，实行战地服务，我们愿以我们的一切贡献于抗日前线，与前线战士共甘苦、同生死，来提高前线战士的民族自信心和民族牺牲精神。唤醒、动员和组织战地的民众来配合前线的作战。……同胞们，青年们，到前线去，到前线服务去，为中华民族的解放、独立、自由，把我们的一切贡献到前线去！"

西战团在正副主任之下组成了工作委员会，除主任、副主任外，下设三个股，通讯股长陈克寒，宣传股长陈明，总务股长李唯。其中，通讯股负责编辑、采访、发行、摄影的抗日工作。宣传股下设音乐组、戏剧组、杂技组、张发组、演出委员会等。张发组负责标语口号、漫画的张贴和散发，杂技组负责创作和收集杂技等民间艺术作品。总务股负责文书、会计、庶务及机关报。会上正式将西北战地服务团确定为一个半军事化、以宣传为主要任务的文艺工作团体，将其定名为"第十八集团军西北战地服务团"。会议还讨论通过了行动纲领及本团规约，决定发布成立宣言并通电全国。

为了扩大影响，决定编印西战团机关报《战地》，主要负责采访新闻、撰写通讯报道等，以密切配合抗战形势，宣传军民抗战业绩，坚定抗战信心。在西战团到达抗日前线后，《战地》紧密配合中共的抗战任务，在内容和编排上讲究通俗、新颖、活泼，大量报道西战团的前线消息和简短的战地通讯，成为抗日前线政治、军事、文化等方面最重要的宣传鼓动工具。

1937 年 8 月 19 日，延安《新中华报》在四版用全版篇幅刊登《战地》创刊号。创刊号发表"编前""西北战地服务团出发前线致全国爱国人士电""西北战地服务团成立宣言"及"本团行动纲领"。西战团成员余建亭、赵荣声、徐光霄等被分配担任随军记者，开展群众动员工作和战地采访工作。"战地社"还编印一些文艺宣传资料，大书抗日救国标语。《战地》是一个综合性油印刊物，刊载的文章由西战团成员撰写，也少量收录其他团体成员撰写的文稿。刊物内容包含报告文学、诗歌、宣传画、战地通讯、战地文艺活动情况等。《战地》每次出版后，分送给学校、文艺团体、地方机关和文艺骨干。在西战团奔赴前线后，《战地》用油印出版，由西战团成员刻印和装订。

1938年底，西战团前往晋察冀边区，在物质条件极端困难的情况下仍坚持出版。虽然敌后的恶劣环境和油墨、纸张的短缺造成刊物未能定期出版的局面，但西战团克服困难千方百计创造条件使《战地》如期出版。这个刊物不仅在晋察冀边区流转，后来也传到陕甘宁、晋绥、山东等抗日民主根据地，并寄往在国民党统治区工作的进步作家。《战地》一直延续到1944年4月西战团返回延安前停刊。

会议商定，西战团的性质应是半军事化的以宣传为主的群众性文艺团体。其活动指导方针就如毛主席在西战团成立大会上的致辞，"战地服务团是一件大工作，因为打日本。打日本在国内和世界上都是一件大事。我们数年来都要求举国团结一致抗日""战地服务团赴前线后，你们要用你们的笔，用你们的口与日本打仗，军队用枪与日本打仗。我们要从文的方面、武的方面夹击日本帝国主义，让日寇在我们面前长久覆灭下去。"他勉励大家继承红军传统，遵守"三大纪律八项注意"。宣传内容要大众化，作风也要大众化，要向人民学习，要为人民服务，要扩大党的影响，争取抗战的胜利。争取抗战的胜利，是最终的目的，是最大的政治，是战地服务的指南针。宣传演出，只是手段。

西战团成立大会同时讨论通过了《行动纲领》和《本团规约》，对编制、工作分工、生活纪律等各方面做了详细规定。

西北战地服务团行动纲领

一、在政府领导之下，号召统一全国力量，彻底实现抗战国策，争取最后胜利，以复兴中华民族。

二、鼓励抗日将士，援助抗日将士，慰劳抗日将士，发扬抗日军为民族解放而奋斗之精神，提高抗日军之抗战情绪，巩固抗日军之抗战意志，以保障抗日战争之胜利。

三、向敌军及俘虏做各种方式之宣传与训练，瓦解敌军，争取敌军。

四、以戏剧、音乐、讲演、标语、漫画、口号各种方式向抗日战士及群众作大规模之宣传，使能彻底明了民族革命战争之意义与目标，借以唤起中华民族之儿女们的斗争情绪与求生存的牺牲精神。

五、努力创作抗战剧本、歌曲、各种大众化之艺术作品，供给全国救亡团体应用，以便扩大抗日宣传。

六、教育战区民众，予以政治、救护、运输等训练，并帮助当地政府与驻军组织战地民众，积极参加抗战。

七、与各地救亡团体、参战团体取得联络，并教授各种救亡歌曲，及排练各种形式之杂耍、戏剧，以相互帮助，推动工作。

八、以电报、通讯、报告文学等各种方式，将战地情况传达国内外，号召全国民众参加抗战，并争取国际间之同情与援助。

本团规约

一、一切行动听指挥。

二、对上级遵守应有的礼节。

三、有意见即提出，避免无原则之论争。

四、造成抗日统一战线的模范作用，友爱的精神，团结互助。

五、保持本团名誉，发挥工作的积极性与创造性。

六、不对外随便发表意见。

七、对民族利益要忠实，对群众利益要爱护。

八、养成集体领导、个人负责的作风。

九、工作中要加强学习。

十、养成自我批评、互相规劝的美德。

十一、男女关系要保持正常性。

十二、生活起居遵守时间。

十三、随时随地注意清洁。

十四、不准吵嘴、打架。

十五、不准酗酒及一切不法行为。

8月15日晚，延安各界在大礼堂举行欢送西战团出发抗日前线的晚会。毛泽东出席晚会，并且做了热情洋溢的致辞，鼓励大家努力扩大党的影响，宣传党的抗日救国的主张，争取抗战的胜利。丁玲在答词中说："我们战地服务团的组织虽小，但是他好像小河流一样慢慢流入大河，聚汇着若干河的水，变成了一个洪流，我们誓死要打退日寇，如不达到此目的，决不回来与诸位见面。"丁玲代表西战团全体人员表达了他们的决心。

欢送会之后，西战团根据毛泽东同志的指示，在延安做了四十天必要的准备工作。丁玲称之为"政治上的准备"和"工作上的准备"。

"政治上的准备"主要是形势和理论学习，充实每个成员的"政治的认识与理解"，邀请毛泽东等中央领导做专题政治报告，以提高团员们的理论政策水平，计有莫文骅《战时的政治工作》、何长工《行军须知》、李富春《战时的地方群众工作》、凯丰（何克全）《统一战线》、吴亮平《托派理论》、李凡夫《中日问题》、毛泽东《大众化问题》。此外，集体化的生活纪律也十分严格，作息时间必须遵守，早晨出操，晚上点名，午睡、自习均依值班者的哨声进行；自由活动时间外出需请假、销假；定期有小组或全团的生活检讨会。

"工作上的准备"主要是组织演讲竞赛和辩论会，编写讲演材料，以提高宣传能力，创作、排演文艺节目，对宣传内容进行了充分的准备。在这方面，他们坚持从实际出发，大量采用人民群众喜闻乐见的形式，以短小精悍的说唱、杂耍和歌舞为主，同时排演了一些话剧。在延安编的大鼓有《劝国民抗战》《抗日救国十大纲领》《难民》《劝夫从军》。快板有《大家起来救中国》《卢沟桥》《国共合作》。小调有《驱逐日本强盗滚蛋》《要打得日本强盗回东京》《新"九一八"小调》《送郎上前线》《老百姓参加抗战》《男女一齐上前线》。其他如小放牛、双簧、四簧、杂技等都有一些。在延安城内试演中，颇得各方面的好评。

在话剧方面，由于时间短促，以独幕剧为主，共排演了十五六个。这里有移植的，如《放下你的鞭子》《林中口哨》《保卫卢沟桥》。有自己创作的，如张天虚《王老爷》，孙强《东北之光》《最后的微笑》，黄竹君《汉奸的末路》。在这之前，丁玲从来没有写过剧本，这一次大家给了她任务，并且限定了范围和时间。现实斗争的需要，促使她在创作上做新的尝试，在短期内写出了她的第一个独幕话剧《重逢》。《重逢》的剧情叙述抗日军中政治部女工作人员李白芝与三个同志一起被捕入狱、智斗敌人的故事。《重逢》故事紧凑，充满爱国激情，在延安试演中，很多人为它流下了热泪。

在准备工作中，西战团坚持大众化方针，尽量利用旧的形式，除戏剧创作外，还设立了杂技组，编排各种节目在延安试演。其中有大鼓《劝国民抗战》《抗日救国十大纲领》《难民》《劝夫从军》，快板有《大家起来救中国》《卢沟桥》《国共合作》。最受欢迎的秧歌舞是改编的《打倒日本升平舞》。这个舞原是冀鲁豫的秧歌舞，本是用几种很简单的舞姿，一边扭一边唱，配以山歌、民谣、锣鼓、唢呐，时做队形之变化。男女对舞，并兼以丑角，表示丰收后的狂欢。改编后将人物加以变化，扮工农兵学商、日本帝国主义者及其汉奸走狗。人物按其职业身份化装，加以夸张，内容大概先是安居乐业，以动作表示其工作，后有汉奸挑拨，自相私斗，继之日本来强占财产土地。于是学生宣传，全国团结一致，驱逐日寇，枪毙汉奸，军民同乐，狂欢对舞，非常生动。此外，还有一些相声和大鼓。

西战团刚成立时，丁玲、吴奚如苦于缺乏经验，感到担子很重。但是团员们的热情和干劲鼓舞了他们。丁玲说："我从来没有看见过有这么多精力充沛的人，我从来没有看见他们疲乏过""他们的勇气大，什么都敢尝试"。

在《日记一页》中，她写道：

"当一个伟大任务站在你面前的时候，应该忘却自己的渺小。

"不要怕群众，不要怕群众知道你的弱点。要到群众中去学习，要在群众的监视之下纠正那致命的缺点。

"领导是集体的，不是个人的，所以不是一个两个英雄能做成什么大事的……明天我就要同一群年轻的人在一道了。大部分的人我都不认识……但我的生活将更快乐，而且我在一群年轻人领导下，将变得比较能干起来。我以最大的热情去迎接这新的生活。"

1937 年 8 月 19 日，他们发出了《西北战地服务团出发前致全国爱国人士电》，表明了他们奔赴抗日战场的决心和目的："我们愿赴疆场，实行战地服务，我们愿意以我们的一切贡献于抗日前线，与前线战士共甘苦、同生死，来提高前线战士的民族自信心和民族牺牲精神，唤醒动员和组织战地的民众来配合前线的作战！"

当时，正在延安访问的美国友人史沫特莱女士，也想参加西战团的活动。她一边向有关方面提出申请，一边以西战团成员自居，曾于 1937 年 8 月 19 日从延安发出一则通讯，宣称"我们一个团体共有三十人，二十六个男子，四个女子，名为'战地服务团'。丁玲（著名女作家）是本团的团长""本团的主要任务是流动宣传……我预备一直随这个团同行，除非我的背部不得收口。在我行军的时期内，我要收集各种新闻和消息，公诸全世界"。然而，终于因她的背部被马蹄踏伤，急需医治，她的申请未能获准。同年 9 月，她在另一则通讯中懊丧地写道："军队已向前线开发了，但是我尚在延安。因为我的背部尚未痊愈，终日躺在土炕上。"直到后来，史沫特莱在山西前线碰见了丁玲和西战团，她兴奋地描述了西战团在战火中的活动，并把自己当时的切身感受编成《打回老家去》和《随军漫记》两个集子，真实地记录了她对中国人民的友好感情以及日本法西斯主义分子在中国的种种暴行。

二、西北战地服务团的抗日活动

（一）发展期（1937 年 8 月—1938 年秋由丁玲领导）

1937 年 9 月 22 日，西北战地服务团四十多人，打着红旗，唱着抗日歌曲，用七头小毛驴驮着行李和演出用品，浩浩荡荡、意气风发地开赴山西抗日前线。他们徒步从延安出发，经川口、四十里铺、甘谷驿到延长。恰好徐特立在延长视察工作，他们受到了徐老的热情欢迎和鼓励。

次日继续东进，直奔黄河岸边。从凉树岩飞渡黄河进入山西境内，路经曲峨镇、大宁县，星夜兼程，于 10 月 6 日到蒲县，9 日到临汾，12 日到达太原。一路上，他们不知疲倦地唱着、舞着、画着，喊着口号，进行家庭访问，慰问伤病将士，用群众喜闻乐见的形式去发动群众、宣传抗日，深受广大军民的热烈欢迎。沿途不少青年舍命相随，苦苦要求加入西战团。后来由于战局急剧变化，西战团奉命在山西太谷分为两组。其一由丁玲带领身强力壮者向和顺、辽县东征，其二由吴奚如率体质较弱者向汾阳西进。丁玲感到向东去即是"向火线上去，战争的气息临近了，又微微感到快乐的不安""下午一点，战地服务团分成了两个队，一个向东一个向西。也没有时间给我们难受，扬了扬帽子，队伍便前进了"。

西北战地服务团的足迹踏遍了晋察冀。这支精干的队伍，顶着烈日，冒着严寒，爬过高山，蹚过大河，克服各种困难，活跃在抗日前线。白天行军宣传，晚上演出节目，有时则日夜兼程，他们冒着枪林弹雨，表现出了高度的革命热情。他们利用山西、河北村村都有的戏台作为宣传讲坛，运用大鼓、快板、双簧、相声、活报剧等能为北方群众接受的形式，把抗日救国的大道理深入浅出地传达给群众。每次演出结束后，观众们都是迟迟不肯散去。

这一时期加入西战团的主要成员有周巍峙、塞克、王洛宾以及一些进步学生赵荣声、金明、何慧、余建亭、王若兰、吴芜、张晖、周铭高、王泽江、郎宗敏、赵尚武、史轮、袁勃等。太原失守前后，史轮创作了独幕话剧《忻口之战》，后收入《西北战地服务团戏剧集》。

1938 年 3 月，西战团奉十八集团军总部调令，进入西安宣传演出。通过西安各界的"抗敌后援会"出面安排，西战团住在梁府街的女子中学。这时的西安已成为顽固派防共、限共、反共，制造摩擦的大本营，国民党表面上为西战团安排住地，实际上给了许多限制。西战团一到西安就举行了一个记者招待会，丁玲在会上介绍了西战团在西安的活动安排。接着，西战团就以高度的热情创作了大型话剧《河内一郎》和《突击》。三幕话剧《河内一郎》是继《重逢》之后丁玲在西战团的第二个剧本，它叙述了一个日本兵河内一郎被俘后在我军的优待下，抛弃自杀以效忠天皇的观念，转变成一名反侵略者的故事，出版后受到广泛重视。《突击》由曾在南国社从事戏剧工作的著名艺术家塞克执笔，与作家萧红等人商讨共同创作完成。《突击》的编导塞克，历来强调艺术的真实性，要求非常严格，当时三十二岁已经有十一年艺龄的他对演出的角色、化妆、舞美、道具等，都无一例外地坚持了高标准规格。演员也在山西前线的一百多场演出中取得了丰富的经验，从而使《突击》在仅仅经过半月的排练后就上演。第一次公演《突击》，在易俗社剧场，三天七场，场场爆满，轰动全城，同时也惹恼了消极抗日、积极反共的国民党当局。

第二次公演期间，国民党当局对西战团的压制已到了极致，丁玲、王玉清及时回延安向中央请示，毛泽东表示对国民党当局要既斗争又团结，讲了八个字"针锋相对，摩而不裂"。遵循这个方针，西战团在进步人士和进步剧团的帮助下，坚持宣传，继续推广抗战歌曲、小调等，为团结群众、扩大统一战线而坚持努力，在政治环境极端严酷的环境下演出了《重逢》等小剧目，压台的是《打倒日本升平舞》。此外还有来自民间的小节目三弦、大鼓、相声、民歌小调等，观众反响十分强烈。在以丁玲为代表的领导人员的周旋下，西战团化整为零，小分队活动，只带几件乐器到工厂、伤兵医院、学校教唱救亡歌曲，开联欢会、座谈会，做小型演出，受到了群众的热烈欢迎。西战团在西安四个半月间，总共演出六十八场、辅导了七个团体的演出，并做了旧剧改革的尝试。

1938年8月1日，在延安庆祝八一建军节的晚会上，西战团向党中央和延安人民做了精彩的汇报演出，演出了秦腔《烈妇殉国》和京剧《忠烈图》，受到了广大干部和群众的高度赞扬。

西北战地服务团在山西、西安等地的活动，引起全国强烈的反响。中外新闻界、文化界不少人纷纷著文报道丁玲的行踪，如《丁玲领导的战地服务团》《和丁玲一起在前线》《长征中的丁玲》《最近的丁玲》《丁玲在前线》等等。1938年又由俞士连、天行等搜集有关篇目，编成《最近的丁玲》和《丁玲在西北》两个集子，分别由长虹书局和华中图书公司印刷出版。人们注意丁玲，因为丁玲与西战团密不可分。试看徐盛笔下对这个战斗集体的描绘：

这是一群热情的、年轻的、战斗性的慰劳者，他们一律穿着蓝布军服棉袄裤，和他们的主任丁玲或副主任奚如完全没有两样。他们分着总务、歌咏、戏剧、通讯等部分。这是一个有严密组织的团体，每一细胞都是活活泼泼地怀着希望献身给工作——他们的心熨帖着战士们的心，歌声把大家融为一体。

他们一群人，依然是在快乐和希望中过活，女人和男人同样坚强，脸上总有笑，嘴里总在唱，不只他们，第八路军的各部分人都是这样。这一天，飞机一共到了五次，她们从来不曾躲避，做事的依然做事，唱歌的依然唱歌。我佩服她们的精神，我看到在艰苦中成长的那群女青年的蔷薇色脸颊，心想：敬祝这群娘子军早日踏上娘子关！

除了剧本创作和演出外，西战团还进行一切可以宣传的形式进行文学创作，诗歌、散文、小说、报告文学等应有尽有。其中，较有影响的有张天虚的报告文学《两个俘虏》。它反映了在八路军政工人员耐心说服和党的政策感召下，两个俘虏终于觉悟，掉转枪口共同对敌的故事。田间的长篇叙事诗《她也要杀人》（后改名《她的歌》），以诗歌报道的形式，反映了一位手无缚鸡之力连蚂蚁都舍不得踩死的农村妇女奋起抗日的故事。田间塑造的这名觉醒的妇女，成为当时万千在迫害中觉醒反抗的中国人民的化身，不断激励着受辱的国人奋起抗争。

西战团编演了很多可歌可泣的动人节目，这些节目为广大群众所喜爱，也为全国各救亡团体所采用。为了扩大影响，他们编成《西北战地服务团戏剧集》《西北战地服务团通讯集》，由上海图书公司出版。又由丁玲主编西北战地服务团丛书十种，由各地生活书店印行，计：

一、劫夫、史轮、敏夫《战地歌声》（一）

一、劫夫、田间、史轮《战地歌声》（二）

三、丁玲《河内一郎》三幕话剧

四、张可、醒知、东篱《杂耍》

五、张可、史轮、醒知《杂技》

六、集体创作《西线生活》

七、丁玲《一颗未出膛的枪弹》小说集

八、田间《呈在大风沙里奔走的岗卫们》诗集

九、丁玲《一年》散文集

十、史轮、裴东篱等《白山黑水》改良平剧

上述作品中，有一个突出的特点，那就是在文学艺术的大众化方面进行了大胆的探索，使五四以来的新文艺沿着更为健康的路子向前发展。用丁玲的话说即是："在我们做准备工作中，有一个倾向，即大众化，尽量利用旧的形式。"这在当时也是文艺的方向问题。在旧剧的改造和利用上，西战团也很重视，他们在理论和实践上都做过一些有益的探讨。

1938年8月底，西战团从延安出发，徒步赶赴华北前线，后又转赴山西前线。八九个月中工作者冒着枪林弹雨，跋山涉水、食宿无定，由大宁到临汾，沿汾河北上太原，东绕榆次至和顺、沁源南下赵城、洪洞、运城再到临汾，行程三千余里，先后在十六个县城和六十多个村寨为二十多万群众进行了一百一十三次演出。他们几乎天天行军，搭舞台、拆舞台、开会、讲话、演戏、唱歌……做着为士兵服务的事。途中不断进行创作，比较有影响的主要有歌曲《老乡，上战场》（塞克词，王洛宾曲，1938年作于临汾）。此外，王洛宾在山西前线还创作了《风陵渡的歌声》《洗衣歌》等优秀作品。演出活动中，夏革非、吴坚、陈正清等崭露头角，显示出了他们的戏剧才华，受到群众的欢迎和爱戴。

（二）鼎盛期（1938年秋—1944年5月由周巍峙领导）

1938年11月，日本侵略军的飞机轰炸延安，局势趋于紧张。西战团奉命疏散，前往晋察冀抗日根据地。由于丁玲当时已经在延安马列学院学习，于是，便由副主任周巍峙带队，离开延安出发，第二次奔赴抗日前线，开始了长达五年多的戏剧宣传活动。这是西战团发展的鼎盛时期。

此次来晋察冀边区前，经中共中央组织部同意，留丁玲、陈明、王玉清、夏革非、朱焰等同志在延安治病或另行安排工作，对团的组织机

构和负责人做了调整，丁玲仍挂名主任，周巍峙为副主任（1940年正式任命为主任），张可任宣传股股长，周铭高任总务股长，李唯任团部秘书，增设了演出委员会，由朱星南负责。邵子南任党支部书记，王泽江任政治干事。另增加的同志有凌子风、边军、徐捷、鲁前、石群、洛汀、李牧、刘克英等。行前，彭真和李富春接见了西战团全体同志，并就晋察冀政治、军事、经济、文化等方面的形势做了详尽的介绍。李富春同志嘱附周巍峙："不仅要一个西战团，要办成千百个西战团。"12月中旬，西战团连夜强行军一百七十余里，冲破敌人同蒲路封锁线，踏上晋察冀边区的土地。

晋察冀边区是四面被日军占领的城市及交通线所包围的抗日根据地。敌人经常对根据地进行"扫荡"和骚扰，所以边区的军民常年处于战斗状态。这种特殊的环境使西战团与人民群众的关系更加密切，也使他们的宣传工作更贴近人民群众的愿望和要求，真正做到了与群众水乳交融。

1939年1月3日，西战团历时四十四天，途经陕西、山西、河北三省，行程两千余里，胜利抵达晋察冀边区河北省平山县蛟潭庄村，宿营在附近的麓山寺内。其间为中共中央北方分局党代会做了演出。以凌子风为代表的团员仅用二十天的时间就排出了新编和复排的五个晚会的剧目，分别是独幕话剧《菱姑》《反正》《保卫巴塞隆》《顺子》；活报剧《光荣之死》《人间地狱》《侵略者的末日》（凌子风、石群编）；京剧《忠烈图》和旧形式填新词的《天官赐福》等。其中《保卫巴塞隆》是根据埃塞俄比亚作品《母亲》改编的，这是西战团也是边区舞台上第一次描写外国人生活的戏。演出受到官兵上下一致称赞，军区领导决定让西战团到各军分区巡演。于是，西战团战士经太行山、五台山、恒山，由滹沱河、沙河到易水进行巡演，其间也写了一些新的剧本。辗转九个多月，为党政军各地方政府、机关、工厂进行了演出。西战团所经之处，密切联系当地的兄弟团体，如七月剧社、冲锋剧社、火线剧社、抗敌剧社等共同讨论学习，研究表演艺术，其间还帮助地方组建了新的剧团，如光明剧社、新生剧社、解放剧社等。

1939年2月，西战团决定由本团战地社编辑《战地》，作为团刊油印出版。同时，还编辑出版了《战斗的人们》，分发给各文艺、宣传单位和各地学校，周巍峙为《战地》重新出刊写了文章。之后，为了提高业务水平，《战地》还相继出版了戏剧专刊和音乐专刊，同时出版了晋察冀边区第一个诗刊《诗建设》，先后由田间、邵子南、方冰主编，开始为周刊，从第 22 期改为报纸型。1941 年初，出满五十期后，改为杂志型，直到 1943 年 5 月停刊，后和《歌创作》合编为《诗·歌》。这一月，徐灵、邓康、方冰、王犁先后来团工作。同月，晋察冀边区召开了戏剧座谈会，边区各戏剧团体和一二〇师战斗剧社的代表出席了会议。戏剧座谈会对边区的戏剧创作和演出以极大的推动。由莫耶、张可、刘肖芜创作的大型话剧《丰收》，贾克、田野、石群等编剧的大型话剧《祖国三部曲》等先后在会上演出。

1940 年 1 月，根据中共中央北方分局及晋察冀边区政府指示精神，西战团确定了 1940 年的新的工作方针：

1. 开展组训工作，广泛地培养地方上的文化教育干部，开展乡村文娱活动，活跃边区乡村，使文娱活动与抗战建国的要求紧密联系起来。

2. 多尝试，多创作，在尝试创作过程中创造大量适应边区具体环境的作品。

3. 主动地推动并开展边区艺术活动。

此后，戏剧组的同志在唐县、完县、繁峙县开办了三个"乡村艺术干部训练班"，简称"乡艺班"，是西战团"要办成千百个西战团"的实践创举。1940 年春以来连续多年开办的多届长、短期乡艺班，为边区培养了大批不脱产乡镇文艺骨干，实现了村村有歌声、乡乡有剧社的新文艺的政策。他们还同其他剧社一样，深入农村，帮助组织和辅导村剧团。

1942 年春，他们根据军区的指示，选派了凌子风、边军、吴坚、鲁前、王昆、方冰、宋琪、徐捷、郎宗敏、白居、智世明、朱星南、王犁等二十余人和在华日本反战同盟的部分成员，组成了"武装宣传队"，到平山、繁峙等县潜入敌人的据点附近，开展对敌宣传演出。演出了新创作的话剧《慰劳》（王犁作）、《石头》（方冰作）、《到沟里》《止步》，还有歌剧《团结就是力量》《八路军和孩子》等，并唱了日本民歌跳了日本舞蹈，都很受群众的欢迎。

繁忙的歌曲创作、演唱和组织歌咏活动的同时，音乐组的同志还于1939年创办了油印刊物《歌创造》，前后共印发了近四十期，发表了创作歌曲和搜集的民歌四百余首。1940年，他们还组织演唱了冼星海的《黄河大合唱》，在晋察冀边区产生了很大影响。

1943年1月15日，边区首届参议会会议在阜平城南庄开幕，西战团演出了大型歌剧《不死的老人》（邵子南编剧，周巍峙等作曲）。3月，《不死的老人》在边区参议会大礼堂做了有电力供应的正规剧场演出。演毕，观众纷纷表示要把这种不死的抗日精神带回各地，鼓舞人民将抗战坚持到底。此时西战团隶属关系改由北岳区党委领导，周巍峙任北岳区文救会主任。

1943年10月，在边区文联主席沙可夫、西战团主任周巍峙、军区敌工部部长历男的率领下，再次到川里开展以演出为主的政治攻势。成员有鲁前、凌子风（正副队长）、刘沛、陈地、陈强、岳慎、张铮、胡斌、郎宗敏、陈孟君、徐瑞曾、何慧、张海、林伟、陈正清、徐辛雷等。当时，军事上我方转为有利条件，属抗战反攻阶段。西战团一行深入五台山下川里开展文艺活动，和在太行山前平原时有很大不同，更有针对性，下山前就排练了《放下你的鞭子》《把眼光放远一点》等一批适合当地背景的短小剧目，创作了一批如《提防鬼子来抢粮》（鲁前词，陈强曲）等取自当地素材的歌曲，还有大鼓和快板等短小节目。

1944年1月，西战团和阜平城厢村剧团合作排演的庆祝反扫荡胜利的大型歌舞活报剧和《春耕生产》大歌舞（贾克、周巍峙写了主题歌），采用的民间歌舞形式受到群众欢迎。4月上旬，西战团奉命调回延安。4月4日离开阜平，8日夜过同蒲路。5月，西战团奉命行军，经孟县、忻县、同蒲路到达晋绥根据地边区，一路演出，于5月6日胜利到达革命大本营延安。5月10日，中共中央领导在杨家岭大礼堂接见全团成员，并在小食堂招待西战团全体成员。李富春、王鹤寿、邓发等中共领导与每一位成员握手问候，称赞西战团在敌后六年为抗战为新文艺做出了贡献。

欢迎晚会上，聂荣臻同志特意向毛主席引见了周巍峙，并介绍了西战团辗转晋察冀六个年头的创作演出及广泛开展的乡村文艺活动，西战团的工作受到了中央领导的一致认可。归来一周后，西战团向延安各机关汇报演出了《把眼光放远点》《慰劳》《哈那寇》等独幕剧。周扬、肖三等同志发表文章给予了很高的评价。同年 8 月，根据周扬的建议，由西战团组成创作组，将邵子南同志在晋察冀边区收集的"白毛仙姑"的故事编成歌剧。此外，西战团的其他创作人员还创作了《粮食》《敌后合作社》《突围》等三个独幕剧，并先后向当时召开的党的七大做了演出。

西战团在党的文艺方针指引下，在艰难困苦的战斗环境中，以革命的大众的文学，为抗战服务、为人民服务。据不完全统计，西战团两次上前线，在晋察冀五年半，先后创作了三百六十多个剧本，创作歌曲和搜集民歌四百余首，编辑出版过文艺刊物《战地》《战斗的人们》，诗刊《诗建设》七十余期，音乐刊物《歌创作》五十期等。陆续创作演出了《慰劳》等优秀剧目，创作了《歌唱二小放牛郎》等优秀歌曲，还演出了《雷雨》《复活》《李秀成之死》等大型话剧。在提高边区文艺创作水平和推动边区戏剧、音乐、美术、诗歌等文艺运动上都起了很大作用。乡村文艺运动培养了许多文艺骨干；同时，对边区兄弟剧团的帮助也很大，起到了推动作用。这一时期西战团的宣传演出活动已经不再局限于战争的后方，而是深入前线，到敌后的敌后进行文艺战斗，到离敌人最近的地方展开宣传演出，配合对敌政治攻势。演出形式和内容都较前一阶段有很大进步。

1945 年 6 月，中宣部决定撤销西战团建制，大部分成员被分配到"鲁艺"各系，至此，西战团圆满地完成了其历史使命。西战团的八年，经历了抗日战争中最艰苦、最困难的阶段，在对敌斗争和实际工作中，有效地扩大了党的影响，鼓舞了官兵的士气，动员了广大群众，积累了丰富的经验，不仅锻炼了西战团的队伍，而且极大地提高了艺术创作水平，为抗日战争的胜利奠定了良好基础。毛泽东非常风趣地说，西北战地服务团在华北前线工作那么久，应该改称华北战地服务团了。在充满炮火硝烟的岁月里，西战团的创作演出活动，始终不渝地执行着大众化、民族化的文艺方针，将抗日文艺宣传深入现实、深入生活，创作与人民同心、与时代同步的文艺作品，实现了为抗战服务、为民众服务的重要目的。

第三节　延安华侨救国联合会

抗战爆发后，在中共抗日民族统一战线政策的号召和指引下，广大华侨纷纷奔赴革命圣地延安从事抗战工作。海外华侨经由各种渠道前往延安的前后约有六百多人。为了充分发挥广大华侨的作用，在延安成立了华侨救国联合会，简称"侨联"。延安侨联是中共中央领导下成立的第一个华侨革命群众组织，它对于团结和领导在延安的华侨开展各项工作发挥了积极作用。

一、延安华侨救国联合会的成立和发展

1935年的"八一宣言"中，中国共产党就提出了"一切关心祖国的侨胞们"支援祖国抗战的号召，并将"保护侨胞在国内外生命、财产、居住和营业的自由"作为抗日救国的一条行政方针。1935年12月，中共中央在瓦窑堡会议上正式制定了抗日民族统一战线政策，提出"苏维埃人民共和国对海外华侨宣告，称赞他们历来帮助中国革命的爱国举动"，制定"积极保护华侨的政策"。抗战爆发不久，我党为加强海外联系，方便华侨回国及来边区，特设"中共华南委员会香港办事处"，由廖承志负责，为华侨归国创造了有利条件。我党还在法国巴黎创办《救国时报》，在南洋设立"中华民族先锋队南洋总队部"。

1938年3月，毛泽东在会见马来亚华侨抗敌后援会代表团时，高度赞扬了广大华侨的抗日爱国行动，指出："共产党是关心海外侨胞的，

愿意与全体侨胞建立抗日统一战线。"并号召全体华侨应该团结起来，援助祖国，战胜日寇。同年 3 月 29 日，中共中央领导下的青年爱国组织中华民族解放先锋队发表告青年侨胞书，号召华侨青年继续扩大并推进各种抗日活动，促成海外侨胞反日救国统一战线的成立，共同为祖国而奋斗，打走日本鬼子，建设新中国。

随着中共中央抗日民族统一战线政策的对外宣传，党的抗日民族统一战线政策逐渐为广大爱国华侨所了解，延安成为他们心中的抗日圣地，许多华侨从世界各地不远万里漂洋过海来到延安。英国《泰晤士报》曾经这样报道："延安不仅是八路军的司令部所在地，也是新中国的摇篮地、理想成为事实的发祥地，中国各省的青年男女都奔到这里来，甚至远自马来亚、菲律宾、渣华（爪哇）、美国各处来的。"来到延安的归国华侨主要进入各干部学校学习，鲁艺、马列学院、抗大、中央党校、军政学院、女子大学、泽东干部学校均有华侨学员，其中以陕北公学最为集中，约有二百名。1938 年底，陕北公学分校率先成立了华侨联谊会组织，主任是印尼归侨张国坚，副主任是泰国华侨朱瘦林，秘书长是马来亚归侨廖冰。1939 年 7 月 16 日，南洋侨胞回国服务团在延安成立驻延办事处，中央统战部、边区政府、职工委员会、工校等机构的代表四十余人出席了成立大会，大会选举服务团团长彭士馨为总干事，冯志坚（女）为秘书长。

随着越来越多的华侨来到延安，为了把他们团结起来，更充分地发挥作用，需要筹建一个统一的、规模和影响更大的华侨革命群众团体。在中央统战部、边区政府的大力支持下，党组织派余光生等人深入延安各处了解归国华侨情况，积极进行筹备。经过比较充分的准备，1940 年 9 月 5 日，由驻延办事处发起，留延华侨第一次代表大会在杨家岭大礼堂召开，来自新加坡、英国、法国、美国和印尼等国家的华侨一百七十余人出席大会，洛甫（张闻天）、王明以及吴玉章等中共中央领导到会并发表讲话。大会宣告"延安华侨救国联合会"（简称延安侨联）成立，通过了章程并选举产生李介夫、谢生、冯志坚、余震和杨诚等五名执委，李介夫为主任。

第一章 陕甘宁边区群众抗战团体

延安侨联的主要宗旨一是加强对海外侨胞的联系和宣传；二是组织华侨归国抗战，参加边区经济建设和兴办各种企业。1941年3月23日，召开了第二次代表大会，中共中央海外工作委员会主任朱德和博古、叶剑英等中央领导到会，对华侨抗日爱国壮举给予了高度评价，朱德总司令希望延安侨联"加强对海外侨胞的宣传"，并组织归国华侨参加边区经济建设运动。10月5日，第三次代表大会召开，到会归国华侨青年达到一百八十余人，会议内容涉及工作报告、研究工作、解决归国华侨同志的困难、文娱工作及各分会的工作等。大会还改选了第三届执委，增加了执委人数，李介夫、余光生等人当选。为推进各方面工作的开展，1942年6月，延安侨联第三届执委召开常委会议，讨论具体分工。为使各地区的执委参加常委工作并便利各常委的工作，推选出组织股、宣传研究股、经济建设股、文化娱乐股等各股负责人，并讨论了本届工作计划，拟订下一步工作计划，准备于下次执委大会通过施行。

抗战胜利后，留延的大批归国华侨随军开赴各解放区，留下来的还有一百余人。为更好地开展党的侨务工作，延安侨联决定更名，重新整顿组织，酝酿产生新的领导班子，并由中央批准配备专职干部。1946年3月12日，延安侨联召开会员大会，八十余名会员参加，决定将该会名称改为"延安华侨联合会"，并通过了新的章程。大会改选了理事会，选举了理事会主任和理事，谢生为理事会主任。1947年3月，延安侨联随党中央撤出延安。撤离前夕，周恩来、李维汉、廖承志和杨尚昆等中央领导出席了有数十名华侨干部参加的座谈会。1948年下半年，延安侨联在河北省西柏坡召开会议，选举参加中国人民政治协商会议代表，推荐李介夫为归侨代表，并将该会改名为"中国解放区华侨联合会"，主任仍为谢生。至此，活动达八年之久的延安侨联结束了自己的历史使命。

二、延安华侨救国联合会的作用

延安侨联成立后，密切团结与联系海外侨胞，积极开展抗日救亡活动和华侨统战工作，为陕甘宁边区的文化宣传、科教卫生和经济建设做出了重大贡献。

（一）加强了海外华侨的联系和宣传

延安侨联成立的目的，并非仅仅是开展留延归国华侨的统战工作，更重要的是通过侨联开展对海外华侨的统战工作，其宗旨之一就是加强对海外侨胞的联系和宣传工作。朱德多次表示希望留延归国华侨加强对国外华侨的联络和宣传工作。吴玉章在侨联成立大会上的讲话中指出，华侨为抗战中的重要力量，延安华侨应起核心作用，以推动全世界千余万华侨同胞积极参加祖国抗战，坚持反对投降分裂的阴谋。

侨联的重要作用之一就是加强对华侨的联系，宣传中共的"坚持抗战，反对投降；坚持团结，反对分裂；坚持进步，反对倒退"的政策和介绍各根据地抗战的情况，同时揭露国民党顽固派积极反共、消极抗日的反动阴谋。侨联内部设有专门的宣传研究股，由一名侨联常委负责，并聘有干事协助推进工作的开展。为扩大宣传，通过写信、寄报纸、托人到国统区以伪装形式在《中央日报》中夹一份延安的《解放日报》寄到海外去，以加强对海外华侨的宣传工作。1946年至1947年春，侨联又利用北平军调部美军飞机延安航班，把《解放日报》带到北平，再以伪装形式，寄给海外的进步报社和社团。据史料记载，侨联组织的这项活动效果很好。通过侨联向海外亲友和华侨宣传中共的抗日主张和政策，扩大了中共在海外的影响。

1940年5月，在陈嘉庚率领"南洋华侨回国慰劳团"访问延安期间，侨联实事求是地解答了陈嘉庚及慰劳团成员的疑问，详细地向他们介绍了中共的路线、方针、政策，使陈嘉庚一行加深了对中共的认识，对于粉碎国民党对中共的污蔑，改变他们对中共的看法起到了重要作用。陈嘉庚曾经多次谈到留延华侨对他的巨大影响："这些华侨青年，为了抗日到延安艰苦的地方来，他们有不少是我们新加坡华侨中学和南洋女中的学生。他们没有一个人向我诉苦，而是满怀信心地告诉我，他们相信在共产党领导下，一定能打败日本帝国主义。他们的处境和思想，与蒋管区的归侨完全不同。"日本南侵后，1942年2月4日，延安侨联致电陈嘉庚，对于南洋华侨所遭受的苦难表示慰问，并相信华侨不仅继续拥护祖国的团结抗战，而且一致奋起与当地人民紧密地并肩携手合作，协助当地政府，抵御外侮，共同粉碎日寇的进攻。这对陈嘉庚和南洋华侨起到巨大的鼓励作用。

1942年6月，延安侨联第三届执委召开扩大会议，在报告中指出：在宣传研究方面，表明在太平洋战争中的态度，吁请华侨各阶层联合抗日，在南洋开展游击战争；对外文字宣传方面，把边区的各项民主政治活动如"三三制"介绍给侨胞。1946年7月，为扩大宣传，延安新华广播电台用粤语、闽语对外播送了延安侨联写的《告海外侨胞的一封信》。

延安侨联在增进留延归国华侨的感情、促进相互交流方面也发挥了积极作用。侨联成立后，先后组建了边区侨联分会、桥儿沟侨联分会和鲁艺分会等。鲁艺分会曾召集留延华侨举行集会会餐，总结经验，研讨工作，与会侨胞表示要增进交往，加强与海外华侨的联系，搞好抗日救亡工作。侨联还积极组织和开展各种社会活动。1941年8月，侨联举行联欢会，勉励华侨青年下乡开展各种社会活动，在工作中锻炼自己，许多华侨都表示愿意到乡下实际锻炼。延安女子大学的华侨女学生每逢星期天，就组织分队到各村演说，劝告农民爱国、同仇敌忾及卫生清洁、和睦亲善等。后来，侨联内部设立了专门的文化娱乐股，由一名侨联常委负责，并聘有干事协助推进工作的开展。在1942年6月侨联第三届执委召开的常委会上，决定建设华侨桃林俱乐部。在延安侨联的办公地点文化沟，设备虽然简陋，但陈列有归侨青年喜爱的海外书报杂志，还有一些乐器和体育器材、棋类和扑克等。侨联经常组织归国华侨青年同其他单位开展歌咏、合唱、球赛、座谈会等活动，如组织归国华侨青年为大家表演东南亚歌舞。除了这些娱乐活动外，侨联还组织归国华侨青年参加延安各界举行的各种活动，并经常组织各种报告会。

侨联的任务之一是要研究侨胞所在地和各地华侨的情况，研究对华侨工作的各种问题的态度和策略。在侨联二次代表大会后，根据中央领导的指示逐项进行了讨论落实，开展工作。在宣传研究方面，成立了研究小组，整理了南洋各地华侨的初步资料。1942年5月，为了进一步搞好侨务工作，在党中央海外工作委员会的领导下成立了海外研究班，由在延安的三十余名归国华侨组成，开展对侨居国的宣传和研究工作，按马来亚、菲律宾、泰国、越南、缅甸、朝鲜等分组，组员们根据侨居国的具体问题进行研究，并提出相应的措施。

（二）积极参加边区的经济建设

侨联在发动和组织归国华侨参与边区的经济建设方面也发挥了积极作用，侨联的宗旨之一就是号召和组织华侨参加边区经济建设和兴办各种实业。在侨联的号召和组织下，留延归国华侨积极投身到边区的经济建设中，为边区经济的发展贡献自己的力量。侨联内部设有专门的经济建设股，由一名侨联常委负责具体的工作，并聘有干事协助推进工作的开展。1941年10月，延安侨联举行第三次代表大会，会议决定加速完成建立西北华侨实业公司的工作，并号召留延归国华侨中有技术及管理经验者踊跃参加。1942年侨联制订了更进一步推进华侨工厂业务、宣传华北的经济建设的工作计划。同年2月，延安侨联发起组织了西北华侨实业公司，原拟投资500万元。但后来由于资金问题，首先开办了一个华侨毛纺厂，资本达100多万元。该厂在成立后，发展速度非常快。仅在1942年内，共生产出毛毯3 300条，纺毛线4 000余磅，毛呢若干匹，所存的羊毛实物折价共获净利50万元。到1943年初，已经发展到拥有手摇纺车500架，纺织工人达到300多人，每日可生产毛毯25床，毛呢若干匹。该厂是当时边区经营良好、产品质量较高的工厂，对发展边区经济起到了积极作用。

为克服边区缺医少药的困难，华侨青年梁金生在1938年成立的光华制药厂负责讲授医疗技术和开展中草药的炮制研究。这个厂共有三十五名职工，其中既有来自大城市的知识青年，也有延安山沟里的小脚婆姨，文化程度参差不齐，经过四十五天的技术培训后，均能独立护理和辨认出十五种中草药。党的领导人对延安侨联在组织留延华侨参加边区经济建设事业方面所做出的努力给予高度的评价，朱德就曾对侨联筹备建立西北实业公司等倡议和计划多次表达了赞许。

此外，侨联的另一个重要任务是向海外侨胞呼吁，希望他们到边区来开办实业。在侨联第二次代表大会上，朱德表示"欢迎华侨资本家向边区投资，边区政府一定保护他们的利益"。在侨联三次大会上，朱德希望通过侨联向华侨呼吁，欢迎他们到边区开办实业，并欢迎华侨中的专门人才到边区建功立业。他说："海外侨胞对于祖国抗战建国事业，向来踊跃参加，我们希望延安华侨能与海外华侨建立密切联系，积极对各抗日根据地投资，开办实业，增加抗战力量，对于这些，我们不但热烈欢迎加以保护，而且愿意给予各种便利和帮助，我们更欢迎各种人才到这里来，给他们适当的岗位，让他们尽量发挥才能。"

（三）为边区的民主政治建言献策

延安的归国华侨既是侨联的成员，同时也是革命队伍中的一员，他们在党政军等各个行业为革命事业贡献着自己的力量。来到延安的华侨以学生和工人为主，绝大多数有一定的文化水平。据1942年6月统计，当时在延安的侨联会员共有二百二十人，以学生和工人占最多，学生文化程度以中学占第一位。对于来到延安参加抗战工作的海外华侨，党和政府不但从生活上给以关心和帮助，而且，为了提高他们的政治水平和能力，把他们中的大多数人都送到各种学校学习，完成学业后分配到党政军等部门工作。由于归国华侨大多数都有一定的知识和技术，他们工作的单位比较广泛，分布于各行各业。如参加延安侨联第三次大会的一百八十余人中，有学生，有工厂中的技师和职员，有军队中的政治工作人员，还有政府机关的工作人员。

留延华侨积极参与边区的各项工作，积极为边区的建设建言献策。1941年，在留延华侨大会上，进行了广泛的民主选举，李介夫以六十四票当选为边区参议员。1941年11月，在边区第二届参议会第一次会议上，李介夫等代表归国华侨所提的提案包括《边区政府应扩大对海外宣传，以团结华侨参加抗战建国大业案》《发动海外华侨投资建设边区案》《请边区政府给延安华侨以更多之帮助案》《电请海外各地侨胞向边区投资，发展各种工业案》。大会的审查意见是：遵照原案通过。最后，大会以一百四十九票的多数通过了这些提案。

1944 年 12 月，在边区第二届参议会第二次大会上，李介夫等代表华侨又提出了一系列提案，包括《勉励南洋华侨联合当地民族，配合太平洋攻势反对日本法西斯及对伪政权亲日派斗争，准备援助盟军登陆，并慰问日寇蹂躏下的侨胞案》《慰问大后方难侨难胞，责成国民政府切实救济，清查和公布历年赈款案》。边区参议会的审查意见是，以上两案合并审查，除拟增加勉励华侨参加民主运动一节并将赈款改为捐款与汇款外，其余照原案通过。

华侨除了积极参政议政，还投身于前线战场。1941 年冬，日军南进，激起了东方各族人民的义愤。1942 年春，延安各界召开了东方各族人民反法西斯大会，延安侨联积极组织来自东南亚、日本、朝鲜等地的归国华侨青年参加大会。李介夫在会上做了题为《马来亚在动荡中》的报告，控诉日本侵略者的罪行。1943 年 4 月 11 日，侨联直属分会接到总卫生处关于输血的通知时，健康的同志都积极输血，相继报名者共十五名。为了动员更多的侨胞参加抗战事业，在延安侨联的组织下，延安华侨分别参加了活跃在西北前线的华侨服务团，深入敌后的战地服务团，以及出生入死担任战地新闻采访的华侨记者团。除在后方从事于各项工作外，还有一部分归侨直接奔赴前线。泰国华侨叶驼来到延安后，在随王震的三五九旅开赴前线时，担任指导员，在一次战斗中不幸牺牲。1946 年，部队中原突围后回到延安，延安侨联专门为他举行了追悼会，并通过新华社电台在《告海外侨胞的一封信》中播送了这个消息。

1945 年 4 月，毛泽东在中共七大《论联合政府》的报告中充分肯定："海外侨胞输财助战，一切抗日政党，除了那些反人民分子外，都对战争有所尽力。"抗日战争期间，数以万计的华侨同胞战斗在祖国抗敌的前线和后方，从中可以看出，华侨与中国共产党的亲密合作以及广大华侨以人力、物力、财力支援祖国抗日斗争的动人情景。

第四节　陕北省总工会

陕北省总工会，是西北苏区的地方性工人组织。

陕北的工会组织是随着苏区的建立而产生，又随着它的扩大、巩固而发展起来的。1931年12月7日，中共陕西省委决定派干部到陕北去创建陕北苏区。之后，陕北游击区域不断扩大，到1935年2月，陕北和陕甘边两块根据地连成一片，形成西北革命根据地，为工会组织的建立与发展创造了条件。

1935年7月，中共西北工委决定成立陕北省工会筹备委员会，与此同时，陕甘晋省工会筹备委员会成立，两会筹委会主任均由中共陕北特委委员高长久担任。8月上旬，陕甘晋省工会在延川县永坪镇召开县工会工作联席会，讨论制定《工会章程》《工人待遇斗争纲领》和工会工作方法等问题。

1935年10月19日，中共中央和中央红军长征到达陕北苏区。从此，陕北苏区的各项革命工作在中共中央的直接领导下进行。工会活动进入新阶段。

11月，中共中央为统一和加强西北苏区的领导，把西北苏区划分为陕北、陕甘、陕甘宁省和关中、神府特区等五个行政区划，同时撤销陕甘晋省的建制。同月，陕甘晋省工会在瓦窑堡召开第二次县工会工作联席会。会议交流了工会工作经验，讨论修改《工会章程》和《工会选举法》等，决定取消陕甘晋省工会筹备会名义，保留陕北省总工会筹备委员会。

1936年2月20日，陕北省工人代表大会在瓦窑堡召开。会上，邓振询做了《动员工人努力生产，支援战争，改善工人福利事业》的报告，高长久做了《扩大巩固组织，加强教育工人》的报告。中共中央组织部、中共陕北省委领导人李维汉、林伯渠、马明方和刘子义等都到会讲话。大会中心任务是：动员工人努力生产，参加红军，支援前线。大会选举产生了陕北省总工会委员会，宣布陕北省总工会成立，高长久任委员长。陕北省总工会下辖神府特区工会和佳芦、横山、米西、吴堡、靖边、清涧、青源、安定、延川、延水、延长、安塞、志丹、赤安、延安、宜川（红宜）、富县、肤施县工会和延安市、瓦窑堡市工会。

陕北苏区经济落后，没有近代工业，仅有一些手工作坊和盐池、炭窑等。工人阶级队伍主要是农村雇工、城镇店员、手工业工人及苦力运输工人等，人数较少又较分散。陕北省总工会以雇农与乡村中的手工业工人为主要组织与教育对象。先后起草了《雇农工会章程》《手工业工会章程》和《苦力运输工会章程》等文件，又于12月同中华全国总工会西北执行局联合通知，提出"吸收每一个苏区工人、雇农加入工会"等八项号召。此后，陕北苏区工会迅猛发展。各县、区、乡相继建立了工会组织，工会会员发展到一万多人。

1936年1月10日，中共中央就陕北苏区工会工作做出决定，要求："党的各级组织必须加强自己对于工会工作的注意，选举有工作能力的同志到工会去负责。""注意吸收工会去参加各方面的活动，训练工会的干部，并提拔工人中的干部到各个组织中去负责。""在没有工会组织的地方及新苏区，党应指定几个同志组织工会组织委员会，专门负责组织工人建立工会。"9月11日，中央西北局组织部做出《关于群众组织工作的指示》，指出："工人入会之条件必须最广泛（无须介绍），独立生产者也得参加工会。""技术人员、教职员也可以组织自己的职工会。""将基本的群众团结在党的周围，来巩固我们形成民族革命统一战线的基础。"

1936年3月，陕北省总工会做出《关于苏维埃国家企业工会工作的决议》，提出改善基层工会自身建设问题，使工会成为密切联系群众具有战斗力的组织。到1937年，全国政治形势有了较大变化。中华全国总工会西北执行局做出《关于改善目前工会工作的决议》，提出"以生产和地区的组织原则来改组已有的和建立新的工会组织"，使工会组织更加适应战时生产、生活之需要。

1937 年 3 月，中共中央为坚持国内和平，与国民党团结抗日，决定将陕甘宁苏维埃改为陕甘宁特区。6 月 19 日，中华全国总工会西北执行局同陕北省总工会联合召开干部会议，总结陕北省总工会成立以来的工作，成立陕甘宁边区总工会临时委员会，刘长胜任主任。同时，改陕北省总工会为陕北分区工会，隶属陕甘宁边区总工会。

第五节　中华全国总工会西北执行局

中华全国总工会西北执行局（简称全总西北执行局）是中华全国总工会在西北的领导机关。

1935 年 10 月，红军长征到达陕北后不久，由刘少奇主持召开全国总工会会议，决定成立全国总工会西北执行局。11 月初，在陕甘晋省总工会筹委会召开的第二次各县工会工作联席会议上（全总西北执行局全体干部参加）宣布全总西北执行局成立，办公驻地设在瓦窑堡市。刘少奇任委员长（1936 年 6 月刘少奇调走后，刘长胜任主任），高长久任组织部长（兼陕甘晋省总工会筹委会委员长），蔡乾任文化教育部长，朱学辉任国家企业部长，管瑞才任社会福利部长，刘群仙任女工部长。

全总西北执行局成立后，即开始整顿陕北苏区的工会组织，开展对陕甘苏区和接近白区的工会工作。在 11 月召开的各县工会工作联席会上，决定把陕甘晋省总工会筹委会改为陕北省总工会筹委会，同时决定于 1936 年 2 月 20 日召开陕北省第一次工会代表大会，正式成立陕北省总工会，并建议陕北省总工会抓紧筹备黄河水手工会。会上，全总西北执行局干部和与会的各县工会干部共同讨论和修改《工会章程》，起草《工会选举法》。从此，全总西北执行局同陕北省总工会筹委会合署办公。1936 年 5 月，红军西征，退出瓦窑堡市，全总西北执行局和陕北省总工会迁到安塞县谭家营，1937年1月又随中共中央机关迁到延安市。

全总西北执行局在其存在的两年多时间里，对苏区工会组织建设和工会工作方向等方面，从理论政策和具体条例制度上多次进行具体指导，并直接参与主持陕甘宁边区总工会的筹建工作。

西北苏区经济落后，加之长期游击战争，在一个时期，对工会的作用认识不清，甚至否定工会的工作。全总西北执行局委员长刘少奇针对这种错误的认识，发表了《在苏维埃政权之下工会的作用与任务》一文，指出工会是苏维埃最重要的群众柱石，是党的路线在农村中最可靠的传达者。工会的基本任务是组织真正群众的阶级工会，努力改善工人群众的经济生活与文化生活。在进行上述两项群众工作中，发动与引导广大工人群众积极参加苏维埃与军队建设。工会在国有企业中除保护工人经济利益之外，还应为巩固与发展苏维埃企业而斗争。刘少奇还指出，"如果没有强有力的工会来参加拥护与帮助，如果没有大批积极的工人干部到苏维埃的负责岗位上来，苏维埃政权是很难巩固的"。文章从理论原则高度阐明工会的地位和作用，澄清糊涂认识。

1935年12月13日，全总西北执行局和陕北省总工会筹委会联合发出号召，就"吸收每一个苏区工人、雇农加入工会"等提出八项要求，作为当时工会的主要工作，号召全苏区工会干部、工会会员用全力来实现。

12月25日，中共中央政治局在瓦窑堡会议上，制定了抗日民族统一战线的策略。其中对工人运动做了明确的规定。指出"要战胜日本帝国主义及其走狗卖国贼，不夺取工人阶级的大多数，是不可能成功的"。要求"积蓄工人群众雄厚的力量，以决定胜负的战斗，争取工人阶级在中国革命中的领导权"。随着这个新的任务的提出，工会的任务加倍重要起来。1936年9月，全总西北执行局发出给省、县工会的信，具体阐述了工会在党的新策略条件下的任务。

1937年3月，全总西北执行局为使工人运动适应迅速发展的政治形势，做出《关于目前工会工作的决议》，对苏区工会的组织原则、工会内部分工、工作中心内容和国家工厂中的工会工作等方面，都做了详细明确的规定，使工会的工作任务更加具体化。

当中共中央提出要把西北苏区变为全国抗日民主模范区域，把苏维埃政府改为陕甘宁边区政府，实行彻底民主普选运动后，全总西北执行局于6月12日，通过《关于陕甘宁边区职工运动组织问题决议》，专就各级工会组织的民主制度做出详尽的规定，以体现真正的群众民主。13日，又发出《关于陕北省工会目前的中心工作与今后应注意的问题》，提出目前各级工会的基本任务是：①由下而上地真正地、彻底地、民主地改选各级工会的领导机关；②参加普选运动。在进行上述两项任务时，要注意结合工会的其他工作，并强调彻底转变领导方式，目前"应注重民主的发展"。同时，提出关心干部，训练、培养、提高干部的问题。同月，全总西北执行局文教部为提高国家工厂工人的认识，编写了《国家工厂工人须知》，阐述资本家的工厂与边区政府的工厂的区别，为什么要用新的态度对待新的劳动，工会是什么，国家工厂工会的组织及内部分工是怎样的等问题，下发各工厂。

10月，全总西北执行局又发出《关于工厂工会组织系统及内部分工的说明》，使工厂工会的组织建设有了统一的系统的章法。

1937年3月，中共中央为了坚持国内和平，与国民党团结抗日，主动将陕甘宁苏区改为陕甘宁边区。6月19日，全总西北执行局举行干部联席会（陕北省总工会全体干部参加），成立了陕甘宁边区总工会临时委员会，刘长胜兼任临委会主任。9月，刘长胜调往上海，刘群仙、廖似光等其他干部也相继调外地工作。全总西北执行局的工作逐渐由陕甘宁边区总工会筹委会代替。

第六节　陕甘宁边区总工会

陕甘宁边区总工会是抗日战争时期陕甘宁边区工人群众组织的统一

领导机关，先后隶属中共陕甘宁边区委员会、边区中央局、西北中央局和中央职工运动委员会领导。机关内设秘书处、组织部、文教部、抗战动员部、劳保部和工作调查组等。曾辖关中、神府、三边、绥德、庆环（甘肃境内）分区工会及延安市、延安（县）、延川、延长、安定（今子长）、固临、甘泉、富县、志丹、安塞等直属县工会。在初建立时，有工会会员两万余人。

一、组织沿革

1937年初，西安事变和平解决后，中共中央为坚持国内和平，与国民党团结抗日，主动将陕甘宁苏区改为边区，服从国民政府统一领导。同年6月19日，中华全国总工会西北执行局召开干部（包括陕北省总工会干部）联席会议，决定召开陕甘宁边区工人第一次代表大会，成立陕甘宁边区总工会，并提出采用最彻底最民主的选举方法，逐级选举代表。会后，成立了陕甘宁边区总工会临时委员会，全总西北执行局主任刘长胜兼任临委会主任。

7月7日，卢沟桥事变爆发。8月，刘长胜调往江苏，毛齐华接任边区总工会临委会主任，管瑞才任副主任。11月26日，临委会会议决定1938年3月18日（后推迟到4月17日）在延安召开陕甘宁边区工人第一次代表大会。同时成立了陕甘宁边区总工会筹备委员会，毛齐华任主任。

会后，开展了紧张的筹备工作。首先，加速会员发展和基层组织建设工作，把全边区工人群众组织起来。其次，在边区各城乡召开工人代表会（或大会），由下而上地民主改选各级工会组织，选举出席边区代表大会的代表。同时对工人普遍进行政治、军事和文化技术教育。经过努力，全边区工会会员数增加到四万八千余人。

1938年4月17日至23日，陕甘宁边区工人第一次代表大会在延安市召开。出席代表二百二十六人，来宾三百余人。香港海员工会、码头工会，武汉、广州、开封及同蒲铁路工人自卫队，郑州豫丰纱厂工人生活维持会，平汉铁路工人破坏大队等工人团体均派出代表参加大会。

会上，毛泽东就抗日民族统一战线问题讲话。刘少奇做《关于抗战形势与任务》的报告，筹委会主任毛齐华做题为《边区抗战以来职工运动的总结和今后的方针》的报告。大会通过了《陕甘宁边区总工会章程》《陕甘宁边区店员、手艺工人工会章程》《陕甘宁边区农业工人工会章程》和《陕甘宁边区总工会抗战期间工作纲领》以及《大会宣言》等。大会民主选举毛齐华、管瑞才等三十七名执行委员和九名候补执委，组成陕甘宁边区总工会第一届执行委员会，大会宣布陕甘宁边区总工会成立。

4月24日，执委会举行第一次全体会议。推选毛齐华、管瑞才、正义、刘呈云、刘子载、高长久、李子厚、白文生、张如洲等九人为常务委员，毛齐华、管瑞才为正副主任。

边区总工会成立后，针对工会组织中存在的问题，在组织上进行了必要的整顿，加强了统一领导。将原陕北省总工会、陕甘宁省总工会改为分区工会，各级地方工会和各产业工会组织均受边区总工会领导，实现了工会组织上的统一。

1939年3月10日，边区总工会在安塞召开第二次执委（扩大）会。全体执委，关中、三边、庆环、陕北分区工会和二十个县工会主任以及延安市工厂工人代表等共四十五人参加会议。边区总工会主任毛齐华做《抗战形势与边区工运任务》的报告。会议通过了关于工会工作方面的八项具体规定。指出当前各级工会的中心工作是在全边区掀起群众生产运动，加紧学习，选拔干部。要求各级工会工作人员"要以身作则，积极参加生产运动，做到秋后粮食自给自足"。

1940年4月13日至22日，边区总工会第三次执委（扩大）会在延安市召开。会议讨论了总工会的工作报告，通过了关于工会工作"一般的决定"。提出"组织、教育、保护工人利益"是工会工作中"有机的三位一体"，领导上必须时刻注意三者的密切联系。由于毛齐华、管瑞才调出边区总工会，会议推选高长久为边区总工会主任，萧彩峰为副主任。

1940年2月，国民党绥德专员何绍南逃走后，成立了中共绥德特别委员会。5月11日，中央职工委与边区总工会共同组成工运工作团赴绥德，帮助开展工会工作。8月，召开了绥德分区第一次工人代表大会，选举张如洲等 13 名执行委员，组成绥德分区工会（又称工人救国会），隶属边区总工会领导。

1940 年底统计，边区工会系统共有干部 347 人。其中边区总工会 32 名，分区工会共计 17 名，县级工会共 97 名，区级工会共 196 名，工厂工会 5 名。

1941 年 4 月，边区总工会第四次执委（扩大）会在延安市召开。到会执委和工厂代表共 90 多人。会议提出："组织领导工人积极参加各种经济建设，发扬工人的劳动热忱，加强工人的技术教育，提高生产效率，完成边区政府自给自足的经济建设计划，打破敌人想以经济物质的封锁来窒死边区军民的阴谋，这是边区目前最重要的中心任务。"首次提出工会工作以生产为中心的方针。

1942 年 2 月，陕甘宁边区参议会通过"精兵简政"的决议后，边区总工会积极响应。决定取消分区工会，工会组织由原四级改为三级，县工会只留干部 3~5 人，边区总工会常委会下只设组织、文教、劳保三个部，部下设干事，撤销原来的产业部及科一级建制。边区总工会下属 4 个分会，30 个县工会，104 个产业工会，产业工人比 1940 年增加了 8 倍多。

1943 年 5 月 5 日，西北中央局发出《对边区群众工作的指示》。要求"边区工、青、妇各群众团体的领导机关，应自上而下地合并，把领导与组织统一起来，工作在一个机关办公，干部尽可能地打入各经济、文化机关，不脱离生产，从自己职务中去建立与群众的联系"，"工会、妇联、青救会的名义仍存在"。17 日，边区总工会与边区妇联、青救会合署办公，对外称"陕甘宁边区各界抗日救国联合会"，简称抗联会，主任为崔田夫。边区以下各级工会亦并入抗联会。边区总工会工作重点转入工厂企业工会。

1944 年，由于工厂职工的增加，边区总工会原有执委减少，在 5 月 1 日至 25 日召开的陕甘宁边区工厂厂长暨职工代表大会上，增选赵占魁、沈鸿、崔田夫等 18 人为陕甘宁边区总工会执行委员。边区执委人数达到 49 人，候补执委 7 人。在边区第五次执委会议上推举 7 名常委，崔田夫为主任，萧彩峰为副主任。

抗日战争胜利后，边区工会大批干部和工人中的骨干力量被派往各个新解放区开辟新区工作；同时，又派出一些干部到工厂和产业工人较集中的地区帮助重新调整组织，加强基层工会工作。这时边区总工会的组织机构和人员更加精干，与工人群众的关系更加密切。

1946 年 8 月 16 日至 18 日，边区总工会在延安召开第六次执委（扩大）会议。各执委、工厂厂长、工会主任和劳动英雄等出席了会议。会上，总结了工厂职工代表大会以来的工会工作，通过了今后工作方案。会议要求各级工会要进一步团结动员全边区职工群众，积极投身自卫战争，努力生产，保卫边区。会议推举七人为边区总工会常委，崔田夫为主任，高凤山为副主任。边区总工会下辖晋西北总工会、晋南总工会以及陕西境内的陕北总工会和绥德分区工会。

1947 年 3 月 13 日，国民党军胡宗南部进犯陕甘宁边区。边区总工会随军转战，工会工作暂时停止活动。1948 年 4 月，延安光复。8 月，中央西北局决定恢复陕甘宁边区总工会。指定马汉三、杜延庆荐举干部，重组工作班子，其主要任务是筹建西北总工会，准备接收城市。1949 年 5 月 1 日，西北总工会筹备委员会成立，陕甘宁边区总工会结束其历史使命。

二、重要活动

边区总工会成立后，在中央职工运动委员会指导帮助和边区党委的直接领导下，组织动员边区工人，在各条战线上充分发挥工人阶级的先锋、模范作用，把努力生产、支援抗日战争和巩固边区民主政权作为工人运动的根本任务。其重要活动有：

（一）工人自卫军

工人自卫军，亦称工人抗敌自卫军、赤卫军。它是在特定的历史条件下，由陕甘宁边区工人阶级自愿结合的一支武装组织，在抗日战争时期，在支援抗日前线、巩固边区等方面起了重要作用。

抗日战争开始后，陕甘宁边区主力部队开赴前线，对日直接作战。国民政府虽承认陕甘宁边区的合法地位，但仍用三十多万重兵包围边区，伺机蚕食边区领土,制造摩擦事件,派遣和纵容土匪在边区内外抢劫骚扰、绑架暗杀边区地方干部,利用他们设在边区的党政机关(当时存在二重政权),借参观、考察之机,进行反共宣传。又暗派特务,组织秘密活动点,进行颠覆破坏等活动,对边区危害极大。

早在1936年,陕北省总工会就组织16岁以上、45岁以下青壮年工会会员参加工人赤卫军(后改为自卫军)。到1938年底,全边区共有自卫军12 416名、少先队员1 867人。执有刀、矛、梭镖、土枪及现代武器(少数),共计13 500件,全边区工人的90%(除老弱病残者)被武装起来。

工人自卫军按军队建制设营、连、排、班,民主选举各级指挥员。在工矿区或工人较集中的地方,单独设立工人自卫军,在乡村的各业工人、店员,大多同农民联合组成自卫军,由工人担任指挥员。各级地方工会均设有专责干部具体联系指导,各工矿基层工会在文教委员会下设军事股,具体领导各厂、矿的自卫军活动。

武装起来的边区各业工人,在"保卫边区,保卫家乡,保卫党中央"口号的鼓舞下,积极参加八路军。从1937年到1941年的几次扩红运动中,工人自卫军中有15%～20%的人加入了抗日部队,开赴抗日前线,同敌人直接作战。沿黄河各县的水手工人自卫军当敌人强渡黄河西犯时,宋家川、吴堡、延川、固临等地的工人自卫军配合部队击退敌寇进犯,为保卫河防、保卫边区创造过光辉业绩。吴堡、清涧、安定、延川、环县、盐池、新正、华池等县的工人自卫军在县工会干部的率领下,配合驻军,进行过多次剿匪活动。

在工人自卫军中有约1/4的人参加工人锄奸组,侧重对付暗藏的敌人。从1937年到1939年10月,锄奸组曾破获汉奸、特务、匪徒和其他重大案件43起。敌汉奸设在延安、延长的活动据点,是由几位手工业工人和店员组成的锄奸组侦破的。环县、延川等县的工人锄奸组查出混迹于脚夫、小贩中的敌密探多人,安定、华池、盐池等县工人锄奸组也曾捕获敌奸细和阴谋暗杀的特工人员。保安县一工人锄奸组侦破并捕获杀害该县四区三乡乡长的凶犯。在工人锄奸组的活动区域内,敌人的罪恶阴谋是很难得逞的。通过参加自卫军组织活动，全边区工人的政治觉悟和组织纪律性明显增强。

（二）工会干部整风运动

1942年，陕甘宁边区各级工会干部参加了中共全党的整风运动。工会干部整风运动奠定了革命根据地工会工作的正确方向，是中国工人运动史上极其重要的一页。

4月21日，中共中央发布《关于五一节的指示》。指出："今年纪念五一，必须与国际工人阶级反法西斯斗争及我国人民坚持抗战、克服困难的斗争密切联系起来，同时应根据党中央及毛泽东整顿三风的号召来改造各地工会工作，深入肃清职工运动中的主观主义、宗派主义、党八股的思想方法与工作作风的残余。"边区总工会遵照党中央指示精神，在边区民众团体系统学习委员会的具体领导下，组织工会干部，认真阅读整风文件，参加整风运动。

5月5日，边区总工会召开各公营工厂工会干部会议，布置整风运动。会上发动与会者检查边区工会工作和领导作风。与会干部对公营工厂的经济性质和工人劳动性质问题展开争论，进而对边区总工会执委（扩大）会第三、第四两次会议确定的工会工作任务问题争执不下。部分干部认为，边区工会第三次执委（扩大）会确定的"组织、教育、保护工人的利益"为工会工作的中心是正确的，而第四次执委（扩大）会确定的工会工作以生产为中心的提法是忽视了工人的利益，因而是错误的，应予否定。而另一部分干部则持相反意见，认为"以生产为中心"是工会工作经常的中心任务完全正确。

边区总工会请中共中央职工运动委员会主任邓发做报告。他讲话的题目是《在新民主主义政权下，公营工厂的劳动性质和职工会的任务》，针对会议争论的问题，从理论和实践的高度详细阐述，肯定了工会工作以生产为中心的正确性。

与会干部认真讨论了邓发的报告，对公营工厂工人劳动性质和职工会的方针任务及其变化的基础统一了认识。会议由高长久做总结发言。

他重申了邓发报告的主要精神，对公营工厂职工会的日常工作任务提出四条：①进行职工教育，提高文化技术与政治认识；②维持劳动纪律，提高生产效率，爱护工厂；③团结全厂职工，保证工厂生产计划的完成；④与工厂共同协商，适当地改善工人生活。并勉励全体职工"应以新的态度对待这一有意义的劳动"，"先进的工人阶级在抗战中的模范作用，不仅应照顾各方面的与将来远大的利益，而在生产岗位上更应表现出工人阶级的自我牺牲精神，节衣缩食，勤苦劳作，以维持与发展工厂，供给抗战军民需要，迎接与克服空前的困难，向光明前途迈进！"

通过这段整风学习，全边区工会干部普遍受到一次深刻的马克思主义自我教育，从根本上弄清了在新民主主义政权下工会工作方针任务变化的基础。

1942年10月19日至1943年1月14日，中共中央西北局召开陕甘宁边区高级干部会议。毛泽东向大会做了《经济问题与财政问题》的报告。他在报告中特别指出"应改善职工会的工作，发展赵占魁运动于各工厂"。明确提出："一个工厂内，行政工作、党支部工作与职工会工作，必须统一于共同目标之下。""这个成本少、产品好、推销快的任务是行政、支部、工会三方面三位一体的共同任务。""首先使行政工作、生产计划走上正轨，而党与工会的任务，就是保证生产计划的完成。"毛泽东的讲话再次明确公营企业中工会的中心任务和党、政、工三者之间的关系问题。会后，各工厂建立了由厂长、党支部书记和工会主席联合组成的"三人小组"，作为工厂的统一领导核心。

1943年3月，边区政府同总工会联合召开直属公营工厂厂长、党支部书记和工会主席会议，中心讨论加强公营工厂经营管理问题。会议提出，当前工会的任务是深入开展赵占魁运动，合理解决工人日常生活困难，严格整风学习，保证中心任务的完成。经过一段工作，使职工教育由教条主义走上教育与生产劳动相结合，群众生活群众办，组织职工经济互助会，职工食堂实行民主管理，开展储蓄等活动，调动了职工生产积极性，使赵占魁运动出现了新高潮。

1943年4月9日，陕甘宁边区党和民众系统的整风运动做出初步总结。工会干部整风基本结束。

（三）赵占魁运动

1939年，抗日战争处于相持阶段。日本侵略军转移其主力来对付中国共产党，国民党也掀起反共高潮加紧对陕甘宁边区实行军事包围和经济封锁。到1941年，国民党进一步停止对边区的财政供给，边区军民处于极端的经济困难之中。

1939年2月，中共中央发出"自己动手，丰衣足食"的号召，边区工人群众积极响应。在边区总工会的组织和引导下，为实现边区政府提出的自给自足的目标，开始在公营工厂内开展生产竞赛活动。1939年参加竞赛的6个工厂，平均产量提高20%，1940年参加竞赛的14个工厂，平均产量提高33.63%，1941年参加迎接五一大竞赛的29个工厂，平均产量提高43.6%。

赵占魁是生产运动中表现最突出的工人。他处处表现出无产阶级的先锋模范作用。1939年、1942年和以后的历次劳模大会上，中央职工委员会、中央军委工业局、边区政府等均授予他"模范工人""特等劳动英雄"光荣称号。

1942年5月，抗日前线急需10万颗手榴弹。赵占魁所在的农具工厂工会主任狄德建，乘整风之机，以"关心工人生活"为名，煽动一些不明真相的工人怠工闹事。赵占魁带头进行斗争，并说服团结大部分工人努力生产，按时完成手榴弹生产任务。边区总工会知道其事迹后，报请中央职工委决定树立赵占魁为边区工人的旗帜。

9月11日，《解放日报》发表社论，号召边区工人向模范工人赵占魁学习。10月12日，边区总工会发出《关于开展赵占魁运动的通知》，号召全边区工人向赵占魁学习，开展新劳动者运动。边区各报刊相继宣传赵占魁先进事迹。12月，毛泽东发出"发展赵占魁运动于各工厂"的指示后，向赵占魁学习的群众运动迅速在各工厂展开。边区总工会为使工人学赶模范具体化，制定了模范工人七条标准：①爱护工厂，严守纪律；

②积极工作，始终如一；③数量最多，质量最好；④爱惜工具，节省材料；⑤吃苦在前，享受在后；⑥努力学习，帮助别人；⑦克己奉公，团结群众。

各厂工会组织全厂会员工人对照七条标准检查制订学习计划。中央职工委邓发主任亲自下工厂调查研究，指导赵占魁运动深入开展，使赵占魁运动从一般突击性的生产竞赛形式，变成以建立新的劳动态度、培养新型工人品质为内容的教育运动。赵占魁运动对增加生产、提高质量、降低成本起了巨大作用，全边区工业生产产量平均增长 30% ~ 50%，运动也由公营工厂扩展到私营炭窑、作坊等企业。敌后各抗日根据地也将赵占魁运动作为新劳动者运动普遍开展起来。

1944 年 5 月，边区工厂代表大会提出，今后赵占魁运动的主要内容是劳动品质与劳动技术并重。要求在工厂管理人员中开展袁广发运动，在技师中开展沈鸿运动，在工人中开展赵占魁运动，在一厂内要把三者结合起来，向模范单位目标努力。所有工厂、作坊都要创造自己的英雄、模范，作为本单位的旗帜，边区全体职工学习所有的劳动英雄，"劳动英雄要做火车头"。从而把赵占魁运动引向群众性的学英模运动，成为边区工会在工厂企业中开展群众生产运动的一个确定形式，使工会工作跨出了重要的一步。

1943 年和 1945 年，边区政府两次召开英模代表大会，表彰奖励英雄模范。毛泽东在讲话中号召英雄模范起"带头作用，骨干作用和桥梁作用"。1947 年 3 月，国民党胡宗南军队进犯边区后，赵占魁运动被迫停止。但边区的劳动英雄、模范工人，在"一切为了前线的胜利"的目标下，仍在各自新的岗位上继续发挥三大作用。新中国成立后，历次开展的劳动模范、先进生产者、先进工作者、突击手、红旗手等等形式的生产竞赛运动，都是赵占魁运动的继续和发展。

（四）发起成立中国解放区职工联合会筹备委员会

中国解放区职工联合会筹备委员会是陕甘宁边区总工会为促进全国工人运动的统一和发展而发起成立的群众组织。办公驻地在延安市。

抗日战争胜利前夕，由中国共产党领导的各抗日根据地（解放区）

有了很大发展。1945年2月1日，中共中央发出《关于成立中国解放区职工联合会的指示》，要求各地党组织和职工团体做好准备工作。2月7日，《解放日报》为纪念二七大罢工发表了《为独立与民主而战》的社论，提出中国职工在全国总工会被国民党解散之后，至今仍无全国的统一组织，为了促进这个组织的重新建立，各解放区的职工会应该首先联合起来，成立中国解放区职工联合会。

1945年2月10日，陕甘宁边区总工会常委会做出《关于发起成立中国解放区职工联合会的决定》，并致电全国各解放区职工会，邀请派代表来延安，商讨与筹备联合会成立事宜。4月19日，陕甘宁边区总工会推举朱宝庭、赵占魁、崔田夫、李颉伯、萧彩峰五人为陕甘宁边区工会参加解放区职工联合会筹备会的代表。邀请电发出后，晋察冀、晋绥、晋冀豫边区和山东总工会等都先后复电，表示完全拥护《解放日报》二七社论精神和陕甘宁边区总工会常委会《关于发起成立中国解放区职工联合会的决定》，并将派代表来延安参加筹备工作。

4月20日，各解放区职工代表齐集延安。4月22日，中国解放区职工联合会筹备委员会在延安成立。会议推举邓发、崔田夫、朱宝庭、李颉伯、赵国强、王志远、李砥平、张修竹、康永和九人为筹备会常务委员，邓发为筹委会主任，崔田夫为副主任，李颉伯为秘书长。

全国职工联合会的宗旨是：团结各解放区职工力量，促进全国职工运动的统一；保护职工利益，发展工业生产，联合各民主党派及一切民主人士，以促进国内和平，建设民主自由独立富强的新中国。筹备委员会决定1945年8月召开全国解放区职工代表大会，正式成立全国解放区职工联合会。

8月14日，日本天皇宣布无条件投降。陕甘宁边区总工会大批干部和工人中的骨干力量随军奔向新解放区，开辟工运工作，原定联合会正式成立的日期推迟。

9月，筹委会向全国公布《中国解放区职工联合会纲领（草案）》。纲领共计十四条，对全国各解放区职工在政治、经济、生活等方面的工作和活动做了原则性的规定，提出抗战胜利后全国各解放区工会组织和职工群众的基本任务，号召解放区职工群众援助国统区职工群众的各种斗争，要求国民党政府救济国统区失业工人，改善他们的生活待遇。《纲领》最后提出，要与世界职工组织取得密切联系，为建立持久的世界和平做出中国工人阶级的努力。

1945年10月，世界工会联合会召开成立大会，邀请中国工人派代表参加大会。中国解放区职工联合会筹委会选派邓发为代表出席大会。邓发同中国劳动协会领袖朱学范密切合作，组成统一的中国工人代表团，出席了世界工联成立大会。

1948年8月，第六次全国劳动大会上恢复了中华全国总工会，中国解放区职工联合会筹委会随即撤销。

第七节　陕甘宁边区各界妇女联合会

抗日战争爆发后，中共陕甘宁边区委员会根据洛川会议精神和中共中央组织部制定的《妇女工作大纲》精神，做出《关于边区妇女群众组织的新决定》，要求在乡以上成立各界妇女联合会（简称妇联）。毛泽东、张闻天、李维汉、李富春等中央领导及各界人士表示支持，各机关、团体、学校四百多人纷纷发起赞助。1937年9月12日在延安抗大召开发起人与赞助人大会，选举由李坚真、蔡畅、丁玲、史秀云等十五人组成的陕甘宁边区各界妇女联合会筹备委员会，李坚真、史秀云当选为正副主任。

边区妇女在筹委会的领导下，仅在半年多的时间里，改造并成立了县、区各级妇女联合会。边区妇联筹委会与边区内各群众团体、各机关及西安、汉口等国统区的各救亡团体建立联系。1938年3月8日，在延安师范学校召开陕甘宁边区妇女第一次代表大会，正式成立了陕甘宁边区各界妇女联合会，史秀云为主任。边区妇联会成立后，领导广大妇女积极地投入到更大规模的抗日救亡运动。边区妇联的会员由原来的十七万人增加到二十七万人。1943年5月13日，边区妇联与边区总工会、边区青救会合署办公，组成边区各界抗日救国联合会。1944年春，边区开展的大规模生产运动、妇婴卫生运动需要有健全的妇女组织及大批妇女干部来领导，西北中央局决定，边区妇联会重新开始对外办公。1945年3月，边区妇联会作为中国解放区妇女联合会筹备委员会的发起单位，为建立中国解放区妇女联合会筹委会积极工作。

边区妇联先后隶属中共陕甘宁边区委员会、边区中央局、西北中央局和中共中央妇女工作委员会领导，下辖关中、三边、神府、绥德、洛川等分（特）区、直属县和甘肃境内的庆环（陇东）分区的妇女组织。刘秀梅、徐明清、白茜也曾任边区各界妇女联合会主任。

第八节　中国回教救国协会陕甘宁边区分会

七七事变后，日寇发动了全面侵华战争，北平、天津、上海、南京先后陷落，中华民族到了生死存亡的危急关头。1937年冬，时子周、王静斋等在河南联络一部分当地回民组织成立了"中国回民抗日救国协会"。当时，担任国民党总司令部副总参谋长兼军训部部长的白崇禧认为，全国各地回民多有自己的组织，但缺少统一的领导。在国难当头之际，为适应抗日战争的实际需要，应建立全国性回民抗日救亡组织。随后唐柯三、达浦生、哈德成、马松亭、孙绳武、王静斋等回族知名人士来武昌，在白崇禧提议下，一致同意成立"中国回民救国协会"（1939年改为中国回教救国协会）。

1938年5月下旬，中国回民救国协会在汉口宏昌皮货局召开成立大会。会上推举白崇禧、时子周、唐柯三、马鸿逵、马鸿宾、马步芳、马步青、艾沙等三十二人为理事，推举尧乐博士、达浦生、王静斋等三人为监事，组成理事会和监事会。大会选举白崇禧为理事长，唐柯三、时子周为副理事长。大会制定了八项工作纲领：建立全回族的抗日统一战线；武装回民参加抗战；融合回汉感情，实现各民族的大团结；训练与组织回教青年，充实抗战力量；向国际宣示中国各民族的统一并与一切回教国家取得密切之联络；救济回族被难同胞；肃清回奸及倭寇的一切走狗；组织在沦陷区域内之回民保卫祖国。内部成立组织、宣传、调查等部，以及教育、青年、训练、救济等特种委员会，并决定当前工作为组织回民与武装回民，重点在西北开展工作。中国回民救国协会正式成立后，即着手在各省市建立分会，各地县设支会，回民聚居较多的寺坊还设立坊会。

为团结、促进和巩固全国回民的抗日运动，揭露日寇灭亡全中国、灭亡回族的阴谋，提高广大回族群众的抗日热忱与信心，使回汉民族密切团结，共同发展，中共中央决定同国民党统治区的"中国回教救国协会"取得联系，进行统一战线工作，沿用"回教"这一名称。1940年1月8日，在陕甘宁边区，由金浪白、马文良、马青年、王占魁、王谦、苏汝智、苏冰、马尔撒等人发起召开中国回教救国协会陕甘宁边区分会筹备会，并发出告示："希望全边区的穆民一致动员热烈参加，特别希望各寺的阿訇参加领导，届时延安的穆斯林弟兄们竭诚欢迎。"同年3月分会正式成立。边区各地设有支会。

1940年10月7日至16日，中国回教救国协会陕甘宁边区分会、陕甘宁边区回民文化促进会成立大会暨陕甘宁边区回民第一次代表大会在延安召开，边区各分区回民代表及延安市全体回民、各机关学校代表一千余人出席。大会推选谢觉哉、林伯渠、邓发、高岗等二十五人组成主席团。大会由马青年致开幕词，朱德、王明、张闻天、高自立、谢觉哉到会讲了话。大会提出了今后的工作任务，宣布成立陕甘宁边区回民文化促进会支会，推选高岗、林伯渠、谢觉哉、周扬、张仲实、延安马阿訇、定边马阿訇、三岔马阿訇、关中马阿訇等三十余人为理事，谢觉哉为会长；成立中国回教救国协会陕甘宁边区分会，选举鲜维峻任干事长，金浪白任副干事长。1941年春，关中、陇东、三边分区相继成立了回民文化促进会支会。分会围绕发动边区回民参加抗日斗争，揭露和反对日本帝国主义的"大回回国"阴谋，扩大抗日民族统一战线，宣传抗日救亡政策，发展回民生产等方面开展工作。

陕甘宁边区回民文化促进会和中国回教救国协会陕甘宁边区分会先后隶属中共陕甘宁边区中央局、西北中央局领导，机关均驻延安市。

第九节　陕甘宁边区民众抗敌后援会

抗日战争爆发后，陕甘宁边区的群众抗日运动蓬勃发展，成立了各种抗日救国团体。为了使各群众团体行动统一，便于组织领导，根据中共中央和中共陕甘宁边区委员会的指示，于1938年1月15日在延安成立了陕甘宁边区民众抗敌后援会筹备委员会，主任毛齐华。1938年1月29日，由边区总工会、边区青救会、边区妇联会、边区农民会、边区文化界救亡协会、延安市商会、陕北公学学生会、陕北公学同学会、中国人民抗日军政大学同学会、国防教育研究会、中华民族解放先锋队延安队部、世界语协会、新文字研究会、延安中华基督教会、边区民众娱乐改进会、边区民众抗敌互济会、边区战时儿童保育会、国民外交协会、边区体育委员会、边区抗敌电影社、鲁迅艺术学院学生会、音乐界救亡协会、西北战地服务团、青年记者协会延安分会、实验剧团、边区中学学生会等二十六个群众团体，各派代表三人，召开代表大会，正式成立陕甘宁边区民众抗敌后援会。大会制定了《陕甘宁边区民众抗敌后援会章程》，通过并发表了成立宣言，选举出毛齐华等二十一人为执行委员，吕骥、朱光为候补执行委员。第一次执委会推举毛齐华等十一人为常务委员，李凡夫、张光远为候补常务委员，毛齐华、马豫章为正副主任。常委会之下设秘书长、宣传部、组织部、农民部、职工部、青年部、妇女部、武装动员部、锄奸部、商民部。边区抗敌后援会先后隶属中共陕甘宁边区委员会、边区中央局、西北中央局领导，机关驻延安市南门外新市场。下辖三边分区、神府特区和边区直属县（市），以及甘肃境内的庆环（陇东）分区抗敌后援会。

抗敌后援会与边区以外的抗日群众团体加强联系，采取一致行动，推动和影响全国群众抗敌运动的开展。根据中共中央精兵简政的指示，1943年5月，边区抗敌后援会停止活动。

第十节　陕甘宁边区各界抗日救国联合会

1942年8月，根据中共中央关于精兵简政的指示精神，西北中央局决定边区总工会、青救会、妇联会三个群众团体联合组成陕甘宁边区各界抗日救国联合会，但工、青、妇三团体名义继续存在。经三团体推选协商，组成筹备委员会。1943年5月13日正式成立陕甘宁边区各界抗日救国联合会（一说将陕甘宁边区民众抗敌后援会更名为陕甘宁边区各界抗日救国联合会），主任崔田夫，实行工、青、妇三家合署办公，精简了机构和人员。

边区抗联会在西北中央局领导下开展工作，内设宣传、组织、职工、青年、妇女五个部，机关驻延安市南门外新市场，下辖神府分区、三边分区、边区直属各县和甘肃境内的陇东分区抗联会。

第十一节　陕甘宁边区青年救国联合会

1937年卢沟桥事变之后，全面的抗战开始。8月抗日民族统一战线正式形成，为适应新形势，陕甘宁边区撤销了省级建制。1937年7月，陕北省青救会撤销后，所辖县青救会划归西北青救会领导。1937年9月，陕甘宁省青救会撤销，建立环庆分区青救会。同年10月，建立三边分区青救会。同时，西北青救会在统战区域（八路军驻防地由国民党主管行政权）建立了陇东特区青救会、洛川特区青救会。

1937年12月，西北青救会的工作重点转向指导全国青年抗日运动。为加强同全国青年团体的联系和指导陕西国民党统治区的青年抗日运动，西北青救会机关移驻泾阳县云阳镇，后又迁往安吴堡青训班。因此，新组建了陕甘宁特区临时青救会，统一领导边区各级青救会和其他青年组织。

陕甘宁特区临时青救会由九人组成，主任委员高朗山。领导关中、三边、陇东、庆环、神府、洛川特（分）区青救会和十二个直属县、市青救会以及绥德警备区的青年工作。1938年1月，陕甘宁特区改称陕甘宁边区，陕甘宁特区临时青救会随之改称陕甘宁边区临时青年救国会。

（一）领导机构

1938年10月2日至7日，陕甘宁边区第一次青年救国代表大会在延安召开，二百零四名代表出席。贺龙代表中共中央讲话，希望边区青年把模范作用推广到全国去。边区政府主席林伯渠要求边区青年担负起把全国青年组织起来，武装起来，去战胜日本帝国主义的任务。边区临时青救会主任高朗山在会上做了《边区青救会一年来的工作报告》。大会通过了《武装边区青年参加抗战》《加强边区青年文化教育》《巩固扩大青救组织》《改善边区青年生活》《转变青年工作领导方式》等决议案。大会正式成立陕甘宁边区青年救国联合会（简称边区青联），选举执行委员二十九人，隶属边区党委（西北中央局）和西北青救会领导，设有秘书长、组织部、文化教育部、宣传部、军体部、青妇部、少先队部、经济部、统战部、巡视团等工作部门，直接领导青年军事组织青年营，主办《边区青年》杂志和《新中华报》的《青年呼声》专栏。

1939年6月初，边区青救会召开第二次执委（扩大）会议，决定改乡俱乐部为乡青救会，学校一律成立学生会，军队、机关和自卫军组织青年队，各级青救会主任改称主席。边区青救会机关开始驻在延安市，1938年12月至1939年底在安塞县真武洞王家岔；1940年初至1941年9月在延安小砭沟；1941年9月至1945年8月在延安大砭沟和新市场。

1939年6月，各级青救会主任改称主席。主席先后有高朗亭、白向银、李瑞山、王治周。

陕甘宁特区（边区）临时青救会领导成员：主任高朗山。委员：高朗山、白向银（任组织部长）、黄庆熙（任文化教育部长）、李瑞山（任儿童部长）、刘秀梅（任青妇部长）、张汉武、白志明（任巡视团团长、青训班负责人）、马志珍、鱼才朗（任军体部长）。1938年夏由徐光接任儿童部长。《青年呼声》杂志主编雷铁鸣。

陕甘宁边区第一届青救会的领导机构和领导人：主任(主席)高朗山，任职时间：1938年10月至12月、1940年8月至1941年9月。主任白向银，任职时间：1938年12月至1940年8月。委员二十九人：高朗山、白志明、徐光、李宿山、胡秉坤、王朗超、鱼才朗、林红、张佛海、张维明、徐步宽、王怀义、张志明、王朝璧、张汉武、王治周、高增贵、李兴旺、白成铭、张昭、张殿仁、李阳山、赵志宝、王如珍、黄庆熙、赵振兴、张作恭、白向银、袁呈祥。秘书长曾泉生，任职时间：1938年10月至1939年4月。秘书长向军，任职时间：1939年4月至1940年8月。组织部长白向银，1938年10月至1939年5月在任；组织部长白志明1939年5月至1941年9月在任，副部长张维明。宣传部长林红，1938年10月至1940年初在任；宣传部长刘异云，1940年初至1941年9月在任。儿童部长徐光1938年10月至同年12月在任，由张志明接任。少先队部长白志明1938年10月至1939年5月在任；副部长胡秉坤、王治周。胡秉坤1939年5月至1941年9月在任。经济部长叶方1940年秋至1941年夏在任。统战部长张维明1939年至1940年初在任。《边区青年》主编林志。青年营营长孟浩、政委胡秉坤。

1941年9月，西北青救会派韩天石、杜绍西、黄爱民、田澍四人加强充实边区青救会，对领导成员进行了调整。1942年春，派去的干部又相继调离，边区青救会又重新调整了领导成员：主席高朗山，副主席韩天石，秘书长田澍，组织部长白志明，1941年12月改由李瑞山接任，副部长黄爱民。宣传部长杜绍西，1942年春由刘昇云接任。少先队部长胡秉坤，1942年1月由荆健接任，副部长王治周。巡视团长叶方，经济部副部长曾泉生。

1942年6月，陕甘宁边区实行精兵简政，中共西北中央局提议边区总工会、青救会、妇联会三团体合署办公，组成边区各界抗日救国联合会，工、青、妇组织的名义继续存在。8月，边区各界抗日救国联合会筹委会成立，内设宣传、组织、职工、青年、妇女五个部门。但工、青、妇各自组织仍独立存在。青救会领导成员：主任高朗山，1942年冬由李瑞山接任，1943年12月由王治周接任至1945年8月。秘书长向军，1942年9月至1943年3月在任。组织部长李瑞山，1942年8月至同年冬在任，由曹宏熙接任到1943年。宣传部长林红。少先队部长荆健，任职至1945年8月。

（二）下辖组织

1. 陕北东分区青救会。1937年7月成立，下辖清涧、绥德、富县、红宜、延安、延水、甘洛（洛川）等县青救会，机关驻延长县城。1937年9月撤销，所辖各县青救会划归西北青救会领导。主任白志明。

2. 陕北西分区青救会。1937年7月成立，机关驻延安蟠龙镇，下辖靖边、新城、志丹、安定、安塞、子长、横山等县青救会。1937年9月撤销，所辖各县青救会划归西北青救会领导。主任王治周。

3. 关中分区（特区青年救国联合会）。1937年3月成立时为关中特区青救会，同年10月改为关中分区青救会。领导陕西淳耀、赤水、中部（今黄陵）、洛川和甘肃新正、新宁等县青救会和青年工作。1937年11月，洛川、中部县青救会划归1938年5月成立的洛川特区青救会。关中特区（分区）青救会隶属关中特委（分委、地委）和西北青救会和边区青救会领导。机关驻地先后在旬邑县马家堡和马栏镇。胡秉坤、王治周、李阳山、张万玉、朱平先后任主任。

4. 三边分区(特区)青救会。1937年10月成立时名为三边特区青救会，同年12月改为三边分区青救会，机关驻定边县城。下辖定边、安边、靖边、吴旗县和宁夏盐池县青救会。先后隶属中共三边特委、西北青救会、陕甘宁边区青救会领导。主任(主席)先后为白成铭、李阳山、张志明、薛生云。

5. 神府分区(特区)青救会。1937年5月成立神府特区青救会，1939年改为神府分区青救会，下辖神府特区各县青救会。先后隶属中共神府特委、西北青救会、陕甘宁边区青救会、晋绥边区青救会领导。机关先后在神木县贺家川、温家川。主任(主席)先后为张汉武、贾怀济、杨文胜、刘佩珍、纪曦晨。

6. 洛川特区青救会。1937年11月，中共洛川工委成立，对外以八路军洛川办事处名义活动。西北青救会派杨树青到工委负责青年工作，辖富县、洛川、中部、宜君等县青救会。1938年5月，成立洛川特区青救会，归中共洛川特委和边区青救会领导。1941年11月，中共洛川特委与富县县委合并，青救会随之撤销。机关先后在洛川县城和店头镇。主任刘书亭。

7. 绥德警备区青年救国团体联合办事处。1937年10月，中共中央与国民政府商定，将绥德、米脂、佳县、吴堡、清涧划为八路军驻防警备区。11月，中共绥德特委成立，西北青救会派高朗山、王朗超到该地开辟青年工作，对内为中共绥德特委青年部，王朗超任部长，对外以警备区政治部民运科名义工作。1940年9月初召开警备区第一次青年代表大会，正式成立绥德警备区青年救国团体联合办事处(简称绥德青联办事处)，选举执行委员七人，隶属中共绥德特委(地委)和陕甘宁边区青救会领导，机关在绥德县城。辖米脂、佳县、吴堡、清涧、子洲和绥德县青年组织。负责人王朗超。1939年7月由张维民接任。1940年9月，改称青联办事处，1940年10月由丁秀接任，1942年1月由张方海接任，1943年3月由郝振邦接任，4月由向军代任。

8. 延安市青年团体联合会（简称延安市青联）。1940 年 11 月 17 日成立，隶属西北青救会领导。1941 年 11 月划归边区青救会领导。延安市青联创办有中山图书馆、青年俱乐部、青年旅社、杂技团、体育会、青年运动场等服务青年和青年文娱场所，以及大型壁报《轻骑队》，下辖设在延安市的三十七个青年团体。在精兵简政中于 1943 年初停止活动。主席先后为赵乃光、王怀安、章泽。

第十二节　陕甘宁边区学生救国联合会

抗日战争全面开始后，陕甘宁边区的中小学和延安的各干部学校普遍建立了学生会。为统一指导各校学生的抗日救亡工作，决定成立陕甘宁边区学生救国联合会（简称边区学联）。1939 年 8 月 13 日至 14 日，陕甘宁边区学生救国联合会第一次代表大会在延安中央大礼堂召开。中央领导人毛泽东、邓发、张鼎丞等出席并讲话，号召学生为争取抗日的民主自由而努力。大会通过了边区学联纲领、巩固与扩大组织、与全国学生和青年团体建立联系等决议案。大会发出了致世界学联电和致全国学联电，正式选举由十五个单位组成的执行委员会和由五个单位组成的常务委员会，陶瑞予任边区学联主席。

1940 年 9 月 7 日至 13 日，边区学联在泽东青年干部学校召开第二次代表大会，中央领导人朱德到会讲话。大会修改了学生会简章和边区学联纲领，通过了五十一件提案，选举十五个单位为执行委员，选举抗日军政大学、陕西公学、青年干部学校、中央党校和女子大学五个单位组成常务委员会，下设秘书、宣传、体育、大学、中学、小学五个工作部。

第二章 陕西国统区群众抗战团体

全面抗战爆发后，随着国共合作抗日局面的形成，1937年7月10日，中共陕西省委发表了《为日军进攻卢沟桥事件告西北各界同胞书》，号召西北各界同胞立即团结起来一致抗日，为中华民族独立解放而奋斗到底。在中共陕西省委的积极推动和领导下，陕西国统区的抗日救亡运动迅速发展，各种抗日团体纷纷成立，工农商学及妇女等各界群众积极行动起来，开展了空前的反侵略宣传运动，支援前方抗日将士。

第一节 中华民族解放先锋队陕西组织

中华民族解放先锋队（简称民先队），是由中国共产党领导建立的青年抗日救国组织。1936年2月在北平成立，不久扩展到全国和海外一些地区。1936 年 10 月，中华民族解放先锋队西安临时队部在西安成立，隶属民先总队部和中共西北特别支部领导。到 1938 年，西安地区的民先队员发展到两千人左右，成为抗日救亡运动的一支骨干力量。

一、民先西安队部

1936 年 9 月，中华民族解放先锋队（简称民先队）总队部派总队长敖伯枫等四人来西安，驻地在案板街基督教青年会，秘密开展民先工作。他们向西安青年介绍了民先队的组织和经验，首先在东北大学建立了民先小组，并在西安高中、西安师范、西安二中等校发展队员。10 月 1 日，在敖伯枫倡导下，在东北大学秘密召开西安民先队成立大会，参加者七八个人。会议讨论了三项任务：一是呼吁全国上下一致团结，共同抗日；二是请求政府给予救国自由；三是唤起民众。会上决定先成立西安临时队部，时机成熟再公开活动。此后民先队以西安为中心，迅速在关中、陕南及延安普遍建立了组织。

西安事变后，西安临时队部改为民先西安地方队部，取得合法地位，开始公开活动。抗战开始后，民先西安队部通过学生工作团、寒假工作团、外县旅西安学生回乡工作团、平津流亡陕西学生中的民先队员，迅速在关中、陕南各县发展组织。队员较多的学校是西安临时大学、东北大学、西安师范、西安省立二中、西安高中等。工厂企业中，大华纱厂、陇海铁路西安分局、邮电局、红十字会医院、易俗社和部分商店都发展有民先队员。西安郊区的三兆、三桥、灞桥等农村亦有民先队组织。到 1938年夏天，西安地区有队员两千人左右。除过在西安发展外，又派工作团、宣传队到关中、陕南各地发展组织。安吴青年训练班中也有民先队员千余人。

民先西安队部下设组织部、宣传部、政治部（训练部）、秘书、办公室等部门，队部由队长负责，集体领导。

民先西安队部设有党团组织，傅希荣、于志远、朱怀琳（朱平）先后任党团书记，归中共陕西省委西安学委领导；下辖西安地区的西安临时大学、西安师范、西安高中、西安省立二中等二十余所大中小学民先分队和大华纱厂、铁路分局、邮电局、电讯局、红十字会医院等十五个企事业单位以及西安郊区农村的民先队，队员最多时达一千一百余人，先后以西安师范、西安省立二中、北大街平民坊5号等地为机关驻地。

1938年2月，民先全国总队部派陆平来西安，与于志远、朱怀琳（朱平）、傅锡荣、丁富贞等西安队部负责人一起筹备，在西安竞存中学召开了全省民先干部扩大会议，改选了队部领导机关，于志远担任队长，朱怀琳（朱平）任组织部长，蒋齐生任训练部长，徐作霖任宣传部长，阎彩霞（女）任机关报《先锋报》主编，任言、丁富贞（女）负责办公室。会议传达了党中央关于形势和新的政策精神，讨论了民先队的性质，确定了陕西民先工作的重点是：协助政府动员民众，巩固西北国防；在统一战线原则下，促成西北青年运动的统一；广泛发展民先组织，实施战时教育，并协助其他救亡团体的发展；为适应抗战需要，力谋青年生活的改进以及战时教育的彻底实施；请求政府领导，争取公开合法地位。1938年4月在西北民先队部成立之前，民先西安队部还领导甘肃、新疆的民先队组织。1938年6月，朱怀琳任队长。各工作部门负责人同上。

二、民先西北队部

1938年3月，晋南地区被日军侵占，民先队全国总队部由临汾转移到西安。为了加强领导，壮大西北民先组织，促进西北青年的团结和统一，经民先全国总队部和中共陕西省委商议后，决定成立民先西北队部。同年4月4日至7日，由总队部主持，在西安师范召开民先西北代表大会，华县、临潼、三原、武功、凤翔、宝鸡、兴平、合阳、韩城、蒲城、高陵、甘肃天水、西安等队部和平津同学会的代表六十余人出席了大会，华北、华东民先队亦派代表出席。民先全国总队长李昌、西北青救会宣传部长胡乔木等先后讲话。大会讨论了形势和西北青年的任务，确定了工作方针，提出民先队的章程草案，发表了成立宣言，选举成立了民先队西北队部，民主选举了队部负责人，由中共陕西省委和民先全国总队部领导，下辖陕西国统区各县及甘肃、新疆的少量民先队组织。

民先西北队部成立后,立即向各地组织发出工作指示,要求整顿巩固、扩大组织。规定县的领导机关是县队部,设队长、秘书各一人,组织部长兼副队长,宣传、训练部各设部长一人。县队部下设分队部,设正副队长及干事一至三人。分队部下设小队,正副队长各一人。小队组织可根据环境便利和工作性质划定。要求各地发展组织要克服关门主义,"只要不是汉奸,无论哪阶层、哪一部门的青年,我们都欢迎到我们队伍中来"。在民先内部要加强训练,加强团结,转变工作作风,争取公开合法地位。

西北队部设立党团组织,李连璧任队长兼党团书记,组织部部长李恩清(李正风),宣传部部长先后是杜绍西、贾云(贾明庸)、刘长清、郑奇(陈振杞),青年服务部部长傅锡荣,交际部部长夏英(女),统战部部长蒙念祖,妇女部部长黄葳(女,即陈沅),秘书力柏良、程卫。办公地点在西安师范学校。当时西安成为全国和西北民先队组织的领导中心,也是西安和陕西各地民先队组织发展最快的时期。

三、民先队陕西基层组织

(一)民先队渭北地方队部

西安事变和平解决后,团结抗日的热潮在渭北一带日益高涨。红军驻防高陵、泾阳、三原等地,其抗日的宣传和行动极大地影响着周围的群众,三原学生的爱国运动也蓬勃开展。1937年春,三原中学正式成立民先队,由解登科、李润诚、冯永吉、朗润亭等五人组成队部。到了夏季,三原县民先队员已经有三百多人,成立了三原县民先队部,王云奎任队长,队委成员有李润诚、朱光荣、黄国斌、史青云、蒙季仔等。七七事变后,三原学生的抗日救亡活动掀起新高潮,民先组织遍及三原城内所有的中小学校。1938年4月,为了更好地推进三原和各县民先队的发展,三原中心县委和民先西北队部商议并报告陕西省委,决定成立民先渭北地方队部,辖三原、泾阳、高陵、耀县、蒲城、富平、淳化、同官(铜川)、临潼、栎阳等地民先组织。队长李润成,秘书朱光荣,队委成员黄国斌、赵守杰、卢肃慎(刘静)、蒙季仔。主要任务是协助中共三原中心县委和民先西北队部联络、领导、督促、检查渭北各县、市民先队的活动情况。

民先渭北队部成立后进行了六个方面的工作。

1. 代销和推荐进步书刊，如《群众》周刊、《青年战线》以及马、恩、列、斯著作，鲁迅、郭沫若、巴金、丁玲、高尔基的作品。

2. 利用合法的组织成立宣传团和"篮球游击队"，联络感情，进行抗日宣传。组织学生成立暑假返乡工作团，以演讲、歌咏、话剧、印发传单、书写墙头标语等形式，宣传抗日救国，动员人民支援前线，保卫家乡。以打篮球为掩护，组织各种比赛，在泾阳、云阳、安吴、蒲城等地互相比赛，趁机扩大民先队的影响，团结青年。

3. 组织办刊物及墙报。《曙光》《春光》《先锋》《燎原》等十几种刊物，一般为周刊，个别是旬刊和三日刊。利用墙报宣传抗日必胜思想，揭露妥协投降阴谋，批判亡国论和速胜论等错误思想。

4.1937 年 10 月 19 日，以三原学生联合会的名义召开纪念鲁迅逝世一周年大会。1938 年 6 月，派代表参加安吴堡欢迎世界学联代表团大会。

5. 几次发起为前方将士募捐鞋袜、毛巾、肥皂，写慰问信的活动。

6. 发动青年去安吴青训班学习，培养青年运动的骨干，有的派往延安和前线、敌后学习和工作。1938 年冬，遵照省委指示，民先三原和渭北队部转入秘密活动，1939 年 5 月完全停止活动。

（二）民先汉中地方队部

1937 年秋，汉中民先地方支队成立，队长是尚锡铭，组织部部长史定国，张绍基为宣传部部长，徐士杰为武装部部长，汤自恒为总务部部长，李鸿录为秘书。1938 年春，汉中地区民先组织发展迅速，当年下半年，民先队员达到一千七百余人，由中共汉中特委和民先西北队部领导。同年 8 月 1 日正式成立了民先汉中地方队部，辖南郑、城固、勉县、西乡、褒城、洋县、留坝、宁强、石泉、汉阴等县民先组织和西北联合大学平津区队部、南郑军事区队部。队长先后为尚锡铭、胡明江（胡林），宣传徐士杰、唐树人、张秀兰，组织薛定国，秘书李鸿录。所辖各县均成立民先县队部，下设民先分队。

之后，汉中特委为了加强对汉中民先组织的领导，在民先地方队部成立了党团组织，薛定国任党团书记，李则民、薛毅为成员，确定民先组织的基本任务是：

1. 大力发展进步青年加入民先组织。

2. 定期开会和发放进步书刊，提高队员抗日情绪，批驳国民党的各种反动宣传。

3. 发动一般青年学生进行抗日救亡宣传，组织假期返乡宣传。

4. 了解和选择够党员条件者，介绍其入党，壮大党的队伍。

汉中民先组织的主要活动是：宣传共产党的抗日救亡主张、抗日民族统一战线的方针政策等，反对日本帝国主义侵华的罪行，团结抗日力量，提倡政治民主，反对专政独裁，揭露国民党攘外必先安内的政治阴谋。主要方法是组织文艺演唱队、歌咏队到各地演出，宣传教育群众，激发抗日热情。当时经常演出的节目有《流亡三部曲》《放下你的鞭子》《义勇军进行曲》等，同时还刷写抗日救亡大字标语、张贴漫画。1939年春，国民党宣布汉中民先队是伪组织，强行解散。于是在汉中特委安排下个别优秀者转为党员，中间者单线联系，动摇者不宣而散。

（三）民先队陕西各县队部

此外，民先队在泾阳、同官（今铜川）、耀县、富平、淳化、渭南、蓝田、宝鸡、岐山、乾县、扶风、兴平、周至、朝邑、澄城、大荔、眉县、洛南、褒城、勉县、城固、留坝、宁强、汉阴、石泉等地也有小型组织。

民先队陕西各县队部情况表

名称	成立和停止活动时间	领导人姓名
蒲城县队部	1937年秋—1938年秋	陈鸿钧、赵志刚、李芳、张志鹏
三原县队部	1937年7月—1939年夏	王云奎 1937年7月—1937年11月 郎瑞亭 1937年11月—1938年3月 董仲让 1938年3月—1939年夏

名称	成立和停止活动时间	领导人姓名
合阳县队部	1937年冬—1938年秋	雷新绪、杨秀峰、姚佑学、宋保学
韩城县队部	1937年11月—1939年夏	李启荣1937年11月—1939年初 杨步云1939年初至同年夏
礼泉县队部	1937年12月—1938年秋	张思明、洛应昌
高陵县队部	1938年初—1938年8月	队长张贵林，副队长陈光舜
户县大王分队部	1937年8月—1938年6月	队长姚展骏
凤翔县队部	1937年秋—1938年冬	孟自治、胡明德、梁启瑞、林金人
武功县队部	1937年7月—1938年12月	黄绪森、周金光、王天任、杨希震、姚玉清
华县队部	1938年初—1938年冬	郭鸣鼎、关汝真
民先西安临时大学（西北联合大学）平津区队部	1937年秋—1939年春	刘长菘、郑登才、李昌伦
洋县队部	1938年夏—1938冬	队长牟新利

第二章 陕西国统区群众抗战团体

名称	成立和停止活动时间	领导人姓名
西乡县队部	1937 年冬——1939 年夏	李霞波、黄任毅
南郑县队部	1937 年 7 月——1939 年春	负责人不详
安康县队部	1938 年 5 月——1939 年春	队长赵棋
商洛镇队部	1937 年冬——1938 年 7 月	队长王伯栋
商县龙驹寨队部	1937 年冬——1938 年秋	队长王士哲

四、民先队在陕西的发展与转变

从民先西安队部成立到 1937 年七七事变，民先活动由秘密状态走向公开化，基本确定了民先的性质、任务和工作方针。这一时期，民先组织有所发展，队员约有五百人左右。

1937 年 7 月抗战爆发到 1938 年 7 月，是民先队部发展最迅速的时期。当时民先确定的任务是：立即发动全面抗战，要求政府开放民众运动。1938 年 2 月，陕西省民先扩大会议召开，制定了五项工作任务。这一时期，民先队部与学联会等救亡团体组织领导了一系列的青年抗日救亡活动，民先队的组织有了很大发展，各大中学校、主要工厂都普遍建立了民先组织，小学教职员、商店店员和郊区农民中也有民先小队和队员。西安地区的民先队员，在 1938 年春节前后约有一千一百多人，到了 7 月份，达到两千多人。

1938 年 7 月到 1938 年 11 月，中共六届六中全会召开后，这一时期国民党顽固派推行消极抗战、积极反共的政策，在西安地区打击镇压群众救亡运动，取缔抗日团体，逮捕抗日青年，强迫学生集训，无所不用其极。民先组织为了保存抗日实力，逐步由公开活动走向分散隐蔽状态。在白色恐怖下，民先队把工作转向小城镇和广大农村，在关中和陕南汉中、安康、商县等地建立民先组织二十五个队部，队员人数五千人左右。连同西安地区的二十二个队部，三千余人，民先队发展队员约万人。

从 1938 年 12 月到 1939 年上半年，是民先队的转变时期。在国民党陕西当局全面实施镇压青年运动的严酷环境下，1938 年 12 月下旬，中共陕西省委青委扩大会议决定民先、青救等团体实行工作和组织的转变。省委扩大会议决定：

1. 转变民先队的工作方式，将民先队转变成为兄弟会、教育研究会、读书会、球队、剧团等；农村的民先组织转变为自乐班、夜校、造纸会等，采用各种形式团结更广大的青年，继续开展救亡工作。

2. 凡有党组织的地方和单位，民先队组织交由所在单位党组织领导，停止民先队上下组织之间的联系。

3. 没有党组织只有民先队的单位，将民先队中的先进分子吸收入党。

4. 对于已经暴露的青年转往农村，或送往延安学习。到 1939 年夏，陕西国统区的民先队组织基本停止活动。

五、民先组织的主要活动

（一）宣传党的方针政策，开展救亡活动

民先西安队部成立后，在党组织领导下，与西安学联在 1936 年 11 月 7 日共同召开了悼念鲁迅逝世大会，在市内和郊区展开宣传，初步掀起了西安民众和广大学生的救亡热潮。同年 12 月 9 日，在中共西安学委组织之下，民先、学联发动万余名大中小学生举行纪念一二·九运动一周年大会，组织游行示威和向省政府请愿。特别是游行队伍徒步去临潼向蒋介石当面请愿的行动，直接促进张学良、杨虎城将军发动了西安事变。

西安事变发生后，民先队部搬入国民党长安县党部办公，配合学联组织学生宣传队，在西安市内和郊区向民众宣传西安事变的意义和张、杨二将军的八项主张，宣传中共和平解决西安事变和抗日救国的方针。

帮助工人成立了西安人力车夫救国会、大华纱厂工人救国会、印刷工人救国会、农民救国会等三十多个抗日救亡团体。随后又以民先队为骨干，组织二百多人的宣传队到岐山、武功、扶风、宝鸡等县宣传、动员和组织民众投入抗日救亡。1937 年 1 月，民先队员组织学生去武功、凤翔宣传，沿途风餐露宿，历尽艰辛。同时，民先还组织慰问团到红军总部云阳镇慰问红军。

1937 年 2 月，民先派蒲望文（苏一平）、刘建鹏等与平津代表一起赴北平参加民先全国第一次代表大会，带回了《大会政治与工作决议案》，进一步宣传西安事变和平解决和联蒋抗日的伟大意义。为了加强青年的抗日军事教育，队部在西安北郊野营，举行篝火晚会。国民党五届三中全会后，统一战线初步形成，民先决定调整工作方针：一是巩固抗日民族统一战线；二是迅速完成抗日准备；三是争取民主权利。

1937 年 11 月，以民先队员为骨干，先后四次组织了六十五个农村工作团，到关中、陕南各县宣传，以讲演、访问、座谈、漫画、标语、歌咏、戏剧等形式，向民众宣传抗战形势和党的抗日民族统一战线政策，帮助当地建立救亡团体。

1937 年 12 月下旬，彭德怀从前线回延安，途经西安。应西安学生分会和民先西安队部等救亡团体邀请，于 25 日在西安师范大操场为西安学生做《目前抗战形势与今后任务》的报告。彭德怀向学生介绍了全国抗战形势和八路军英勇作战以及平型关大捷的英雄事迹，号召全国人民和青年进一步团结起来，共同抗日，夺取抗战的最后胜利。彭德怀副总司令的讲演，慷慨激昂，言辞恳切，动人心弦，使挤满操场的学生们受到极大的鼓舞。在彭副总司令讲话影响下，1938 年 1 月，民先与学联组织七十多个寒假工作团和流动宣传队，以陕西省抗敌后援会名义，再次到关中、陕南以及山西、河南战区进行民众抗战的动员、组织活动，进一步推动了陕西民众抗日运动的高涨。

1938 年初，日军进逼潼关，陕西危急。民先动员三百多队员到前线参战；组织百名队员投考国民党武汉战时工作干部训练团（简称战干团）

和空军学校，并在西安南郊宋家花园举办四五千人参加的军事演习；组成战时工作团，到黄河沿岸各县进行动员、组织前线慰劳队，到国民党沿河驻军中慰劳、鼓动。合阳县组成以中共党员和民先队员为骨干的抗日自卫队两万多人；商县民先队两次进行军事训练和作战演习。民先西安队部在三原创办了冬令营，培养、训练青年战时工作能力，以随时参军参战。

（二）团结教育广大爱国青年

民先队务力通过实际斗争去教育青年提高自己的觉悟，同时，还开展了各种形式的宣传教育活动。民先西安队部出版了油印刊物《先锋报》，还组织了数百人的歌咏队和剧团。各民先分队也都组织了歌咏队和演出队，有的单位还办有壁报、读书会、夜校。这些对团结广大青年起到了积极的作用。1938年1月，由李连璧带队，民先组织队员到安吴堡附近举办冬令营活动，总队部陆平做了《抗战形势的报告》，还请军事教官讲了游击战术，并做了军事演习。此后又组织队员到西安城南宋家花园举行了四千多人参与的军事演习，演习教官由八路军办事处人员负责。在中共西安学委的建议下，民先队员还动员青年参加于右任在泾阳县举办的战时青年训练班，这个训练班后来发展为安吴青年训练班。民先队还将动员和介绍青年去延安作为一项经常性的任务。

（三）开展青年统一战线工作

1937年秋，国民党为了打击压制进步青年运动，同共产党争夺青年，先后建立了西北青年抗敌协会和西北青年抗敌先锋团，因此，进步青年团体和他们之间的矛盾增多。根据中共中央和陕西省委的指示方针，民先队部对于这些青年团体采取既团结又斗争的方针。1937年冬天，由西安学生会出面，民先队、文艺青年协会、妇女慰劳会、平津同学会参加，同西北青年抗敌协会等联合制定了六团体《共同活动纲领》，基本上体现了团结的目的。

（四）反对国民党压制青年运动的斗争

1938年2月，国民党解散抗日进步团体，勒令民先队部结束活动。

民先队部一方面通过谈判揭露国民党控制取缔救亡运动的阴谋，另一方面公开组织群众性的救亡活动。1938年5月17日，国民党对民先队采取镇压手段，再次下令宣布解散民先、西青救等十三个救亡团体，并派军警、宪兵搜查了民先机关办公地西安师范学校和西安北大街平民坊5号，民先由苏展代理队长。在六七月间，国民党先后逮捕了民先西安队部队长于志元，西青救西安办事处陈宇、何志诚，新文字促进会蔺克义，民先西北队部队长李连璧五名负责人。另外，国民党省党部指示一些学校不准民先分子上学，毕业的民先队员不准各地录用，密令地方保甲长阻止民先组织活动，声言逮捕民先成员，军训队、各训练班强迫民先成员自首，等等。6月，以柯乐满为代表的世界学联代表团来西安，民先队和其他团体一道去机场大张旗鼓地迎接。接着又在西安师范学校中天阁召开欢迎世界学联代表团座谈会。

在国民党逮捕民先西安队部于志元等五青年后，民先队发起了广泛的营救活动，每天都有上千名队员到监狱轮流看望和慰问被捕爱国青年。西安八路军办事处的中共代表林伯渠亲自同国民党交涉，实际指导着营救活动。7月上旬，中央青委派丁发善到西安任民先西北队长兼党团书记，苏展协助工作。9月初，周恩来到西安，专门给西安行营主任程潜打电话，要求释放爱国青年。到9月4日，五青年终于获释。

（五）加强民先队本身的思想建设和组织建设

在各级民先队部的领导机构中，都设有训练部，专管队员的教育和学习工作。除了重视实际的斗争教育外，还将《新中华报》《解放日报》《解放周刊》《西北周刊》和许多进步书籍，列为队员经常读本。1938年春夏，民先队曾将毛泽东的《论持久战》和有关抗日民族统一战线的小册子编入学习计划和教育计划，认真组织学习讨论。民先队有着比较严格的组织生活和政治生活。队员公约中规定："要服从队员公意""忠实于组织，不做破坏或诽谤组织的任何言论和行为""可以对上级提意见"。队员如果违反公约要给予适当处分。队员编入小分队，经常开展批评与自我批评。

第二节　陕西省各界抗敌后援会

　　1937年7月12日，国民党陕西省党部、各界群众团体等致电宋哲元，表示要立即组织抗敌后援会，"随时与抗战将士与物质之援助，期早歼灭寇仇，而卫疆土"。7月14日，各界抗敌后援会成立大会在省党部大礼堂召开，到会的有党、政、军、工、商、学各界代表二百余人。大会首先由国民党省党部特派员郭紫峻报告卢沟桥事变的真相，提出救国责任不仅限于前方将士，实为全国国民共同之责任，并号召各界群众都应为抗战尽力。成立大会上还讨论了《修正陕西省各界抗敌后援会简章》《通过以大会名义电慰前方抗敌将士案》和《组织各界慰劳团案》。

　　后援会的宗旨为领导陕西各界从事抗敌工作，由各机关学校及合法团体推举选派代表共同组织，每月开会一次，由执委会互推常务委员五人，组织日常事务。常务委员会之下设总务、组织、宣传、募捐、调查五部。抗敌后援会执委有郭紫峻、刘茵侬、李静谟、寇胜浮、李子逸、许洪坤、刘式如、刘楠橹、段实斋、张玉山、韩子安、赵德霖、李恂、楼松声、蒲望文、毕中侠、马寿山、龙荣一、李子键等十九人。

　　大会决定后援会的工作有：发电慰问前方抗日将士，誓率全陕西人士，力为抗战后盾；发表告民众书，号召民众为抗日尽责尽力；统一各界慰劳团组织，凡是本省各界愿参加慰劳团工作者应向抗敌后援会报名；统一抗敌宣传，由抗敌后援会制定宣传方针，分发各机关团体参照；通过抵制日货案，决议交执委会统筹办理；统一募捐事宜，各机关团体不得自由募捐。7月16日，郭紫峻主持召开了第一次执委会议，会议讨论征集慰劳品、慰劳金和登报征求自愿参加北上慰劳之人士或团体等事项，推举郭紫峻、张玉山、李子键、刘茵侬、李静谟五人为常委。7月17日，陕西省各界抗敌后援会正式办公，办公地点设在位于西安市东大街的国民党陕西省党部内。到11月20日，全省已成立了七百多个后援团，各

第二章｜陕西国统区群众抗战团体

县均成立了分会，以负责本县民众的抗敌后援工作。

陕西省各界抗敌后援会成立后，积极发动民众支援抗战，付出了辛勤的劳动，做了大量艰苦的工作。

一、举办抗日宣传周

陕西各界抗敌后援会的抗日宣传工作主要是进行广播演讲、举办抗敌宣传月、宣传周，组织农村工作团赴农村宣传以及在重大的纪念日举行集会宣传等。

1937年7月29日，省抗敌后援会决定定期组织抗战宣传讲演，经省抗敌后援会与广播电台协商，决定从8月20日起，每日下午18时15分至30分，为抗敌后援宣传时间。1937年8月8日，省抗敌后援会召开抗敌宣传大会，大会发表了沉痛激昂的宣言和慷慨悲壮的告学生书，并提出要平稳物价以巩固后方，各界协力铲除汉奸。会议决定自8月9日至15日为抗敌宣传周，并制定了宣传大纲、印制传单标语指导各支会宣传。

1938年4月27日，省抗敌后援会决定自5月1日开始为陕西省各界第二期抗战宣传周，宣传周的最后一日（7日）下午7时，在革命公园举行宣传大会和火炬大会。

10月2日，省抗敌后援会颁发了《陕西各界征募寒衣宣传大纲》，规定自10月2日至8日举行征募寒衣扩大宣传周，宣传周期间，各机关、学校、团体每日必须出发一个宣传队，每队五至十人，各学校按战时工作团编制每日出发一团，宣传方式分为讲演、歌咏、街头剧、化装宣传等。宣传周内每日午后1时，各宣传单位到省党部举行集会，并检查自己的工作，然后出发宣传至晚7时工作完毕。各宣传单位每日必须写出书面报告，同时，省抗敌后援会派人在宣传时间内到指定地点视察，举行工作竞赛，并公布于报端。宣传大纲还拟定了具体的宣传口号，如："争取抗战胜利必须全民动员！""保卫大武汉必须征募寒衣！""征募寒衣便是出钱出力的时候！"等，以指导宣传工作的开展。

1937年9月6日，省抗敌后援会组织农村工作团九十余人奔赴农村宣传。10月3日，省抗敌后援会、西安学生分会、民先西安队部与国民党陕西省党部联合组织了十一个民众运动视察宣传队，分赴关中、渭北、陕南各地宣传抗日；1938年1月10日，后援会又组织了六十一个寒假工作团奔赴农村，进行为期两周的抗敌宣传。

为了提高全省老人参加抗战的积极性，1938年1月28日，省抗敌后援会决定组织老人宣传队，规定凡年龄在四十五岁至七十岁之间，人品端正、文字通顺者均可参加，对于工作努力、成绩卓著者，可呈报省抗敌后援会给予嘉奖。

二、开展劳军运动

1937年12月，省抗敌后援会伤兵慰劳会、西安市伤兵慰劳会"慰劳伤兵办法"决定，元旦招待全体伤兵，重伤兵听音乐，轻伤兵看戏。

1938年2月13日，省抗敌后援会开始提倡妇女救国运动计划，鼓励其夫及子孙参加兵役运动，鼓励家属努力生产，禁用化妆品，节省下的钱捐作战费，鼓励妇女从事工商业代替男子，使男子参加各种抗战工作。

1938年3月3日，由国民党陕西省党部、省抗敌后援会等十七个单位发起的陕西服务军人运动筹备会在陕西省党部举行，会议决定设军人招待所和军人俱乐部；募集鞋袜，鼓动民众缝制鞋袜；组织游艺队为军人演出，动员各戏剧影院每周演爱国片；设立伤兵浴室，优待军人家属等。3月15日，服务军人运动宣传大会正式召开，会上还成立了服务军人运动促进委员会。

1938年3月28日，由抗敌后援会发起，由各界组织的慰劳团携带募集而来的毛巾、鞋袜、罐头、食品等赴前线劳军。

抗战初期，后援会不仅多次组织慰劳团赴前线劳军，还发动后方的群众家属给前方的将士写慰劳信，鼓励他们英勇杀敌。9月10日，省抗敌后援会组织的前方慰劳团出发时，团长龚贤明携带三千余份慰问信给前方将士。

三、统一抗战募捐

抗日战争时期的募捐内容非常广泛，包括征募战士所需的寒衣、鞋袜、药品，战争所需的麻袋、资金等。省抗敌后援会成立大会上的一项重要内容就是统一募捐事宜。会议规定募捐事宜由后援会统筹进行，收款处由大会指定。1937年7月16日，省抗敌后援会第一次执委会决定，开展征集慰劳品、慰劳金，由《西京日报》《西北文化报》统一代收、代募捐款，陕西省银行代收捐款，其他机关团体和个人不得再从事募捐工作。截至11月28日，后援会收到各方捐献的慰劳金一万八千余元和大量衣服，全部交省政府转送前方将士。

1938年9月16日，省抗敌后援会发起征募寒衣运动。10月2日，省抗敌后援会颁发《陕西各界征募寒衣宣传大纲》，决定自10月2日至8日举行扩大宣传周。由于过去缝制寒衣的轻工业区多已沦陷，因此《宣传大纲》呼吁："有寒衣的同胞们，请赶快捐助你们的棉衣，有棉花布匹的同胞们就请捐助你们的棉花布匹，没有寒衣、棉花布匹的同胞们，请捐助你们的现金，一切都没有捐助的同胞们，就请你们捐助劳力来担负缝工。"宣传周结束后，自9日至11日又举行游艺募捐，由《西京日报》代募捐寒衣和现金，除给捐赠者开收据外，并按日将捐助单位或个人的名单及捐款数目予以公布，并随时转交抗敌后援会以送往前方。到1939年3月8日，后援会共征募寒衣达三十余万件。

四、组织民众自卫队

1937年11月21日，省抗敌后援会通过民众动员实施办法暨本省学生回乡工作团组织法、民众自卫队组织规程原则，拟派农村工作团分赴各县，并组织各县学生回乡工作团回乡动员民众，成立以增加抗战知识、加强抗战技术、锻炼抗战体格、充实抗战能力为宗旨的抗战演习团。《民众自卫队组织规程》决定："自卫队由退伍军人与壮丁组成，十八岁以上、五十岁以下者均得参加，以自愿不脱离生产为原则，并不得以加入自卫队为借口而逃避兵役。"每县成立一大队，下设中队、小队，主要负责维持治安，捕捉汉奸、间谍和运送伤兵，必要时为军队之补充。12月4日，西京市（西安市时称西京）民众自卫队开始登记，到1938年2月13日，陕西民众自卫队人数已达五十万。

1937年11月28日，省抗敌后援会为实施全省民众紧急动员，又组织了民众动员工作指导团，划全省为五区，分别派指导员并设正、副主任一名，以后援会名义负责办理一切事项。民众动员工作计划实施后，民众自卫队的成立进展迅速，到1938年1月中旬，有七十余县成立了自卫队，参加人数达数万人之多。

1939年6月，省抗敌后援会改组，成立战区陕西省动员委员会，为时两年的陕西各界抗敌后援会正式结束活动。在活动期间，省抗敌后援会共收到各种捐款七十余宗，总计219 000余元；慰劳捐款176 963.01元（其中支出总计为103 483.98元，余存73 479.03元）；义卖献金共收入46 654元，除支出存余46 264元；鞋袜代价收入40 711.1元，除支出存余40 284.3元。寒衣方面共收到棉背心255 597件、棉旧衣5 495件、棉军衣2 912套，除支出外存棉背心250件、罩衣44件。

第三节　西北各界救国联合会

九一八事变爆发，抗战军兴，陕西人民抗日救亡运动日盛一日。1935年10月《八一宣言》发表后，各地中共党组织广泛开展民族统战工作，进行抗日救亡运动。这时，中央军委留沪办事处决定派曾在杨虎城部队从事兵运工作的谢华（谢滋山）、徐文雅重返西安，与杨部十七路军中的地下党员联系，争取杨虎城的支持，在西北地区开展抗日救亡活动。1936年2月，谢华来西安随即在十七路军宪兵营基础上成立了中共西北特别支部（简称西北特支），谢华任书记，徐彬如、李木庵为委员，童陆生、金闽生、宋绮云、王根僧参加实际领导。5月，中共中央派联络员梁明德秘密来西安，谢华向其汇报了在十七路军中的工作情况。不久，周恩来指示要加大统战工作。于是，西北特支从学生工作着手，积极开展以西安、兰州为主要活动地区的西北抗日救亡运动。

1936年春，西安的学生抗日救国会、教职员抗日救国会、妇女救国会、青年抗日救国会等救亡组织相继建立。为了统一行动，中共西北特支以这些救亡组织为基础，积极酝酿成立西北各界抗日救国会。1936年5月31日，全国各界救国联合会在上海成立。根据全救会对西北救亡运动的建议，西北各界救国联合会（简称"西救"）在西安正式成立，下设总务、组织、宣传、交际、妇女等部，分别由西北特支领导人谢华、徐彬如等兼任。

"西救"遵从全救会的宗旨、政治主张和纲领。组织系统内设总务、组织、交际、宣传、民众、武装和妇女七个部门。该会成立初期的主要活动是：宣传鼓动抗日，为抗日民族统一战线建立奠定基础；秘密发展救国会员，扩大抗日组织的实力；确定对陕南人民抗日第一军的领导，组成以何振亚为军长、杨江为政委、杜瑜华为参谋长的军部，并停止没收地主土地，争取全民抗日。与此同时，"西救"和全国救国会一样向各党派提出建议：一是各党派立即停止军事冲突；二是各党派立即释放政治犯；三是各党派立即派正式代表，人民救国阵线愿为介绍进行谈判，以便制定共同的政治纲领，建立一个统一的抗敌政权；四是人民救国阵线愿意用全部的力量来保证各党派对于共同抗敌纲领的忠实履行；五是人民救国阵线愿以全部力量制裁任何党派违背共同抗敌纲领，削弱抗敌力量的行动。

《西北文化日报》在社长宋绮云的安排下，很快印刷三百份"西救"成立宣言，分别寄给陕甘两省的社会团体、文教机关和各界知名人士。这些宣言打破了西北地区的沉寂，传播了抗日救国者的心声。

1936年6月，北平一些民先队队员和一二·九运动的积极分子来西安，住在案板街陕西省青年会馆。"西救"组织马上派人去联系，准备积极发展西安的民先组织工作。8月29日，西安的国民党特务，秉承蒋介石的指令，在东大街西北旅社秘密逮捕了从事抗日救亡工作的东北大学学生、北平学联代表宋黎和马绍周。张学良闻讯后，极为震怒，不仅抢回了宋黎和马绍周，而且还派兵包围省党部，查抄了特务档案，造成了轰动一时的"艳晚事件"。事件发生后，"西救"即发布了援救宋、马并声讨国民党特务践踏人权、执行日寇使命的《宣言》。

1936 年 9 月 18 日，在纪念九一八事变五周年的日子里，流亡西安的东北同胞召开了万人纪念大会，大会一致通过了要求国民党早日实现抗日、收复失地的通电。"西救"也发表了《西北各界救国联合会为纪念九一八国耻宣言》"我们今天纪念九一八，不可忽略国破家亡的痛苦！抱定救亡图存的决心，要积极团结准备抗战，我们不可专赖政府的空言准备，我们各界同胞们，要自己联合起来，大家释除以往的嫌怨，一心一德，组织起来！武装起来！充实自身的力量，督促政府从速御侮救亡，收复失地，我们有下列的主张：一、立即停止一切方式的内战。二、立即开放集会结社出版言论自由。三、立即动员全国各党各派一致对日作战，收复失地！" 10 月 4 日，经过车向忱、金锡如、宋黎等人连日筹备，东北民众救亡会（简称"东救"）在东关竞存小学召开，大会确定"东救"的宗旨是团结民众互助互济，抗日救亡，收复失地，扩大民族解放。"东救"成立后，和"西救"一起团结一致，为抗日救亡共同战斗，掀起了西安地区的抗日热潮。

1936 年 8 月，傅作义将军发动绥远抗战，西安军民积极响应，展开了大规模的援绥募捐活动。11 月 8 日晚，"东救"召开执委会，决定一方面致电傅作义慰问抗敌战士，希望他们"再接再厉，逐北追奔，以扼凶锋，以寒敌胆"。一方面积极宣传绥远抗战的重大意义，并组成以车向忱为团长的慰问团。11 月 20 日，"西救"和"东救"联合发起数千人参加的西安各界援绥抗战大会，大会发表《援绥宣言》，会场抗战之声不绝于耳，群情激昂。

1936 年 12 月 4 日，蒋介石来西安，逼迫张学良和杨虎城"剿共"。张杨二人反复劝说蒋介石放弃"剿共"，遭到严词拒绝。12 月上旬，中共西北特支召开紧急会议，研究蒋介石入陕的对策。会议决定：（1）彻底揭露蒋介石的反共新阴谋，进一步发动群众。（2）进一步推动张、杨以"非常举动，挽救非常时局"。（3）利用一二·九运动的纪念活动开展示威活动。12 月 9 日，东北竞存小学二百多名学生，在校长车向忱带领下，举着"打回东北去"的横幅示威游行。途经民立中学时，被反动宪警开枪打伤两名学生。民立中学学生趁机冲出校门,与竞存小学一起奔赴会场。学生们高呼"打倒卖国贼!""惩办杀人凶手!"等口号,同仇敌忾,共斥国贼。在群情激愤中,"西救"代表宣读了《为督促政府动员全国兵力抗日停止内战宣言》,这是一篇非常有战斗力的檄文,也是誓师的宣言。学生队伍浩浩荡荡,冒着刺骨的寒风向着临潼华清池进发,向蒋介石请愿。走到十里铺,张学良向学生们恳切地表示,绝不辜负学生们的救国心愿,一周之内要用事实答复。

1936年12月12日,西安事变爆发。"西救"和"东救"的活动也全面展开,进入高潮。事变后,张、杨的军队接管了国民党陕西省党部大院。李木庵亲自写了"西北各界救国联合会"的牌子挂在门口。自此,陕西省党部大院成了"西救"的公开办公地址。12日晚上,"西救"和"东救"、学联等救亡团体在西安高中礼堂集会,通过了十八个救亡团体发出的《全国救亡团体拥护张、杨八大主张》的通电。12月16日,又召开十万群众参加的拥护张、杨抗日救国主张的大会,"西救"负责人杨明轩出席大会。张学良和杨虎城发表热情洋溢的讲话。"西救"在会上发表了《西北各界救国会拥护张、杨将军救国主张宣言》,"东救"发表了《告西北各界同胞书》,充分阐明了西安事变的真相,指出一致对外才是中华民族的唯一出路。

"西救"在西安事变前后也积极从事工人的救亡运动。1936年秋,"西救"先后选派出王玉清、胡焜、刘鹏、刘金声、王义之(女)、丁志明、樊鹏飞等二十余人分期赶赴大华纱厂、成丰面粉厂、中南火柴厂、西京机械修理厂组织工人救国会。事变后半个多月内先后完成二十多个行业工人救国会的组建工作,对西北地区的工人救亡运动起到了很大的促进作用。

1936年12月16日,中共中央代表到达西安。次日晚,周恩来在西京招待所接见了西北特支的负责人,称赞群众工作做得好。12月19日,周恩来在长安县县长韩卓如的会议室接见"西救"和"东救"等救亡团体的领导五十多人,杨明轩主持会议。周恩来勉励大家要为和平解决西安事变做出贡献,以西北抗日民族统一战线推动全国抗日民族统一战线。

"西救"和"东救"按照周恩来的指示，在西安各界民众中做了大量的说服工作，扭转了各阶层民众要求严惩蒋介石的想法，及时粉碎了亲日派、汉奸图谋扩大内战的阴谋，使得时局向着有利于和平统一的方向发展。接着，"西救"和"东救"分别派出一百多人的宣传队上街下乡，宣传张、杨二位将军的"八项主张"，与此同时，还派出五十多人的小分队奔赴渭南、临潼、蓝田等地，慰问红军及西北军、东北军，鼓舞抗战士气。12月22日，"西救"在《解放日报》上发表了新的宣传提纲，就避免内战，贯彻执行统一战线的策略，与南京政府谈判的六个条件等问题做了具体的阐明，对和平统一做了深刻的表述，得到了西北广大民众的支持和拥护。

1937年七七事变后，西安、宝鸡、咸阳、汉中、三原、渭南、延安、榆林等地的民众纷纷行动起来，发表通电、召开大会，动员人民起来抗战。7月13日，西安学生救国联合会为反对日军进攻卢沟桥发表《告各界同胞书》。14日，西北各界救国联合会召集西安各青年团体联席会议，研究决定推动与扩大救亡活动，举行座谈会、讲演会，组织、健全妇女组织。请文协团结青年作家，提倡抗战文学。西安、咸阳、安康、汉中等地纷纷组织学生抗日宣传队下乡宣传。他们通过召开抗敌大会、农民大会、讲演会、座谈会及张贴标语、散发传单、街头演讲、演唱等多种形式，声讨日军侵华暴行，讲解防空、防毒及救护常识，动员人民参军支前。学生们的爱国行动激发了民众的爱国热情，青年积极要求报名参军，百姓慷慨解囊，拿出自己多年的积蓄，要求转交前方将士。一些地方官员和士绅也以民族大义为重，支持民众的抗日活动，建立抗日武装保境安民，有的还率部到前线与日军直接作战。

第四节　陕西省妇女慰劳会

1937年8月1日，南京国民政府建立了中国妇女慰劳自卫抗战将士总会，这是当时全国性的妇女群众组织，会址设于南京，会长宋美龄，各省成立分会，由省主席夫人担任主任委员。1937年8月16日，中国妇女慰劳自卫抗战将士会陕西分会（简称妇慰会）在西安成立，陕西省政府主席孙蔚如夫人李定荫为分会会长，张相玑为分会副会长，李馥清（共产党员）为常务委员会主任。常务委员由李定荫、李馥清、韩钟秀（共产党员）、林立、夏瑞担任。会址设于夏家什字88号，后迁至后宰门4号。陕西妇慰会的性质是政治性的群众团体，受总会的直接领导，它是国统区内合法的妇女组织。

中共十分重视陕西妇慰会的工作。抗日民族统一战线的建立及陕西特殊的国共关系，使得陕西妇慰会中有许多优秀的共产党员。它的前期工作也是在中国共产党陕西地方党组织的直接领导下开展的，会内也有共产党的党团组织。会内党团组织属中共西安市委妇女委员会领导。妇女慰劳会陕西分会成立后，认真执行党中央的"坚决抗战和巩固扩大统一战线"的方针，发动组织各阶层妇女做了大量的实际工作。陕西妇女慰劳会常委执委及各科负责人如下：

会长：李定荫，常务委员：李定荫、李馥清、韩钟秀、林立 、夏瑞，候补委员：田景田、关英，监察委员：吴砚青、李焘仪，执行委员：李定荫、李馥清、韩钟秀、林立、夏瑞、田景田、关英、马英陈、建晨、于云甫、武云绮、王秀清、黄秀莹、郑芝秀，总务科长：田景田，组织科长：夏瑞，宣传科长：林立，慰问科长：王秀清，征募科长：黄秀莹，劳作科长：郑芝秀，离职常委：谢葆贞、耿冰秋、曹冠群、廖警之、郑培德，离职执委：贾锦芝、崔文玉、严丽娥、王友兰、金婉琳、李芝光、谢葆贞、寇惠箴、党修吾、严可淳、米彦文、姜保贞、耿冰秋、卢琼英、李琳、曹冠群、周青文、王如琪、廖警之、李悦岚、刘亚鹏、郑培德、牛舜英、林芝芸、刘纯一、彭毓泰、王浴芹、潘连璧、宋玮。

陕西妇慰会的组织大纲其宗旨是"以团结妇女，输财尽力，担负救国"。陕西妇慰会下设支会，各县由县长夫人组织之。陕西妇慰会设执行委员十五至二十人，候补三人，监察委员三人。这些人都是由发起大会指定，并在成立大会上通过。陕西妇慰会在执行委员中推定常务委员五人（候补二人）负责指导处理会务。陕西妇慰会分设总务、组织、宣传、慰问、征募、劳作等六科，各科各设科长一人，根据各科工作需要招聘干事若干人，由各科科长聘请经执委会通过而任用之。它的会议主要分为执、监委员会议及各科务会议，每两周举行一次，常务委员会议，每周举行一次，遇必要时得临时召集。会员大会每三个月举行一次。在陕西妇慰会工作的各委员、科长、干事等均属义务之职，没有报酬，实行自愿原则。

陕西妇慰会创办了自己的会刊《西北妇女》，主要发表一些抗战救国的评论、报告战争的主要形势、妇女救亡工作的动态以及与妇女生活相关的家庭和婚姻问题，鼓励妇女走出家门，积极行动起来，在民族解放的同时争取自身的解放。此外，陕西妇慰会还定期编写《妇女抗战壁画》，向妇女宣传抗日救亡的工作，在妇女当中都产生了很大的影响。妇慰会还创作了姊妹团团歌，歌中唱道：

"姊妹们快来，姊妹们快来，全中国的妇女，要站在一块！

看我们也从家庭走出，看我们也为抗战服务，去争取妇女的光荣，去打开国家的出路。

姊妹们快来！姊妹们快来！全中国的妇女，要站在一块！"

陕西妇慰会成立以后，在会内党团组织的领导下，认真执行中国共产党坚决抗战和巩固扩大统一战线的方针，不到两年的时间里发动组织各界各阶层妇女做了大量的工作。

一、组织妇女抗日救亡团体

省妇慰会成立后，给各县发通知寄章程，促使全省三十七个县成立了支会。西安建立支会的学校有二十二个。

（一）成立姊妹团

妇慰会直接成立的妇女组织，由田景田直接领导，成员主要以社会女青年、家庭妇女为主，共有七十至八十人。慰问伤病员、进行募捐和宣传等，都是姊妹团经常性的工作。这些会员每天下午 4 至 6 点还要接受教育，主要是学些救亡歌曲，其次是一些时事、妇女问题、防空、防毒等常识，妇女参加很踊跃，颇有扩大的前途。活动除参加慰劳、募捐、宣传、唱歌、演戏、为伤兵服务外，还组织了歌咏队和服务队。陕西妇慰会的每次宣传活动，姊妹团都十分配合，热情地参加，在活动中唱着抗日救亡歌曲，高呼爱国口号，引来了不少群众的关注。其中有两次在庙会和街头，姊妹们化装演出"新凤阳花鼓"，扮演一对沦亡的姊妹，使台下的观众无不泪流满面，深感当亡国奴的悲惨，齐呼"誓死不做亡国奴"！

（二）组织识字班

主要对象是农村妇女和城市家庭妇女。成立后一年多时间里，在西安市共办了七个识字班，参加人数约一百余人，外县共有二十个，参加人数约二百余人。这个识字班不仅仅教广大的妇女认字，同时还教唱一些救亡歌曲，讲授些抗日救国的道理及如何争取妇女解放的问题，同时也可以提高妇女的民族意识。为了减少妇女文盲，提高抗战意识，陕西妇慰会除了设立家庭妇女识字班外，又在西仓创设了一处妇女流动识字班，由马琪负责，在西仓的大杂院内每天下午召集附近的妇女们给她们教唱歌、识字和讲解时事等。在偏远的三原县农村，妇女识字班的妇女没有笔，就拿柴棍当笔，没有本子，就在土地上学写字。蒲城的妇女识字班，设有四个，在大什字巷、女校、亮小、北关，经费及课本由教育局发给。在合阳、凤翔、临潼、朝邑、洛南等地，在妇慰支会的妇女工作开展以后，为了使更多的农村妇女深入了解抗战，了解自己所处的生存状况，更多地参加到抗战的队伍当中，提高妇女的觉悟，妇慰支会便配合其他团体、当地的联保，都从办妇女识字班开始。

（三）举办妇女游艺晚会

曾在夏家什字的大院里办过几次，内容除游艺节目外，还有抗日形势报告，因内容吸引人，男同胞也有参加。1938年4月30日到5月1日两日，陕西妇慰会联合女青年会、妇女分会合开了个慰劳西安市驻军及伤兵的游艺大会，还邀请了丁玲率领的西北战地服务团公演。大会除了游艺节目外，陕西妇慰会的工作人员在会上还做了抗战形势的报告，内容非常吸引人，也有男同胞们参与其中。大会除时事报告外，还揭露了日本侵略者的残酷暴行，沦陷区同胞们的悲惨遭遇，这些无不使在场的观众义愤填膺，抗日的情绪更加高涨起来。1938年10月12日，陕西妇慰会主办游艺会，邀请了上海救亡演剧第五队参加，地点在易俗社。公演剧目有《逃难到西安》《到前线去》。其中《本地货》《张家店》等剧，颇受观众的欢迎。在公演的同时，还收到玄风桥、任寿里、冯希玉女士亲手赶制的布鞋五十双。妇女教养院送到军帽、棉军衣裤等五百余件。游艺大会开得很有意义。首先，慰劳前线辛苦归来的抗敌将士，鼓励他们重上抗战前线；其次，教育妇女，使她们对抗战有更深一层的认识，对敌人有更深一层的愤恨，激发起她们的斗志。此外，妇慰会还接待、介绍一批批进步女青年学生到八路军驻西安办事处，转赴延安或安吴青训班。

（四）组织家庭访问团

1937年10月14日，陕西妇慰会举行执监委员会议，为了使家庭妇女更加广泛地参加救亡工作，决议组织家庭妇女访问团。访问团成立不久，就在组织科科长夏瑞的带领下成立了长安四郊的工作团。首先奔赴东郊的浐灞，进入农村挨家挨户地进行家庭访问，工作人员和当地的妇女一起做家务、拉家常，同时给妇女们讲些抗日救国的道理，也帮助解决一些生活中的困难，就这样，她们和当地的农村妇女建立了深厚的感情。在农村中，进行家庭访问是陕西妇慰会进行工作的主要形式，与其他方式相比，这个更有效、更深入、更切实际。

（五）设立抗属工厂

1940年9月，河北民军总指挥乔明礼夫人冯瑞霖率领民军眷属一百多人，从河北辗转数月到达西安，军事委员会西安办公厅第四处和陕西妇慰会负责接待。民军眷属曾参加过战士的民众工作，如保定妇女救国会、妇女抗日工作队、儿童救国歌咏队均是她们发动组织的，她们亲身感受过敌人的残忍，更深切体会着亡国的痛楚。为了激励士气，安抚抗战将士的眷属，增加后方的生产，陕西妇慰会为招待民军家属举行了一次游艺大会，并发动西安各界赠送民军眷属物品；同时，会长蔡文援、皮以书还设法募得4至5万元基金，发起创立了抗属工厂。抗属工厂成立于1940年10月，厂址设在西安北关外的含元殿。厂内开有房42间，占地约10亩，有石瓦式织布机15架，人力纺纱机150架，人力弹棉机2架，蓄力弹毛机2架，整理机2架，纡子机20台。抗属工厂隶属于陕西妇慰会，并接受其指导与监督。工厂设厂长，下设工务股、业务股和总务股三股，各股各设主任一人，其人选由厂长决定，并请妇慰会备案，共同管理工厂的运营。民军眷属中间，凡身体健壮的姊妹们都已参加工厂的工作，有抗属工人一百多人，工作种类有摇纱、经纱、穿纱、织布、织巾以及缝细，工人入厂后须由场内负责人按其志趣及能力分配其工作。

在陕西妇慰会工作人员的共同努力之下，开办后一年中承织军需局军布，每月出品200至250匹。1942年8月，工厂在后宰门附设生产消费合作社门市部，由陕西妇慰会派工作人员2人管理，设备有缝衣机5架，采用本厂材料，裁做儿童服装，每月约做制服150套。另有织机9台，每机每月织军布18匹，全年总计1 860匹。棉毛织机6台，每机每月织棉毛布呢各18匹，每月出产棉毛布呢各108匹，全年十个半月总计生产1 188匹。这些军布为战争中的抗战将士提供了物质的保障，生产的棉毛布呢，为陕西及抗战后方的物资供应提供保障。

二、抗日宣传教育活动

（一）创办会刊《西北妇女》

陕西妇慰会成立后就创办了会刊《西北妇女》，这是当时在国统区影响比较大的刊物之一。从 1937 年 9 月开始到陕西妇慰会改组之前的 1939 年夏，《西北妇女》共出版十六期，基本上是每月一期，每期大约发行一千多份。主要内容：一是报道抗战形势、时事和评论；二是宣传妇女救亡动态和妇女抗日救亡工作的作用。后来《西北妇女》因故停刊，《战时妇女》作为继续宣传抗战的刊物为会刊。同时编写《妇女抗战壁报》《杀敌壁报》，编印小型宣传品及各种传单二十余种，共约两万份，还用漫画、连环画等形式宣传。

（二）电台创办专题广播

1938 年春天，日军占领了风陵渡，并炮击黄河西岸，派飞机连续轰炸西安，陕西省政府、中共陕西省委发出了保卫陕西、保卫大西北的口号。陕西妇慰会开始组织人员到广播电台去做广播宣传讲话，动员和号召全省军民踊跃参加抗战增强抗战的力量，树立坚定的必胜信念。从 4 月一直到 9 月共进行了十六次，每周进行一次广播讲话。据《宣传科工作报告》中记载，广播讲话内容包括保育儿童、优待抗日军人家属、动员家庭妇女、扩大防空防毒捐募、陕西妇女大团结、对于新生活妇女指导委员会的希望、统一青年运动、世界代表团来华、怎样纪念七七、国民参政会与妇女、保卫大陕西、第三期抗战中陕西妇女的任务、纪念一·二八、保卫大武汉。参加广播的陕西妇慰会工作人员有李馥清、陈建晨、郑培德、夏英洁、王明宵、韩钟秀、马英、林立、曹冠群、夏瑞等。

（三）召开妇女座谈会

陕西妇慰会曾与妇女抗敌后援会和女青年会共同组织座谈会二十余次，讨论时事和妇女自身等问题。据《宣传科工作报告》记载，座谈会的主题内容有"民族解放与妇女解放""怎样肃清汉奸""怎样动员农村妇女、家庭妇女、难民妇女""怎样实现抗战建国纲领""统一青年运动对于国民参政会的意见"以及抗战形势与国际问题等。由此建立起妇运工作的统一基础。

陕西妇慰会有时在袜子做完以后，便召集家庭妇女开茶话会，准备很简单的茶点招待大家，表示慰劳和鼓励。同时还邀请有三民主义青年团和妇女分会的代表致辞，也安排了副会长张相玑讲话，虽然有许多妇女还抱着孩子，但她们都能聚精会神地听。1939 年，全国上下一致实行精神总动员。为发动陕西妇女响应精神总动员，4 月 30 日，陕西妇慰会也邀请各妇女团体参加，召开座谈会。会中讨论妇女应如何实行精神总动员，到会的有三民主义青年团、抗敌后援妇女分会等团体代表，连会员等共五十人。座谈会由副会长张相玑主席发言，会中大家积极讨论，期望各妇女团体加紧团结。会末全体举行国民公约宣誓。

（四）组织歌咏队和剧团

陕西妇慰会常用文艺演出的形式来鼓舞妇女群众，组织宣传队在各种纪念日外出宣传。在西安的街头和城镇的集会上，常常能看到妇女演剧队活动的身影，剧队排演了很多抗日剧目，有《放下你的鞭子》《一片爱国心》《去当兵》《凤阳花鼓》《省一粒子弹》《卖梨糕糖》《送才郎》等剧目。陕西妇慰会也教唱抗日歌曲。当时，马英和席瑞兰负责组织中小学和姊妹团的歌咏队为伤兵、难民唱抗日救亡歌曲，有《义勇军进行曲》《松花江上》《大刀进行曲》等，收到了极好的效果。有一首是这样唱的：

"叫乡党，你快去到战场上，快去把兵当，莫等日本鬼子打到咱家乡，老婆孩子遭了殃，才去把兵当。

你别说，日本兵他难过黄河，咱就享快乐。

你不当兵，我不打仗，想个法儿躲，没人打仗亡了国，看你怎么活！"

（五）培训妇女干部

随着抗战形势的发展，发动广大的农村妇女参加到抗战救国的行列中已是必然趋势。1938年的三八节开筹备会时,西安的三个妇女团体——妇女分会、女青年会、陕西妇慰会——就预备开办妇女工作干部训练班。也正在这个时候,杜鹏侠女士、孙苏荃女士来到西安,认为成立训练班是最迫切的工作。陕西妇慰会妇女干部的培训目的是使这些妇女拿起武器可以作战,放下武器可以建国,而且能够管理国家,做国家的主人,永远站在为民族生存而战斗的最前线。

妇慰会共办三期妇女干部训练班。1938年3月20日第一期训练班开课了,学生共有37人,课程分军事训练、看护救护、党义、民众组织与训练歌咏。学员的生活是非常紧张的,因为训练班是第一次创办,各县交通不便,还有受训人的伙食路费书籍等经费,都成为困扰着陕西妇慰会的难题。第一期结束后,1938年5月1日开办了第二期训练班,受训者主要是各县支会的干部,共来了11县21个干部。第三次妇女干部训练班的各县支会工作人员集中训练的成绩最好,训练班的中心课程是三民主义,民族革命问题,农村工作与妇女工作。受训的30余人,来自11个支会,令人高兴的是洛南、澄城、蒲城等支会工作在这次训练班后都有了很好的开展。

陕西妇慰会的干部训练中曾请安吴青训班的吴仲廉做指导员,请张琴秋讲妇运史,还请八路军办事处的同志讲游击战争问题。经过各界妇女共同努力,教育出了大批的青年妇女战士,她们后来有的参加到农村、城市等地方领导妇女运动,有的分配到军队、参加游击战以及生产部门中去。

三、征募慰劳活动

(一)组织征募和义演义卖

据1937年9月至1938年7月底统计,14个县支会募集缝制了大量的衣被鞋袜,募集现金5 000元、金银器100余件。从1937年到1940年间,中国妇慰总会先后共举行了6次大规模的征募活动,包括献金运动、寒衣运动、棉衣运动、军衣运动、布鞋袜运动、药品运动。

在1939年征募寒衣的运动中,陕西妇慰会取得全国妇女工作的冠军。

1940 年征募夏衣运动，先后汇寄到总会的现金已达 6 万余元，夏季衣裤尚不在内。劳作科组织广大家庭妇女和难民，用募捐的钱为前方将士和后方伤员做服装、被褥。她们仅用 997.2 元做成 1 175 件棉背心，用 97.7 元钱做成伤兵医院急需的棉被 50 床。还为难民募集了大量的衣、被、鞋袜。对于每一次的献金运动、征募医药、节约储蓄等运动，陕西妇慰会都能以最大的热情努力协助征募科完成征募任务。据《民意报》报道，白水县支会成立仅两周，就送到布鞋 1 130 双。该支会能在短期内，有此种成绩，其工作之紧张，可见一斑。办事人员精神之振奋，亦令人钦佩。同时，陕西妇慰会还开展了每日一大枚的运动，即"劝导全市女同胞，将每日化妆品费、糖果费、日用费中，节省一大枚，以备慰劳在血战中之英勇将士"。为了扩大抗敌的实力，发动更多的妇女参加到抗日的工作中来，陕西妇慰会特组织洗衣、缝纫、救护等队及国防妇女会，到各街道挨家挨户地进行劝导，工作的辛苦和紧张可想而知。

（二）慰劳工作

除参加各救亡团体的慰劳活动外，1938 年 3 月到 5 月间，陕西妇慰会联合抗协、妇女分会、平津同学会、东北救亡总会西安分会等组织几路慰劳队，去黄河沿岸和中条山慰劳抗日军队。为了鼓励士气扩大慰问，陕西妇慰会就发动了扩大募捐的活动，仅两日就收到各支会所捐赠的诸多物品。其中：第一实小妇慰支会募得 28.5 元，罐头 28 瓶，毛巾、衣物等 10 件；第二实小妇慰支会捐 7.57 元，肥皂 16 块，毛巾、手帕 15 条；竞存中小学妇慰支会募得 88.65 元，药品及袜子毛巾等物共 20 件；中州小学募得 26.11 元；培华女职妇慰会募得 31.8 元。最后携带慰劳物品有 400 包饼干、3 000 双袜子、300 条毛巾以及陕西妇慰会制作的 3 000 双鞋及现金等。慰劳队由省城出发，前往潼关、平民、合阳、大荔、朝邑、韩城等地前方劳军，这无不显示出后方群众对抗战的支持，同样也说明，陕西妇慰会在动员广大妇女群众中所做的贡献。

陕西妇慰会的慰劳工作在陕西各后方医院、伤兵休养院、抗战军人家属及所有驻防过境伤兵、新兵中的地方都随处可见。这也是陕西妇女在战时工作中最突出的贡献。据统计，陕西妇慰会共慰劳前线将士、后方伤兵、游击队等共约 15 到 16 万人，欢送出发去前线参加抗战和伤愈重上前线的将士共约 10 万人，动员将近 100 个会员，为伤兵服务及换药。陕西妇慰会为重返战场的战士赠送"再接再厉"的荣誉奖章，仅 1938 年 5 月至 9 月就赠出了 5 000 余枚，鼓励战士们为民族的解放继续战斗。

1939 年 5 月 17 日，陕西省国民党部及政府以妇女团体组织存在分歧，不利于工作的顺利推进为由，召集各妇女团体，抗敌后援会妇女分会、新运会妇女工作委员会、陕西妇慰会等 10 余团体及各界妇女代表 10 余人，举行西安市妇女大会，由陕西省党部委员郭紫峻主席主持。大会决定改组中国妇女慰劳自卫抗战将士会组织，改组后的陕西妇慰会和 1939 年成立的陕西新生活运动促进会妇女工作委员会慰劳组进行了合并。合并之后，陕西妇慰会的组织并未发生变动，原有的工作仍保持独立的名义，只是在指导和推动方面由双方共同负责处理，共同领导陕西的妇女运动，为抗战、为陕西妇女的解放继续努力着。

陕西妇慰会组织动员陕西妇女积极投身于抗战，以妇女独特的方式参与到了这一伟大的民族解放战争中来，获得了社会各界广泛的赞扬，极大地提高了妇女的地位。同时，妇女们艰苦细致的工作，不怕牺牲，勇于奉献的精神，不仅团结了其他的抗日团体共同抗日，而且为抗日民族统一战线的巩固做出了自己的贡献。

第五节　西北青年抗敌协会

1937 年秋，以代主任蒋鼎文为首的西安行营"民众运动指导委员会"秘密成立后，决定实施"以组织对组织，以主义对主义，以行动对行动"的方针，组建一个以限共、防共、反共为根本宗旨的外围组织，以对抗和破坏抗日民族统一战线，与中共争夺民众特别是广大青年学生。

当局采取分化、拉拢、收买等手段，网罗一些背叛革命分子、反共分子，如杨洪绩（西安高中学生，曾是西安学生救国联合会负责人之一，后由复兴社特务周光收买而加入复兴社外围组织"抗战学生团"）、史开明（曾是西安学联负责之一，后投靠CC）、马建中（曾是西安学生分会西安高中支会负责人之一，后投靠CC）等，与王谦光（国民党中央政治学校学生，是南京各大中学校上学的陕籍学生组织"留京学社"负责人之一，加入复兴社）、申道哲（国民党中央政治学校学生，"留京学社"负责人之一，加入CC）等人，在省党部CC头目郭紫峻、周伯敏和复兴社陕西分社头目张德容、王友直等支持下出头串联，于11月初在南柳巷召开座谈会，决定共同发起成立西北青年抗敌协会（因国民党最高当局此时仍在设法与日本暗中讨价还价，谋求妥协，所以拟名时不敢提"抗日"而以"抗敌"为称）。11月6日，又在北大街新生活运动促进会会址召开代表大会，宣布西北青年抗敌协会（简称抗协）正式成立。杨洪绩、王恒芳、任南强、王秉翰、王子乾、赤文德、宋纯礼、支怀诚、权世俊、郭天柱、王谦光、郭广渊、王景恕（以上属复兴社分子）、史开明、马建中、冯富泰、申道哲、史笔杰、石金璧、贺文鼎、冯尚智、李含英、岳德良、雷震甲、李佩雄（以上属CC分子）等为抗协领导成员，杨洪绩出任总会的主任委员，史开明等任副主任委员。西安行营"民运会"内特设青运会报，专门负责指导抗协的活动，陕西CC与复兴社主要头目都是其当然成员。

抗协的幕后指挥分为两级：

一级会报，由谷正鼎、顾希平、郭紫峻、周伯敏、王友直、张德容、任觉五等人组成，负责制定抗协的方针任务并决定二级会报成员人选。

二级会报，由周光、周世光、皮以净、李犹龙、班志洲、白宝瑾、夏翼九等人组成，负责执行一级会报的决定，具体指导抗协的日常活动，并分别与本派系学生青年头目及特务学生保持密切联系。抗协的活动经费，由西安行营、省党部、省教育厅、省会警察局等共同筹措。此外，CC 头目郭紫峻、周伯敏、史开明等，复兴社头目张德容、王友直、杨洪绩等，分别秘密提供特别活动费，并给属于本派系的特务学生定期发放"津贴"。

抗协总会组建"抗战周刊社"，编辑出版《抗战》周刊作为该会的会刊。抗协最初在西安高中、女子师范、女子中学、省立一中、省立二中、私立民兴中学、民立中学等校内筹建分会。可是，由于抗协分子并非真正热心于抗日救国，而是专门在青年学生中搞分裂破坏活动，因而声名狼藉，初期参加者寥寥无几。基层分会虽然挂出招牌，却不敢公开活动，其头目只能在当局的便衣特务保护下搞小动作，在学界十分孤立。

抗协成立后，西安国民党的 CC 与复兴两派势力在抗协内部争权夺利，纠纷冲突不断，并愈演愈烈。1938 年初，在抗协举行的第二次会员代表大会上，复兴分子在激烈争夺中攫得总会几乎全部重要领导职务。CC 分子因之大愤，遂宣布集体脱离抗协，于 1938 年 4 月另行成立受CC 系省党部直接指挥的西北青年抗敌先锋团（简称抗先）。此后，抗协各级组织的领导职务全归复兴分子所把持，直属于复兴社陕西分社领导指挥，并由后者提供全部活动经费。

抗协成立后，势力逐步扩张。除西安各中等学校分会外，又陆续筹建起不少新的分支机构。其中，省级分会有甘肃分会、宁夏分会、青海分会，专科大学分会有武功农学院分会、西北联合大学分会，关中各地分会有三原分会、富平分会、乾县分会、咸阳分会、武功分会。

抗协主要活动。1939 年冬，西北青年抗敌协会由各校选拔学生二十五人，组成战地工作团，出潼关赴漯河，慰问驻偃城的第二十五师关麟征部。这时，关麟征已晋升为五十二军副军长，师长由张耀明接任。师部派政工处长李嘉璧负责接待，住宿在一家商店的楼上，一日三餐由师部直属连的炊事员供应。抗协工作团给连队教唱救亡歌曲，演出活报剧。又对俘获的当地匪众进行国家至上、民族至上、军事第

一、胜利第一的感化教育。1940 年春，西北青年抗敌协会再次由各校选拔男女青年三十余人，组成第二次战地工作团，出潼关赴徐州，慰问保卫徐州的五十二军关麟征部。这时，正逢日机轮番轰炸徐州，每日从早到晚不能解除警报。工作团被军部安置在徐州车站一家旅社内，每天都跑在野外树丛中，躲避轰炸。

抗协与抗先矛盾十分尖锐，但在对抗中共领导的抗日进步学生青年运动方面，又是完全一致的。1938 年 6 月，世界学生联合会代表团柯乐满一行四人抵达西安，宣传中外学界大团结共同抗击德意日法西斯侵略强盗。西安抗日进步青年团体主动联络抗协、抗先，提出在北大街明星电影院共同举办欢迎大会。谁知官方指派一抗协分子充当翻译，不是故意错译，就是篡改国际友人讲话原意，以致外宾和许多与会者都深表气愤，不欢而散。其后，各界进步团体又决定单独在西安师范中天阁重新召开欢迎会，结果十分成功，大大增进了中外反法西斯学生团体的交流与联系。同年 8 月 1 日，陕西各界抗敌后援会西安学生分会、民先队西北队部和西安队部、妇慰会等六团体邀请西安各界代表，在中山大街青年会礼堂举行"保卫陕西、保卫西北"座谈会。抗协和抗先均接到请帖却拒绝出席，然而会议开始后又派出人马共同冲击会场，力图使这次会议流产。他们的倒行逆施，遭到各界团体代表的一致反对和强烈谴责，被制止而阴谋破产。其后，由于当局步步加紧限共防共反共活动，抗协和抗先日益嚣张，其在西安等地的势力也迅速膨胀。到 1939 年，抗协已拥有会员四五千人，许多学生和青年受蒙骗而加入该组织。

1939 年 4 月，胡宗南着手筹建陕西三青团，在西安成立三青团陕西支团部筹备处。为发展壮大三青团的实力，胡宗南指派葛武棨、杨尔瑛与抗协后台张德容、王友直等私下谈判，要求取消抗协名号，将其人马全部并入三青团。张、王本不愿意，却无法与胡宗南抗衡，遂经过反复讨价还价，才达成协议。同年秋，抗协宣布自行解散，全体会员一律转为三青团员。杨洪绩等原抗协各级头目又成为陕西三青团初建时期各级组织的骨干力量。

第六节　西北青年抗敌先锋团

西北青年抗敌先锋团的前身是"西北青年抗敌游击团"。1937年12月，CC分子庞鸿（当时是东北大学学生）以抗日救国为名，提出要联络青年学生准备到敌后打游击，发起成立一个组织。得到陕西CC头目郭紫峻（省党部书记长）、周伯敏（省教育厅长）的支持后，在长安县党部内开会，宣布正式成立"西北青年抗敌游击团"。庞鸿任团长，其负责人还有赵波、李鸿超等，下设总务、组训、宣传、慰劳、军事等部。陕西省党部指派CC干部李犹龙、班志洲为该团指导员。该团成为陕西CC的一个外围组织，专门对抗抗日进步青年团体，破坏抗日民族统一战线。

1938年初，陕西CC与复兴两派合办的西北青年抗敌协会发生内讧，各级领导权被复兴分子所垄断，CC分子集体退出。经郭紫峻、周伯敏等在幕后策划，决定以"西北青年抗敌游击团"为基础，吸收自抗协中退出的CC分子，再加上由CC控制的其他外围小团体（如"中华革命青年社""西北论衡社"等）的CC骨干，另立一个完全由CC系单独控制的反共学生青年团体。3月17日，上述CC各外围小组织代表在陕西省党部内举行所谓"第二次会员代表大会"，宣布正式成立西北青年抗敌先锋团，并推举三十五人组成执行委员会，再推举其中的史开明、庞鸿、马建中、李含英、申道哲、冯富泰、赵波、李鸿超、史笔杰、石金璧、李佩雄等十二人组成常务委员会。常务委员会设总书记一人（史开明等先后担任），对外为全权代表，对内主持日常活动。下设总务、组织、宣传、研究、出版等部，各部设正、副主任。抗先成立后，在西安及外县积极扩展组织，其成员最多时达三千余人。与此同时，又与抗协一起坚决反共，破坏和迫害抗日进步力量。

1939年4月胡宗南开始筹建陕西三青团，欲将抗先人马也并吞到团内。陕西CC头目郭紫峻、陈固亭等当面表示赞同，背后又唆使各地抗先分子予以抵制。同年秋，抗协自动解散，集体转入三青团内后，胡宗南便勒令抗先各级组织一律解散。此后，西安等地的抗先骨干分子仍暗中坚持活动。胡宗南遂签发军令，指示对拒不解散的抗先青年团体，严查取缔。至1940年，西安等地的抗先组织先后停止秘密活动，其骨干分子多被三青团收容，成为三青团员。

第七节　西北青年抗日前线救护队

抗日战争全面爆发后，全国各界人士纷纷以不同形式投入到抗战的洪流中。抗日前线激战，伤病员日益增多，从山西中条山、河北古北口、东陵沟、卢沟桥、张家口等前线辗转运送到西安的伤病员与日俱增，各医院早已应接不暇。当时省立医院的门诊楼里里外外、台阶过道，到处都是担架，到处都是急需救治的伤病员。爱国医护人员除医院正常工作外，还主动到火车站、大街上义务给伤员喂药敷伤。

西安同仁医院中正街（今解放路）分诊所的基督徒医师罗锦文（陕西洛南籍）看到此情此景说，如果组织医疗队，到前线救治伤病员，危重伤病员不至于在转运途中丧失生命，轻的也可及时治疗，尽早返回部队。很快，罗锦文便将自己的计划付诸行动。他找到八路军驻西安办事处，向伍云甫处长陈述了自己的忧患情怀及抗战心志。伍处长说："你们志愿组西北青年抗日前线救护队，是西北青年的楷模！"同时，他在给父母的信中说："儿已同同学组织救护队，儿任正队长，事已就绪，不日可将队员招齐，以备出发前方。当这个困难的时候，无我无家，因是事实。假使日本鬼子来此，我们做亡国奴呢，还是当刀下鬼？这是三岁童子也料得到的。""儿已退出股东，共折一半，合洋一百六十元，七折八扣，吃亏不小，这是儿自愿牺牲！"

在得到"八办"的支持和父亲的理解后，1937年秋天，罗锦文毅然辞去医院的一切职务，组织西安医界的多位同人，成立了"西北青年抗日前线救护队"，并亲任队长。救护队成员共 14 人，9 男 5 女，其中陕西省洛南县籍 8 人，年龄最大的 24 岁，最小的 16 岁。5 名女生中，18 岁两人，17 岁一人，还有两名只有 16 岁。

救护队成立后，"八办"处长伍云甫请示山西抗日前线八路军总部，总司令朱德、副总司令彭德怀当即联名回电："不怨苦可前来，这里十二分的欢迎。"罗锦文代表全体队员表示了决心："我们宁肯战死疆场，不当逃兵，不打败日本侵略者，不回家园。"1937 年 10 月下旬，救护队的成员陆续来到西安会合，准备奔赴前线。

1937 年 11 月的一个夜晚，全体队员集结于中华基督教会。第二天由"八办"派人带救护队员秘密登上一列"闷子"货车奔赴抗日前线。队员们摆渡过黄河后，又有经"八办"介绍随队的山东沦陷区刘绍九、徐汉山，同奔山西八路军总部。路上罗锦文、崔海潮联系食宿，备受艰辛，不久 16 人到达八路军总部所在地山西省洪洞县万安镇。左权副参谋长代表朱德总司令、彭德怀副总司令对他们前来战地表示热烈欢迎，他说："你们这种忧国忧民的行动，应受到人民的尊重。你们是炎黄的好子孙，人民的好儿女，是全国青年学习的好榜样。"晚上，血花剧团演了《平型关大捷》《打回老家去》等歌曲，使这些才步入前线的白衣战士又一次受到了爱国主义教育。

八路军总部卫生部对救护队的工作进行了分配，罗锦文被分配到前方野战总医院外科任手术室医师并兼医疗学教官。同分到这个医院的还有七人：胡秀英任训练看护员，主讲护病学和药物学，翟碧文为眼科主管护士，吕英杰为外科主管护士，阎玉珍为护理员，苏道理任司药，曹民哉、罗惠民、罗惠文跟随罗锦文搞护理。其余八人被分配到别的前方医院或总卫生部任医生、护士或教员。明确了工作任务后，救护队的成员随即投入到紧张的工作中。

1938 年春，临汾失守，总卫生部抽调曹民哉、胡秀英、翟碧文、阎玉珍、罗惠文等六人，赴设在陕北富县八路军卫生学校参加第 12 期专业学习。罗锦文在前线经常和他们通信，鼓励他们加紧学习，钻研医护技术，毕业后为救护伤病将士多做贡献。

抗日前线不仅医护人员不足，药品器械更是十分匮乏。国民党战区供应不足，八路军前线医院只好到敌占区购买。一些常用药如陈皮丁、生姜丁、豆蔻丁、远至丁、鸦片丁也没有，救护队员就自己动手配制，或用中草药、土单验方代替。药棉、纱布不足，就将用过的洗净蒸煮，消毒后再用。截肢没有锯子，为抢救垂危的伤员，只得借用老百姓的木工锯子。琢骨没有锤钳，只好借用老百姓的钉锤。女同志难产没有产钳，为抢救孕妇生命，只得借用伙房的秤钩将胎儿拉出。没有破伤风疫苗，使本可以救活的伤员眼巴巴丧失生命。

罗锦文对此心急如焚，千方百计为药物器械奔忙。得知弟弟罗惠民因故回家，就写信要他千方百计为前线筹措药物器械，为抗日救国尽责："希望你能省一部分力量作救亡运动……当兵为谁呢？在今日的环境下，可肯定说是为了民族的生存，为全国土地之完整，为世界和平来抗战……我们同日本法西斯拼命死战，就是无产阶级和资产阶级的斗争。"

1938 年 7 月，贺龙率一二〇师在晋西北与日军精锐部队激战，伤病员日渐增多。罗锦文就和野战医院院长曾育生赶到一二〇师卫生处工作。不管白天黑夜，不管刮风下雨，哪里有战斗，哪里有伤员，哪里就有罗锦文在夜以继日地连续做手术。晋西北的兴县、岚县、五寨、岢岚等被战火烧焦的土地上，到处都有罗锦文匆匆来往的足迹和紧张繁忙的身影。在这一时期，罗锦文经常与伟大的国际主义战士、加拿大外科医生白求恩一起工作。

1938 年 11 月 24 日，中央军委决定，贺龙、关向应率领一二〇师独一支队和三五八旅七一五团、七五六团挺进冀中，执行巩固冀中抗日根据地、帮助八路军第三纵队、壮大自己三大任务。留三五八旅直属部队和七一四团（在静乐、娄烦地区）并统一指挥独一团（由一二〇师独二、三支队合编，团长毛少先），独二团（由一二〇师独四、五支队合编；

团长张新华），警备六团和独六支队，仍在晋西北地区坚持对敌斗争。随着战斗的日趋激烈，伤员也随之剧增。战地救护工作空前紧张，而救护人员生活也更加艰苦，他们常常只能以黑豆水充饥。长期连续超负荷的工作，终于使罗锦文积劳成疾，他一度发高烧到四十摄氏度。三五八旅政治部主任刘惠农劝他休息，他始终不肯，因为他顾不上。

1939年10月12日，罗锦文在岚县为伤员赶做手术，曾几次昏厥，醒来后又继续工作。最终，他还是昏倒在了手术台边，以身殉职，年仅二十五岁。罗锦文牺牲后，三五八旅为其召开了追悼大会，将他的遗体安葬于岚县五里岗。旅政治部主任刘惠农与洛南县政府联系，寄回二百块银圆安家。洛南县县长郝兆先亲笔题写挽联："效命国家，万古不朽；献身民族，百世流芳。"医务同行称誉他为"白求恩第二"。

第八节　陕西省抗敌后援会西安学生分会

陕西抗敌后援会西安学生分会前身是1936年11月成立的西安学生救国联合会。1937年8月，国民党陕西省党部成立了陕西省抗敌后援会，以统一领导群众救亡运动为名，于8月24日下令取消西安学生救国联合会等救亡团体。中共陕西省委及时指示学生必须有总的独立组织，巩固扩大学联基础并参加改组后的省抗敌后援会，坚持可以改名而不能取消组织的正义要求，领导西安学生救国联合会与国民党陕西省党部进行谈判，最终以西安学生救国联合会改称为陕西省抗敌后援会西安学生分会而取得西安学生组织的合法存在。

1937年9月25日，陕西省抗敌后援会西安学生分会（简称西安学生分会）正式成立，成为名义上由国民党陕西省抗敌后援会领导，实际上受中共陕西省委西安学委直接领导，包括西安大中小学两万多学生会员的公开合法组织。中共西安学委领导人刘日修（刘南生）、苏一平（蒲望文）、陈煦（毕于仁）、杨克先后担任党团书记，主持学生分会的工作。西安师范、西安高中、东北大学、西安省立二中、西安省立女子师范、西安省立女中、西安临时大学等校学生分会为其常委单位。西安学生分会领导机构为秘书处。1938 年 3 月改选后改为常委和主席常委制，内设中共党团，党团书记先后由刘日修、蒲望文（苏一平）、毕于仁（陈煦）、姚秀山、杨文秀（杨克）担任，是全国学联的主要成员之一。1938 年 4 月派代表团出席了全国学联代表大会。

1937 年 10 月以后，西安学生分会和民先队组织西安大、中学校在校师生五千余人，分四次组成一百六十多个工作团，到关中各县和陕北、陕南个别县宣传民众，自排自演戏剧、歌咏节目，散发宣传品。时间为一至两个月。

1937 年 11 月，国民党领导的西北青年抗敌协会成立。中共西安学委指示西安学生分会承认它是救亡团体。由学生分会召集抗协、妇慰会、民先队、平津同学会拟定一个共同活动的纲领，承认学生分会是西安学生中最高领导机关，各团体之间建立友谊关系。

西安学生分会一贯保持着党和进步群众的领导作用，遭到国民党顽固派的打击和刁难。1938 年初新学期开始时，国民党陕西省党部和抗敌后援会乘西安学生分会改选之机，把西北青年抗敌协会的人选进学生分会，而把西安学生运动的骨干成员西安师范、西安一中、西安高中、西安女师等单位排斥在外，篡夺西安学生分会的领导权。学生分会公开揭露省党部的阴谋，动员当选的学校代表拒绝接受职务，要求改组学生分会。省党部只好同意改组，把被排斥的学校重新扩大到学生分会常委中来，使西安学生分会又成为中共领导下的合法团体。

由于西安学生分会坚持党的抗日民族统一战线政策，反对倒退、分裂，所以始终遭受国民党顽固派的打击、刁难。1938 年 8 月下旬西安学生分会改选时，国民党陕西当局下令取消西安学生分会和各校学生分会。鉴于西安形势逆转，中共陕西省委指示各校学生参加学校分会坚持抗日救亡，西安学生分会转入秘密工作，动员学生参加各校支会，在学生中建立小型的、分散的研究会、读书会、同乡会、兄弟会等。团结同学，继续活动。11月，敌机轰炸西安，各大专学校南迁汉中，学生分会便停止了活动。

第九节　陕西青年救国联合会

1937年10月，西北青救会于在泾阳创办青训班之后，又相继设立了西安办事处和渭北办事处。从1938年初开始，西北青救会和西安办事处陆续派一些干部到各地巡视青运情况，孙彬水到沿河，雍英杰到户县、长安，等等。此后，青训班的毕业学员纷纷回到陕西国统区关中部分县，积极建立青救会组织。这样陕西各地方的青救会组织在同国民党陕西省党部的斗争中迅速发展，会员达三千余人。1938年11月21日，西北青救会第二次代表大会结束后，西北青救会为加强对陕西国统区青救会的领导，在形势好转时与国民党领导的陕西三青团开展统战工作，决定由黄爱民负责筹建陕西省青救会。12月初，陕西省青年救国代表大会在泾阳县安吴堡召开，到会关中各地青救会代表三十余人，选举了陕西省青救会领导成员，主任黄爱民，宣传部长何贵生，组织部长周继颐，秘书徐髦，委员主要是何志诚、叶放、罗烽、许宗岳、方晨、武孟明、马耀先、焦新业、罗志坚、郭育才等。同时，陕西省委成立了青年工作委员会，省委常委、民运部长赵伯平兼任书记，陈煦为副书记，具体负责领导陕西青救会，以泾阳县云阳镇为机关驻地。

陕西青救会成立后，发展迅速，在高陵、蒲城、华县、泾阳、三原、渭南、户县以及临潼的栎阳镇、交口镇建立了青救会分会，在朝邑、大荔、韩城、澄城、洛南、商县、蓝田、长安、周至、眉县、兴平、耀县、黄陵、淳化、彬县、礼泉、乾县、凤翔、岐山、扶风、武功等地也有青救组织的活动。

陕西青救会调查表

分会名称	成立时间	负责人	沿　革	组织概况
三原青救会	1938 年 4 月	岳怀愉 曹秀玉 韩正运 黄瑞兆 马宗福	渭北办事处先在联络站成立，领导中学生组织马达社、少救团，1938 年夏建立青救会，秘密活动	主要包括三中、女中、工职等学校，1938 年底有成员一百七十余人
蒲城青救会	1938 年 10 月	焦新业 戴明仁 史宝贤	1938 年 9 月 15 日召开全县代表大会，青训班派叶放、武孟明指导	1938 年底会员 530 人，农民 265 人，小学教师 56 人，学生 179 人
泾阳青救会	1939 年 1 月	毛建春 毛培成	青训班学生运用同学关系在泾干中学发展会员	包括泾干中学、县立小学、云阳、安吴等地教师和学生。1939 年春，会员 250 人
高陵青救会	1938 年 10 月	许宗岳 白文鳌 徐　髦 高尚文	1938 年 5 月，青训班派何贵生到高陵，把民先队转变为青救会	共有 7 个分会，以联保地区划分。1938 年 7 月有会员 420 人

分会名称	成立时间	负责人	沿革	组织概况
临潼栎阳镇青救会	1938 年 6 月	刘西山 王志新 王连元 陈来福	1938 年 3 月，本地前往安吴青训班受训青年数人，回来积极组织成立	共有 6 个分会，按地域划分。1938 年底会员 203 人，学生及知识分子 129 人，农民 74 人
临潼交口镇青救会		于树德 郭喜恒 王振民	用儿童剧团、农民俱乐部名义活动	以辛理小学为主，会员 32 人，农民 2 人
渭南下邽镇青救会	1938 年 11 月	王介民 张香云 惠春民 李茂萱	地方党决定组织，青训班学生主持，用抗敌后援会名义活动	
华县青救会	1938 年 8 月	冯浪 姚江森 安秀杰	1938 年 8 月，该县青训班学员回来组织发展，半公开活动	有县总会，下设区分会。1939 年春，会员共有320人，其中学生 190 人，工人 13 人，妇女 10 人，小学教师 48 人，农民 29 人，学徒警察保甲长 30 人

分会名称	成立时间	负责人	沿革	组织概况
户县青救会	1938年7月	罗秀云 雷峰 吕劲夫	1938年7月青训班学员罗秀云回户县发展民先队，1939年改为青救会	以新垦小学为主，1939年春，会员60人，勉励会为外围组织
长安青救会	1938年10月	李秀贞 柏生英	1938年李秀贞、柏生英在青训班受训后回来组织	以斗门镇、太乙宫两小学为根据地，1938年底，共有会员32人，以流动图书馆和教育促进会名义活动

陕西青救会是在西北青救会直接领导下发展起来的，组织方法相同。在县里设主任，各村镇成立分会和支会，具体章程以西北青救会的《会员手册》为本。1939年4月，陕西青救会发展会员共有3 104人。陕西青救会发展会员的方法有很多种。如在蒲城是打进师资训练班，利用晚上睡觉时候，谈话介绍先进分子参加。华县利用谈话介绍进步书刊，拉近感情成为会员，也用关帝庙烧香拜把子、发誓结拜兄弟发展农民成为会员。户县则利用夜校组织兄弟会和姊妹团，邀请农民和乡村妇女加入。

陕西青救会是半公开的组织，但是大多地方采取了合法的组织形式进行活动。这些名义组织形式非常广泛，如在蒲城叫战时学生工作团、读书会、剧团和儿童救国团，栎阳镇是支持后援会和教育促进会，渭南是抗敌后援会，华县是后援会工作团，户县是勉励会、妇女识字班、儿童团、夜校和兄弟会，长安是流动图书馆和妇女识字班，下邽镇是读书会和夜校、妇女识字班，交口镇是农民俱乐部和儿童剧团，高陵是民校、国术团和自乐班，三原是读书会和剧团。在这些不同的组织形式中，青救会开展自我教育工作、一般的抗战宣传和国民教育，支持群众合法团体的活动，反对联保主任、保甲长贪污受贿运动，极大激发了农民的斗争性和积极性。

1938 年 6 月和 7 月间，国民党明令解散西北青救会、民先队等十三个抗日救亡团体，并逮捕了西安爱国五青年，使得抗日活动受到了极大的限制。12 月，陕西青委召开扩大会议，决定把陕西民先队和陕西青救会合并组成"陕西青年团体联合会办事处"（简称陕青联办事处），便于公开活动，合法地开展抗日活动。宣布主任是宋继唐，副主任是李连璧和黄爱民，驻地仍然在安吴堡。1939 年 1 月，省青委派黄爱民去三原搞县青委的试点工作，研究青年工作如何转向隐蔽合法的问题。当年夏天，宋继唐和黄爱民去延安学习，李连璧主持陕青联办事处工作。到 1940 年 4 月，结束了办事处的活动。

第十节　中国回教救国协会陕西省分会

中国回教救国协会陕西省分会是抗战时期陕西省回族组织的抗日社团，也是抗战时期西北地区很有影响的社团。陕西分会积极开展抗日宣传工作，组织回族群众参加抗日救亡运动，发展回族教育，开展扶贫济困等工作，为抗日救亡运动做出了积极的贡献。

一、中国回教救国协会陕西省分会的成立

九一八事变之后，陕西省就成立了回族抗日社团组织，积极开展抗日宣传工作。在回族知名人士、实业家马德涵的倡导下，以西安小皮院的回族坊为中心，1936 年成立了陕西省回民抗日救国会。救国会组织回民群众示威游行，抗议日本发动侵华战争，张贴抗日标语，抵制日货，声援东北将领马占山的抗日行动。实业家冯瑞生先生以陕西省回教公会

的名义，发起成立了陕西省回教抗日救国会，吸引了很多回民参加其中，该会成立后进行了大量的抗日宣传活动，并在中共地下党员刘格平同志的影响和倡议下，组织成立了回民青年"读书会"，向回民青年宣讲抗日思想。

1937年冬，时子周、王静斋等人在郑州筹组中国回民抗日救国协会。1938年5月在汉口正式成立，协会的目的在于"一面发扬教义，阐明我教立场，以促丧心病狂者早日觉悟；一面唤起教胞参加抗战工作，以保我回教固有英勇光荣"。中国回协成立之后在各省建立了众多分会，在最早建立的十五个分会中，陕西省分会就是其中之一。

1938年9月13日，西安召开"西北回民献旗大会"，有数万回族各界群众参加，向社会各界发出坚决抗日的通电和《告西北回民书》。1938年11月间，中国回教救国协会函聘西安回民马福泽、孙连城、杨绍原、童香哉、马屏甫、程正光、白楚珍、马明德、马子猷、马赞侯、马国轩、马子箴、苏和丞、孙瑞堂、白双十等十五人为陕西省分会筹备员，并由马福泽负责召集。接到聘函之后，陕西回民积极响应，表示"以卫国为教计，自当追随总会及回教各明达之后，努力到底"。分会筹备期间，先后在西安省立西仓门小学和洒金桥明德小学召开筹备会议五次。

1939年元旦，在原"陕西省各界抗敌后援会陕西回民分会"的基础上，中国回教救国协会陕西省分会在西安大学习巷清真寺正式宣告成立。西安各界代表及群众一千多人参加了成立大会，大会由总会代表王月波主持。为了尽快开始工作，分会没有举行成立典礼即开始办公，约定日后再补行成立典礼。分会会址先设在庙后街72号，以后由于工作需要，租借了大麦市街89号作为办公地址。中国回协函聘原筹备员十五人为干事，并由第一次干事会议推举常务干事七人，公推马福泽为干事长，孙连城为副干事长，常务干事苏玉阗兼秘书。其中干事长马福泽兼救济课主任，副干事长孙连城兼总务课主任，常务干事杨绍原兼教务课主任，常务干事马明德兼宣传课主任，常务干事马子猷兼组织课主任。1940年2月5日，第一届全体会员代表大会举行，大会进行了改选，选举白楚珍为干事长，白楚珍、马平甫等九人为常务干事，白楚珍、马平甫等二十五人为干事及十一名候补干事。根据工作的需要，社团的组织结构分为六课十五股，其组织结构如下图：

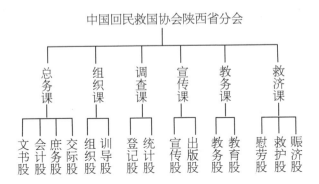

分会成立后本着总会"发扬教义，团结教胞，协力抗日"的宗旨，制定了《中国回民救国协会陕西省分会简章》，阐明了社团"团结回民，发扬教义，促进教育并改善其生活，以期协力救国"的宗旨及"以回教教义阐扬救国真谛，宣传长期抗战意义并实际协同抗敌，研究三民主义俾便与回教教义互相参考并行，促进回民教育筹办各种学校及社会慈善事业，提倡实业增加生产并誓与敌人断绝经济关系，实行新生活运动改善回民生活，其他有关于发扬教义抗战建国事项"的职责。同时，明确了吸收会员的条件，对于那些"有违反三民主义之言论及行为者；有违反教义者；有反背抗战行为者；褫夺公权尚未复权者；禁治产者"，坚决不予接纳。

分会成立后，即刻发表通电："国家存亡，休戚相关，全国回胞，欲免沦亡，只有抵抗倭寇的侵略，这是我们唯一的出路。我们只有在救亡的大路上勇迈前进。"从其简章的宗旨、职责、目标来看，"团结、抗日、救国、建国"是其关键词，反映了当时中华民族的共同愿望和心声。

二、中国回教救国协会陕西省分会的活动

中国回协陕西省分会成立后，在陕西开展了一系列抗日宣传、救亡工作，并致力于发展陕西回民教育、扶持回民生产生活的社会工作。

（一）开展抗日宣传，组织回民参加抗日斗争

陕西省分会成立之后积极开展各种抗日宣传工作。1939 年 1 月，分会刚刚成立就组织西安市回民举行了一次盛大的抗日游行活动，参加游

行的有十个清真寺和十三个回民坊的群众，基本上包含了西安的所有回民社区，它们分别是大学习巷清真寺、化觉巷清真寺、小皮院清真寺、小学习巷营里寺、大皮院清真寺、广济街清真寺、洒金桥西清真寺、洒金桥北清真寺、南城清真寺和西新街清真寺，极大地鼓舞了广大回族群众的抗日热情和斗志。同时印制了大量的抗日宣传品分发四乡，据初步统计，抗战期间，共油印各种小型刊物 8 150 份，刊出简报 1 714 张，墙报 360 份，半月画刊 12 张，画报 360 份。张贴抗日标语 13 000 份，抗日宣言 8 400 份，小型宣传品二十余种，回民区墙头标语一百二十余条，夏令卫生常识画报 300 份，绘制抗战地图一大张，并在图上标明每日的战况。针对日本飞机对陕西各地狂轰滥炸的实际情况，分会印制了防空防毒须知小册子 300 份，分发给群众，以增强群众的防空知识，提高空袭后的自救能力。分会成立之后即出版会刊《西北回民正论》，及时介绍全国的抗战形势和分会工作动态，宣传抗日思想与主张；请萧德珍等著名阿訇为刊物著文，阐扬伊斯兰教的爱国爱教思想。此刊物成为陕西省回民群众了解抗战情况的一扇窗口，受到群众欢迎。到 1939 年底，《西北回民正论》共出版了八期，后因经费紧张等原因而被迫停刊。

抗战期间，国民政府在广西桂林成立了黄埔军校第六分校，第六分校专门设立了回民大队，以便在尊重回民生活习俗的情况下，对回民青年进行军事培训，使其充实抗战队伍。陕西省分会积极参与组织回族青年加入分校，1940 年元月，黄埔军校桂林分校第 17 期招生时，陕西南郑"教胞应征者极多，并自动投入志愿兵防护团者尤为踊跃，其参加人数之多，已打破全县各联保之纪录"。先后选派了回民青年杨文斌、杨玉青、马毅等十人入广西黄埔军校第六分校学习军事。

（二）联络各地回民，积极建立支会

陕西省回民分散在各县城或主要交通沿线，如宝鸡、南郑、安康等地，在这些地区又以寺坊为中心形成自己的聚居地，形成大分散小聚集的分布格局。回协陕西省分会成立后，为了及时了解各地的回民状况，顺利开展抗日救亡工作，专门下设调查股，进行有关回民情况的各种调查，以便联络各地回民群众，及时建立支会机构。调查股选派会员深入陕西各地对回民状况进行详细调查，并提交调查报告。比如，马士年等人对汉中地区回民状况进行了详细调查之后，撰写《陕南汉中区教胞概况》调查报告，刊登在《西北回民正论》上，以供回民群众了解汉中回民状况。分会首先联系关中和陕南各县回民，在这些地区建立了支会，之后在陕西许多地区建立了分、支会，这些支会地址均设在清真寺内。先后成立支会的地区有宝鸡、陇县、安康、汉中、南郑、西乡、镇安、旬阳、紫阳、城固、褒城等。区会有直属总会的白河区会、旬阳双河区会等。

另外，调查股对各地流亡到西安的回族人口进行了调查，了解到90%的人口来自河南、山西、河北等地，并做了大量的救助工作。同时对清代的回民遗产也进行了调查和协调工作，在处理好回汉民族关系的情况下，妥善收回了部分回民遗产。比如，1939年初对咸阳县窑店镇胡家沟的回民坟地进行了妥善处理。

（三）救助被难回胞，开展生产自救

陕西是连接西北、西南和东部各省区的交通要地，也是我国西北地区的交通枢纽，历来是兵家必争之地。抗日战争中，南京、武汉相继失守后，国民政府迁都重庆，沿海大批工厂内迁西南、西北，陕西集中了国民党大批军队和各省不断拥入的难民。同时，陕西又是中共中央、中央军委所在地，它日益成为坚持抗日战争的后方基地，因此也成为日军轰炸的重要目标。

日本飞机于1937年11月7日，首先轰炸潼关县城，六天之后开始轰炸西安，直至1945年1月4日最后轰炸安康为止，在长达七年多的时间里，日军共出动飞机近4 000架次，对陕西全省55个市、县和乡镇进行了近600次轰炸，造成了大量的人员伤亡和财产损失。1938年11月23日，日本飞机对西安市回民社区进行了一次大轰炸。这年11月，正在筹组的回协陕西省分会接到总会电函，要求联络各清真寺阿訇在开斋节聚礼日为抗战胜利进行共同祈祷活动。11月23日开斋节这天，正当西安市回民群众在清真寺进行聚礼并为抗战胜利共同祈祷之时，日军飞机对西安鼓楼附近的回民聚居区进行了大规模的轰炸。这次轰炸给西安回坊造成了巨大的人员伤亡和财产损失，当时的《回民论坛》等杂志都对此做了报道。经历了大轰炸的人们在一年之后对当时的情景仍然记忆犹新："西安遭受了敌人最惨的空袭。先是于十一月十八日炸西安，继之于二十三日大批敌机复临，弹落之处，烟尘血肉交飞，哀嗷冲霄，全市顿入于黑影惨声之中，回忆当时，为之一栗。……这一天正当回教开斋大典之日，所有回民均齐集寺中祈祷胜利，而敌人尤似以回坊为目标的向各清真寺掷弹，其惨绝人寰之暴行，也可想而知了。……载负有历史性的富丽的清真寺被炸数座，至今惨状犹在，至于被炸而死伤的教民，尤不可计其数。"1938 年 12 月，日机再次轰炸西安的回民区，死伤近 200 人，筹组中的回协陕西省分会立即开始工作，马福泽先生会同西京市灾民救济会发放救济赈灾基金款。协会正式成立后，其救济委员会还成立了救护、调查二队，积极办理受灾救济等事宜。1940 年 9 月，安康回民区遭到日机轰炸，死 26 人，伤 38 人，房屋财产损失无数，安康支会组织 40 多人的救护队，从事医疗、掩埋、救济和慰问工作。

陕西省分会组织了"西安回民青年战地服务团"，号称"八百青年"，分会理事杨绍原（系四十二军驻西安办事处主任）任团长，副团长马图轩负责实际工作。服务团成员维持回民居住区的治安，冒死疏散群众，救护伤员，掩埋死难者，发挥了重要作用。1940 年 6 月 30 日，日军飞机轰炸西安，3 座清真寺被炸，部分房屋毁坏，53 人身亡，近百人重伤或轻伤，陕西省政府拨出 5 000 元赈恤款，这些款均由陕西省分会领导的"西安回民青年战地服务团"发放给回族群众。

由于历史原因，大多数陕西回族群众的生活一直比较贫困，抗战期间，更是雪上加霜。回协陕西省分会成立了救济回民生产基金委员会，统一管理和规划社会各界的救灾捐款。该保管委员会下设保管股、总务股、交际股和生产股，生产股负责具体的救济工作，其下有小宗贷款处、食盐销售处和织布传习所，为被难回民发放 5 元、10 元的小宗贷款，用于小本经营，以解燃眉之需。

抗战期间，由于交通道路被阻，难民大量拥入陕西省，使得陕西食盐供应极度紧缺，盐价极高，于是分会在生产股之下设有食盐销售处，向需要救济的贫民平价销售食盐。救济回民生产基金会将中央行政院拨发的 20 000 元救济款，10 000 元做急赈款下发给灾民，另外 10 000 元连同"西北行辕"主任程潜司令捐的 10 000 元、红十字会捐的 10 000 元、省赈务会计盐务会所捐的 1 000 元和西安华丰面粉公司所捐的 500 元，一同作为基本救济基金，用于向受灾回民发放小额贷款、采购食盐等。

（四）发展回民教育事业，开启民智

在近代回族伊斯兰文化的自觉运动中，先进的回族人充分认识到："国之强盛，在民自为之，而民之自为，必人人有普通知识、国民资格，而后可以言强，可以雄飞。"振兴民族教育，发展伊斯兰文化成为近代回族知识分子的共识。回协陕西省分会同样致力于回民教育工作。由于西安屡被日本飞机轰炸，有限的几所回民小学或迁往乡间或关闭停办，儿童失学状况严重。分会先开办了一个小学班，后因前来学习的人数太多，回协房屋不够，于 1939 年 9 月新学期开学之后，迁到小学习巷清真寺内，定名为小学习巷初级小学，1939 年 9 月 20 日初级小学正式开课。又在化觉巷清真寺开设回民夜校，提高回族青年的文化水平。分会教务股还邀请西北公学校长孙燕翼先生在西安设立业余学校一所，日常服务管理工作由分会负责，教授回民子弟，以期推动回民教育的发展和开启民智。

第十一节　反帝大同盟

反帝大同盟的全称叫"反对帝国主义大同盟"，是由法国著名作家、共产党员巴比塞，作家罗曼·罗兰，苏联作家高尔基和中国的宋庆龄女士等一些著名人士，于 1927 年 2 月在比利时首都布鲁塞尔发起成立的一个国际保卫和平组织。1929 年 7 月，在中国共产党的领导下，该组织首先在上海建立上海反帝大同盟。随即，全国各地也先后建立了反帝大同盟，成为中国共产党领导下的一个群众组织。1929年秋后，西安、关中部分县及陕南汉中等地的抗日学生在中共和共青团组织领导下，分别成立了各地的反帝大同盟。同年6月9日，西安各界反帝大同盟在第一职业学校成立，杨珊、严克伦先后任党团书记，并在各中小学校成立了反帝大同盟支部。各地反帝大同盟接受同级党团组织领导，以公开进行抗日宣传，反对国民党不抵抗政策为主要任务。

陕西省学联、西安市学联、陕西青年社、国民党陕西省党部，国民革命军第二集团军驻陕总部民政厅、财委会、教育厅、政治保卫部等部门的反帝同盟组织为主要盟员单位。省学联代表王林被推举为主席。

西安反帝大同盟积极宣传抗日，组织群众集会游行，反对蒋介石的不抵抗主义，要求国民政府对日宣战。1933年7月，中共陕西省委和共青团陕西组织遭破坏后，西安各界反帝大同盟也停止了活动。

第十二节　革命互济会

革命互济会是中共领导的声援中国革命、维护人民正当权益、帮助革命者解决危难的革命团体。全国设总会，各省市设分会，主要活动是进行社会募捐，救济灾民和遇难同胞，同时也为共产党的活动筹集经费。九一八事变后，陕西党、团组织在各地建立了以学生为主体的革命互济会（简称互济会），开展抗日救亡，为红军和难民募捐物资。

1931年3月26日，中共陕西省委第六次全体会议提出要建立互济会。同年夏，西安革命互济会总会（简称西安互济会）成立，由共青团西安市委直接领导，其宗旨是反对白色恐怖，救济革命战士。内设中共党团，程建文、杨佑章（杨陶然）先后任党团书记，王奋山、张文蔚任委员，由共青团西安市委直接领导。1932年后，杨珊、严克伦曾先后任西安互济会中共党团书记。

成立互济分会的单位有：西安中山中学、省立第一中学、省立第一师范、省立女子师范、民立中学、职业学校、省机器局工徒学校、省立图书馆、西北文化日报社印刷厂、红十字会医院、护士学校、电报局、电话局等单位。分会的负责人多为本单位的团支部书记。另外，在三原、富平等县也曾有互济会的活动。

互济会曾经为渭北游击队和红二十六军募集药品，为穷苦的工人募捐衣物。还在西安大街上举行过飞行集会，散发传单，高喊口号，扩大反日宣传。在难民中揭露国民党的黑暗统治，引导难民起来向政府要饭吃、要衣穿的斗争。中共陕西省委书记和共青团陕西省委书记曾直接指导过互济会的工作。

1933 年 7 月底，中共陕西省委和共青团陕西省委遭到严重破坏后，革命互济会组织亦停止了活动。

第十三节　前卫社

1932 年初，由上海回到西安的翟文凤、张性初策划成立了前卫社，意即中共陕西省委的"前卫"。是半公开的青年组织，以抗日和反对投降为宗旨，以学生为主要发展对象，利用教学关系在各校发展社员。在西安高中举行成立大会，通过了组织章程。随后，曾在西安高中、中山中学、省立第一师范、省立女子师范、职业学校建立分社，人数约为七八十人。三原县亦有前卫社分社，约五六十人。

1932 年 4 月 25 日，西安学生驱逐国民政府考试院院长戴季陶的斗争之后，国民党陕西当局加紧对西安学生运动采取高压手段，前卫社被迫转入秘密活动。其主要负责人有张性初、阎赞禹、翟文凤、许永平、傅益民、李唐民。

1933 年下半年，前卫社的负责人相继离陕，前卫社即停止活动。

第十四节　红军之友社

1931 年冬到 1932 年春，中共和共青团组织为了向广大群众宣传红军，发动青年支援红军，在西安和陕南地区建立了秘密的进步青年群众组织——红军之友社（简称红友社），在当地党、团组织领导下进行工作。西安的红友社组织主要在各中学和省机器局。另外，在近郊农村也建立有红友社。

陕南的城固、褒城一带建立红军之友社比较早。1932 年为迎接红四方面军过境，在团省委特派员杨佑章帮助下，建立了陕南红军之友社总社，由胡居仁、王纯负责。王纯担任红友社总社书记，下设组织、宣传两个部。基层组织主要分布在农村和学校，三人（或五人）即建立小组。汉中的省立第五师范、省立第五中学、女子师范、职业学校、共立中学、南郑中学都有红友社组织。宁强县约有红友社员八十多人，西乡县约有红友社员二十多人，南郑县约有社员三四十人。此外，城固县、勉县、镇巴、洋县也有相当数量的红友社组织。汉中地区共有红友社员五百人左右。

红友社基本上是半公开活动，采用单线联系的办法发展社员，除过在一个小组活动的人以外，别人不会知道。城固县规定发展红友社员的条件为：思想进步，有革命信念者；拥护红军，能大胆支援者；热心革命，放弃家庭观念者；品质优良，为人忠诚、勇敢、坚定者。

当红四方面军到达汉中境内时，红友社在城乡扩大宣传，贴标语、发传单、组织讲演，为红军募捐衣物、铜钱、药品等。汉中红友社为红军募集到油印机、电池、号角、医药等；女师社员募集鞋五十多双；南褒区募集到二百多串铜钱、四百多双鞋和一支八音手枪。组织群众欢迎、慰问红军，为红军烧水做饭，送衣物。红军离境后，红友社立即照顾红军伤员和掉队人员。城固红友社收容红军战士二十四人。

红军建立川陕革命根据地后，汉中地区的红友社还继续为红军筹集药品、枪支子弹、现金、衣物等。1932 年冬到 1933 年春，中共陕南特委组建红二十九军的过程中，各县红友社组织社员积极参加红军和游击队，团员和红友社社员是红二十九军的骨干力量。红二十九军失败后，1933 年秋，红友社基本停止活动。

第十五节　西安学生救国联合会

1935 年 12 月 9 日，北京爆发了一二·九学生抗日爱国运动后，西安学生集会游行，要求国民党当局释放被捕的北京学生。当月，西安各校相继成立了学生救国会。

1936 年初，中共西安组织为加强对西安学生运动的领导，成立西安学联代表会。3 月 7 日，西安学联带领七千名学生，在革命公园隆重举行追悼上海大公纱厂工人梅世钧的大会，掀起反日抗日宣传新高潮。

3 月 15 日，陕西省教育厅下令解散学生救国会，烧毁了学生救国会的大旗和公章。西安学生的抗日救亡运动又被迫转入低潮。

1936 年 8 月至 9 月间，北平学联和民先队的代表来到西安，向西安学生介绍全国学运的情况和经验。11 月 15 日，在各校学生救国会的基础上，再次成立了西安学生救国联合会（简称西安学联），作为西安学生运动的领导机关。西安师范、西安高中、西安二中、西安一中、女子师范、女子中学、东北大学工学院的学生救国会为学联的常委单位。机关下设总务、宣传、组织等部门。创办的《学生呼声》为机关刊物，主编刘蕴华（柳青）。成立了一二·九剧团，以扩大抗日宣传，蒲望文（苏一平）任团长。杨洪绩、宋继唐、李连璧为学联总务负责人。杨明轩、张语还任学联顾问。中共在学联设立了党团组织，刘日修任书记。以后相继有李连璧、蒲望文、毕于仁（陈煦）、杨文秀（杨克）担任学联的党团书记。

西安学联成立后，立即发动学生上街宣传，并为绥远前线抗日将士进行募捐活动，共捐六千余元，由学联派出慰问团携带捐款和慰问品，到前线慰劳抗日将士。1936年12月9日，学联发动万余名学生，隆重举行一二·九运动一周年纪念大会，发表了《为声援绥东抗战告各界同胞书》等三个宣言。游行队伍冲破警察的阻拦，步行去临潼向蒋介石请愿。途中在张学良将军的劝导下，学生队伍返回。这次游行请愿斗争直接促成了西安事变的爆发。

西安事变爆发的当天，西安学联搬到国民党陕西省党部办公。随之，组织宣传队到城乡宣传西安事变的意义和张、杨二将军的八项抗日主张。与此同时，又派出代表到太原、北平、天津、南京等地，介绍西安事变的真相，同各地学生救亡团体加强了联系。参加了北方六省七市的"华北学生请愿团"，为促进国民党三中全会向抗日方面转变进行呼吁。

在学联的帮助下，西安人力车夫救国会、大华纱厂工人救国会、西安妇女救国会、印刷工人救国会和长安、临潼县的农民救国会纷纷成立，抗日救亡的民众运动迅速形成。

第十六节　陕西省学生救国联合会

随着全省各县学生抗日救亡组织的普遍建立，1937年1月11日，由西安学联发起，在西安召开成立陕西省学生救国联合会大会，统一了关中、陕南各县的学生救亡团体。大会推举西安学联，武功县、蒲城县学生救国会为省学联执行委员单位，西安学联总负责人李连璧为省学联总务负责人。

西安事变以后，中共新的陕西省委随即成立，为加强对学生运动的领导，1937年1月设立了中共西安学生工作委员会，书记董学源，指导关中、陕南地区学生抗日救亡工作。西安学委在学联和民先中建立了党团，又相继在十多个学校建立了党的支部。这样，西安的学生救亡运动便在党的直接组织和领导下健康发展。

国民党陕西省党部恢复办公后，立即授意省教育厅解散各学校学生救国会，另成立学生自治会，以限制学生救亡活动。西安学委及时提出防止国民党收买利诱分化学生、学联保持无党无派态度，争取公开合法存在的工作方针，发动各校学生向西安行营、省政府、省党部请愿，使他们破坏学生团结的阴谋不能得逞。在工作方法上，学联"采取合法的缓和的虚心的态度"，致使当局处于既不敢明令取消，又不好干涉学联工作的无奈境地。

1937年3月份，新学年开始，学联决定出面动员学生回校上课，向校方要求复课。4月份，外县学生基本回到学校。复课之后，学联研究继续建立和发展青年抗日救亡的统一战线，开展抗日宣传。

第十七节　西北民主青年社

西北民主青年社是抗战后期国统区民主运动再次高涨的形势下，在陕西国统区地下党组织领导和民盟西北总支部指导下，秘密建立的接受新民主主义革命纲领的进步青年组织。1944年下半年，国民党统治区的西安、城固、咸阳、武功等地的学生运动逐步高涨起来，秘密建立了一些小型青年社团。同年12月，民盟西北总支部负责人杜斌丞派共产党员王维祺以西北民盟代表的身份去成都，与民盟四川负责人及成都民主青年协会负责人商讨建立陕西青年组织的问题。1945年初，先在西安、城固、武功、咸阳等地大专院校和中学建立了各种名称的基层组织。4月，在杜斌丞和杨明轩的支持下，由李敷仁、武伯伦、王维祺、张光远、郑竹逸五人出面发起，并报中共陕西省工委批准，在西安成立了西北民主青年社，地址在西安老关庙街5号，成员以学生为主，并有一部分中小学教师和其他职业青年。对内接受中共关中地委领导，对外是西北民盟总支青年部，以民盟名义公开活动。机关刊物是《文化周报》。

1945 年下半年以后，民青与民盟西北总支商定，民青社员参加民盟并以民盟名义公开活动，以发展民盟盟员名义发展民青组织，民青五人领导小组同时是民盟西北总支青年部，民青在民盟内是秘密组织，在组织上工作上自成系统。民青通过创办进步报刊宣传民主思想，在共产党秘密组织指导下，领导陕西国统区青年学生运动。民青社受中共陕西省工委（1946 年 1 月前为中共关中地委）领导，对外以民盟西北总支青年部名义公开活动。具体是由中共党员杨明轩和韩夏存联系指导。

民青社发展成员对象主要是青年学生和文化教育界的青年知识分子。他们以西安大中学校为重点，发展成员，建立基层组织。由于民盟在广大青年中较有威信，有合法活动地位，因而民青成员均参加民盟，以发展民盟名义发展民青成员，五人小组即作为民盟的青年部，李敷仁为部长。而在民盟内民青又是一个秘密组织，有自己独立的领导机构，成员另行立册，组自成系统，工作上保持独立性，政治上接受新民主主义纲领。

1945 年 4 月，西北大学学生卫佐臣加入民青组织，并负责在西北大学和西北工学院发展民青成员，至 1946 年 4 月，两校发展民青成员近百名。1945 年春，李敷仁派中共党员、民青成员梁得柱到西北农学院活动，将学生社团亢丁社发展为民青组织。1945 年 5 月，王维祺在西安师范学校发展李源（张海）、李彬加入民青社。其后，二人在西安师范发展民青成员二十多人，由李源、李彬、张文轩、李耀斌四人为领导核心。1945 年 6 月，李敷仁指示长安汤房庙小学校长李志中发展民青成员。到 1947 年上半年发展成员十五人，建立了长安县民青支部，书记李志中。1945 年 8 月，民青负责人王维祺在西安商业专科学校吸收潘克广等同学加入民青组织，同时加入民盟，成立了民盟（民青）小组，以民盟名义开展活动。组长潘克广、副组长赵养民。1945 年冬，许生辉、王广录在陕西师范专科学校发展民青成员三十多人，建立了支部，许生辉为书记，王广录为组织委员，左嘉善为宣传委员。李敷仁等在西安兴国中学发展民青成员三十多人，以民盟名义开展活动。中共兴平支部经与民青社负责人王维祺商议，把该支部领导的兴平地区青年组织"八一九兄弟队"的三十多名成员集体加入民青组织，后来又发展新成员二十余人。岐山县安乐寨小学校长陈奇（中共党员、民盟成员），聘请民盟成员李生华、任志彬到该校任教员。此后，中共西府地下党员邰光瑞、王维祺到该校活动，发展陈奇、李生华、任志彬三人为民青成员。后以该校为据点，在周边地区发展成员数十名，建立了民青组织。很多院校中的进步学生社团，都成为民青社的分支机构和基层组织，成员达到七八百人。除西安以外，在兴平、长安、岐山、渭南等地的中小学教师和其他职业青年中也发展了一批成员。

1946年9月，民青领导人李敷仁、王维祺已进入延安。1947年6月，武伯纶、张光远、郑竹逸先后被捕，民青社被迫停止活动。

第十八节　陕西省学生抗日救国会

1931年九一八事变发生后，陕西学生迅速掀起抗日反蒋的宣传活动，共青团西安市委帮助西安各中等学校成立了学生反日救国会。在此基础上又迅速成立了陕西省学生抗日救国总会，以西安图书馆为办公地点。同年10月下旬，学生抗日救国总会派代表去南京，参加全国学生抗日救国总会成立大会和向南京中央政府的请愿斗争。同时组织学生宣传队，到关中各县城乡开展抗日宣传活动，帮助当地组织铁血团、义勇军、敢死队、日货调查团等组织，发动民众参加抗日斗争。12月底，学生救国总会还制定了《寒假工作大纲》，印制宣传品，让各县回乡学生利用寒假到农村扩大抗日宣传。

1932年西安的"四二六"事件之后，国民党陕西当局进一步镇压学生的抗日运动。同时因高年级学生毕业、负责人变动等原因，陕西省学生抗日救国总会停止了活动。这一时期全省学生抗日救国总会的负责人有李含英、周崇义、张静文、蔡明岐、白素莲、张自芬、何景珍等。

第十九节　陇海铁路车上服务团

1936年7月，陇海铁路铜山（今徐州市）车务段徐州至西安11/12次特别旅客快车上的招待生（即乘务员），成立益群读书会，通过开展读书活动，团结进步青年，参加者五十余人。1937年七七事变后，铜山车务段迁至西安，改名长安车务段。益群读书会迁到西安后，在中共长安车务段陇海铁路特别支部（代号为健波）关怀下，会员很快由五十多人发展到一百多人。

是年冬，在益群读书会的基础上，成立陇海铁路车上服务团（简称车上服务团）。起初，团长是由国民党陇海铁路特别党部抗敌后援会派任的，但不久，就在中共党组织领导下，通过改选，由共产党员高星岗、穆蔚华分别担任团长、副团长。为便于开展活动，把与陇海路特别党部有关系的袁渤川也选为副团长，后来，还特意指派高星岗加入国民党。车上服务团成员最多时有二百余人，其中多数是原铜山车务段1935年和1936年从北平招收的客车招待生（两次共招收中学毕业生一百六十名）。

车上服务团的主要活动是进行抗日宣传。团内有"陇海路怒吼歌咏队"和口琴队，除在列车上向旅客宣传外，经常在西安车站和街头演出，还曾组织宣传小分队，到陇海铁路沿线的临潼、华阴、潼关、洛阳等地演出。演出的节目主要是抗日救亡歌曲，同时也有活报剧及快板、相声等。歌咏队还多次应邀到陕西省广播电台演播抗日救亡歌曲。歌咏队的干部还负责指导西安联合歌咏队、邮工剧团歌咏队、新生歌咏队的演唱活动。此外，车上服务团还通过在西安火车站前城门洞办墙报，向过往群众宣传。

1939年秋，国民党当局加紧反共，形势日趋恶化，车上服务团主要骨干调离，活动被迫停止。

第三章 陕西新闻和文艺界抗战团体与活动

抗战爆发后，陕西新闻和文艺界积极行动起来，纷纷成立抗日团体，创办抗日报刊，大力宣传抗日民族统一战线的政策，开展抗日救亡运动，利用报纸、戏剧、漫画、小说等各种形式来宣传抗日，极大地鼓舞了群众抗日的热情，增强了抗日必胜的信心。

第一节 新文字促进会

1935 年中国新文字研究会成立，在西安的世界语工作者杜松寿发表了多篇学习和宣传新文字的论文，在西安学生中产生了一定的影响。

一二·九运动之后，西安学习新文字的学生越来越多，曾出现过小型的研究组织。1936 年 12 月西安事变发生后，为了发展新文字运动，推动抗日救亡工作，中华民族解放先锋队西安队部和从事过新文字运动的郑竹逸、薛向晨等几位青年发起，成立了西安新文字促进会筹备会。1936 年 12 月 31 日，在西安召开了成立大会，选举郑竹逸、程西铮、薛向晨、蔺克义等九人为执行委员。1937 年元旦发表《成立宣言》。

西安新文字促进会（后改名为西北中文拉丁化研究会），是中共领导的进步青年团体，与民先队西安队部联合组成党团，蔺克义任书记，归中共西安学委领导。会址在西安北大街公字 4 号。促进会以西安学生中的新文字爱好者为主要发展对象，在西安师范、西安省立二中、省立一中、省立女师、西安高中、乐育中学和少数事业单位设立了分会，有会员两千人左右。

促进会刚成立时由郑竹逸负责。1937 年 3 月调整了主要成员，决定由西安师范学生、西安民先队党团书记蔺克义和青年党员时春茂负责经常工作，语言文字学家杜松寿任会长，负责上层联系和学术研究与编著工作。其他主要成员有史悦、陈平、安群、雷立峰、王岗、李绵等。由时春茂驻会从事会务活动。1937 年 9 月至次年 3 月，蔺克义不在西安期间，促进会党内外工作由时春茂主要负责。

1938 年 2 月至 5 月，国民党陕西省党部两次下令解散西安新文字促进会等十三个抗日救亡团体。6 月 1 日，特务便逮捕了该会领导人蔺克义，在中共组织领导下，各青年团体向国民党当局提出抗议，要求释放被捕的民先、青救、新文字促进会负责人于志远、蔺克义、何志诚、李连璧、陈宇五位爱国青年。在林伯渠、周恩来出面交涉的情况下，国民党当局只得在 9 月 4 日宣布无罪释放五青年，但国民党特务却不断到促进会驻地破坏，卸走了促进会的牌子，促进会被迫停止活动。

新文字促进会主要活动：

1. 出版新文字书刊。初成立时翻印和再版了上海出版的新文字教材和读物，贯彻了抗日与民主的内容，种类较多。1937 年春，印刷了蔺克义、时春茂合编的《救亡课本》。同年 6 月，出版新文字《中华》半月刊。抗战全面开始后，杜松寿为安吴青训班出版了抗日游击战争方面的新文字读物。又为生活书店撰写了《中国文字拉丁化解答》和《中国文字拉丁化全程》，发行海内外。

2. 开班教学

在设立分会的单位，由分会组织教学或组织研究小组学习。没有设分会的单位，由学生会利用课余时间，组织一部分学生参加新文字学习班。西安高中、西安临时大学、西安师范和省教师训练所都组织了学习班，请杜松寿去教课。除过学校之外，并在工农群众中也进行了教学新文字结合抗日宣传的试验工作。农民班由蔺克义负责，每周集中几个晚上教课；工人班由时春茂负责；店员班在民教馆附设的民众夜校里教课，史悦负责。三个班的学员既学了新文字，也成为宣传抗战的积极分子。

3. 街头宣传

促进会门外的墙面上开辟了一块黑板报，用新文字和汉字对照书写抗日宣传材料。编写的《抗日消息》则写成大字墙报张贴在钟楼下的通道上，观众甚多。外国记者曾拍了照片，发表在西班牙世界语刊物《人民阵线》上。

4. 流亡到西安的外省青年，其中有的到新文字促进会访谈，促进会就介绍他们到安吴青训班学习。

第二节　西北文艺青年协会

西北文艺青年协会是中共领导下的青年抗日救亡团体，1937 年 1 月 20 日在西安成立。主要使命是以文艺形式宣传和开展抗日救亡运动，成员以西安学生中的文艺爱好者为主，以《沙河》刊物和旅行剧团为主要宣传阵地，公开在西安活动，会址在西安省立二中。西北文艺青年协会及其旅行剧团均成立党团，归中共西安学委领导。

1937 年夏改名西北文艺青年工作者协会（简称文协），发展会员约三四百人。张路、刘蕴（柳青）、郑克昌、惠贵迪（方晨）、何梦溪、聂景德、赖斯徒、杨宇均、姚秀姗等为负责人。文协党团组织根据中共领导机关指示，确定工作方案，提交理事会通过形成决议。文协的机关刊物《沙河》半月刊由惠贵迪（方晨）任主编，赖斯徒为主要撰稿人。文协领导的旅行剧团，以演出街头剧的方式进行宣传，主要剧目《放下你的鞭子》深受观众欢迎。慰问红军演出时，受到红军总部领导人彭德怀、陆定一、甘泗淇的接见。1938 年初，日军逼近黄河，河防形势紧张，旅行剧团曾到国民党三十八军驻地进行慰问演出。剧团负责人先后是聂景德、许冷梅，党团书记是张翰文。

1938 年 2 月至 5 月，国民党陕西党部两次下令解散民先、青救、西北文艺青年协会等十三个抗日救亡团体，文协被迫停止活动。

第三节　平津同学会

1937 年 8 月，国民党当局决定北洋大学、北平大学和师范大学合并为西安临时大学（简称临大）。从 8 月到 10 月，北洋同学来到西安的约有应到数的百分之七十，民先队员到校的有钱万生、刘天民、牛宝印、邹高清等。为了进一步更好地推动和发展临大的抗日救亡运动，必须把三校的进步力量集聚起来，需要建立西安临大学生的统一组织。临大的党员和民先骨干酝酿研究，决定先在各校成立在校平津同学会，在此基础上，推选代表商讨成立临大学生的统一组织即西安临大学生抗敌后援会。

1937 年 9 月 21 日，西安平津同学会在西安高中成立，办公地址在西安东木头市国民党长安县党部院内。同学会不设主席，办事机构为总务部（负总责）、组织部、宣传部、交际部、学术部。各部设正副部长一人负责工作。其领导成员中，党员和民先骨干占大多数，北平大学法商学院的郑代巩同学被选为该会的负责人，北洋同学参加该会工作的有钱万生、刘天民、邹高清、黄蔚光和左恺五人。西安临大迁陕南后改称西北联大，民先做了大量的抗日救亡工作。钱万生、刘天民、牛宝印、邹高清和黄蔚光，在临大先后参加了中国共产党。平津同学会受中共西安学委、西安学生分会、民先西北和全国队部指导。总务部长先后有种肇煦、钱万生（宗群）。

同学会的主要活动：

1. 帮助流亡同学解决借读、住宿、生活等具体困难。

2. 介绍流亡学生参加各种救亡工作。给八路军——五师留守处、山西抗日决死队、山西民族革命大学、延安抗日军政大学、安吴青训班等处介绍了大批学生。

3. 利用上层关系搞统战，争取公开合法的活动地位。

4. 开展抗日救亡宣传。创办《平津学生》《怒吼》等期刊，成立歌咏队、演剧队等。1938年春，与西安学生分会等六团体组成慰劳团，到黄河沿岸国民党驻军地做劳军宣传。

1937年秋季后，平津各校的民先队员组成了平津民先区队，钱万生任区队长。平津同学会是以民先为骨干建立起来的，第一届负责人中，钱万生任交际部副部长。第二届代表会上，钱万生被选为总务部长，一直到1938年底。牛宝印同学任宣传部长。后来刘天民也参加了总务部领导工作。该会成立后，与地方当局交涉，解决各地流亡同学住宿和交通问题，配合当地学联和其他救亡团体开展救亡工作。为纪念九一八事变六周年，在西安市组成八个街头宣传队，演出《放下你的鞭子》和《流亡三部曲》等。

1937年秋，平津学生会组织的演剧队成立，队员共有十四人，五女九男，大部分是民先队员。演剧队党的领导人是闫正伦，队长是黄作周，副队长是田文扬（田和夫）。演剧队的主要任务是宣传党的抗日政策，组织发动群众。先后在西安、宝鸡、汉中、城固等地演出，演出剧目有《打鬼子去》《电线杆》《马百计》《八百壮士》《放下你的鞭子》《十绣八路军》《大刀进行曲》《松花江上》《顺民》《莲花落》等。

1937年10月19日，西安各界救亡团体举行纪念鲁迅逝世一周年大会，会后大游行，有大批的北洋同学参加。1938年春，西安各界救亡团体发起组织前方抗战将士慰劳团，公推钱万生为团长、妇女慰劳会彭毓泰为副团长。慰劳团还带了一个演剧队，一行赴华阴、潼关、大荔、平民、朝邑和旬阳等地前线劳军。

从1938年1月起，西安几个进步团体的负责人，"西青救"冯文彬、"民先"总队李昌、"妇慰会"曹冠群、西安学联杨克和平津同学会钱万生等，每周开一次会，研讨推动西安救亡运动，一直坚持到同年六七月间。地点在西安平民坊5号"西青救"西安办事处。

平津同学会学术部办了一个刊物《平津学生》，宣传抗日救亡道理；组织部为西北青年训练班和抗大输送了大批的同学，为山西和绥远抗日部队也输送了不少同学。西安平津同学会和西安临大还先后组织三个战地服务团到国民党部队做政治工作。1938年1月，邹高清、左恺参加战地服务团。邹高清是党支部领导成员，原想到风陵渡做战地服务工作，到华阴县受到国民党县党部阻挠未果。邹在当地进行了一些宣传活动，于5月回西安。由牛宝印带领天津和各地同学二十余人，其中几个党员，十几个民先队员，于1938年5月1日前往徐州，参加徐州会战。

邹高清等后来又与长沙临大战地服务团一起到胡宗南第一军进行政治工作，国民党要他们到战干第四团受训，邹和同伴四十余人才离开，经陕西省委批准，派往傅作义的三十五军工作。由邹高清和另外两名党员组成支部，路经延安时，毛泽东主席对他们讲了话。

1938年夏，蒋介石的国防军节节败退，日军步步进逼，抗战局势更加严峻，平津学生不断离开西安，平津同学会也在1938年冬结束。北洋大多数同学根据组织上的安排离开西安，走上新的战斗岗位。

第四节　西北民众抗战剧社

1931年九一八事变后，西安各校青年学生发起组织西安血花剧团，主要负责人和演员有周伯涛、侯鸾翔、涂逢遇、李志仁等，后与从河南来陕的国魂剧社联合演出《一片爱国心》和自编的反帝反封建喜剧。西安民教馆的职员也演出了《九一八事变》《济南惨案》《高丽亡国恨》等话剧。这时，刘尚达出任陕西省民教馆馆长，他聘请北大艺术学院同学张寒晖来陕，组成民众剧社，演员有武志新、吴了一、郝啸峰、杨瑞芳、呼延舒成、刘育斋等，演出剧目有《一片爱国心》《可怜的裴迦》《一个不识字的母亲》（张寒晖编导，用陕西方言演出，是陕西话剧活动中第一个方言话剧）。首次改用油彩化妆。

民众剧社活动一年多，即被当局解散。张寒晖离陕，刘尚达去西安二中任教，进步师生组织了课余剧团。上演剧目有果戈理的《巡按》（陈治策改编）、熊佛西的《一片爱国心》《王三》、欧阳予倩的《屏风台》、洪深的《五奎桥》、田汉的《江村小景》、莫里哀的《伪君子》、马彦祥的《讨渔税》等。

西安师范话剧团常在校内演出，剧目有莫里哀的《悭吝人》、左明的《明天》以及自编的《三种不同色素的人》等，主要演职人员有李唐民、蒲望文（苏一平）、李冰（曹冠群）等。西安高中、省立一中、景龙中学均有剧团，多演秦腔，话剧很少。

1934年秋，西安一些青年成立了长安民众剧团。起初是话剧、秦腔同台演出，随后分开演出。长安民众剧团实行男女同台演出，负责人刘光黎，导演刘尚达，演员有武志新、赵文杰、李志中、李亚芳。1935年底，北京爆发了一二·九青年学生救亡运动，西安二中课余剧团和长安民众剧团，在阿房宫电影院联合公演《巡按》《伪君子》《压迫》等，将筹到的二百多元，支援了青年的爱国救亡运动。

1936年暑期，西安业余话剧团在西安师范礼堂举行为期一周的大型联合公演，有二中课余剧团的《巡按》《喇叭》、西师剧团的《悭吝人》《明天》、民众剧团的《伪君子》、民教馆剧团的《讨渔税》等，《伪君子》系男女同台演出。西安爱国救亡运动日益高涨，时任二中教务主任兼课余剧团团长的刘尚达，又邀张寒晖入陕，导演大型爱国话剧《鸟国》。此后，杨虎城将军资助六百元，同年10月11日，在易俗社露天剧场成立了西安实验话剧团。该团发起人有刘尚达、景隽、张寒晖、封至模、周伯勋、李瑞阳、王淡如、姚一征、武志新、赵文杰、刘光黎、李亚芳和非玄、孙应乾、王瑞麟、郝啸峰、侯鸾翔、呼延舒成、马玉田等，刘尚达为团长。不久，西安各校和社会剧团联合在西安师范礼堂公演了以抗日救亡和揭露国民党黑暗统治为内容的《一颗炸弹》《撤退赵家庄》《死亡线上》《毒药》《平步登天》《汉奸的子孙》《募捐》等。西安事变爆发后，东北军学兵队成立了以双十二命名的"一二·一二"剧团，张寒晖为团长。不久又接收了"西北剿总"的大道剧团，由于东北军被迫东调，剧团随之解散。西安事变以后，反动势力一时甚嚣尘上，西安的话剧演出也随之沉寂。

1937年七七事变爆发，西安各校师生纷纷组织抗日宣传队到群众中演出。聂景德和惠贵迪组成西北旅行剧团，赴三原、云阳、朝邑、韩城等地巡回公演。西安实验话剧团演出阿英的《春风秋雨》。同年秋，上海救亡演剧一队和五队先后演出话剧《血祭上海》《放下你的鞭子》等。西京铁血剧团在易俗社剧场演出陈白尘的《卢沟桥之战》和熊佛西的《无名小卒》，一日三场，夜以继日，观众起立振臂高呼"打倒日本帝国主义！"还演出了揭露日本帝国主义在天津勾结汉奸秘密屠杀中国工人罪行的话剧《黑地狱》。1938年1月，到咸阳、礼泉演出宣传抗日救亡的《打杀汉奸》《无名小卒》。在张寒晖领导下成立的"斧头剧团"，成员都是十四五岁的孩子，他们与平津流亡学生演出队在汉中联合演出《血祭九一八》《在酒楼上》《打鬼子去》等十多出话剧。1938年夏天，西安实验话剧团的寇嘉弼、赵文杰、陶居让、张克刚等成立明天剧团，在易俗社剧场演出曹禺的《正在想》《东京的火》。丁玲率领的西北战地服务团在易俗社剧场演出话剧《突击》。

第五节　中华全国抗敌漫画木刻家协会西安分会

1938 年 1 月初，中华全国抗敌漫画木刻家协会（驻武汉，简称全国漫协）派张仃等与西安画家陈执中、刘铁华共同筹备中华全国抗敌漫画木刻家协会西安分会（简称西安漫协）。1 月中旬，西安漫协在马坊门省民众教育馆召开成立会议，推选陈执中、刘铁华、张仃、陶今也（尼尼）、段干青、吴君奋、赖少其为执委（后又增补朱天马、刘韵波为执委）。下设编辑、培训、供应、总务四个组，由执委分工负责。会址初设在省民众教育馆；同年 4 月，迁至盐店街公字 2 号（东北五省会馆后院）。

1938 年 1 月中旬，西安漫协在省民众教育馆主办首届抗敌漫画木刻展览会，展出作品二百多幅，出自全国漫协和西安漫协六十多位画家之手，均为大型原作。参展作品有叶浅予的《松江车站被炸》、张仃的《收复失地，拯救东北同胞》和《全面抗战》、张乐平的《抗战人人有责》、陈执中的《东北回忆录》（连环漫画）、段干青的《引狼入室》等。1938 年 9 月，著名木刻家力群、金浪携带木刻作品百余幅，随"军委会政治部演剧队第三队"来西安，以演剧队名义与西安漫协联合主办第二届抗敌漫画木刻展览会，26 日在省民众教育馆展出。共有八十多位作者的二百余幅作品参展。其中有力群的《敌机走后》、赖少其的《告密》、刘铁华的《伟大的思想家——列宁》、陈执中的《流亡三部曲》（连环漫画）、朱天马的《鲁迅像》等。10 月 5 日至 6 日，还将展品移至钟楼街头展出。

为壮大漫画队伍，培养抗日宣传人才，西安漫协举办过三期抗日漫画木刻训练班。第一期是民国二十七年（1938年）春开始，地址在省民众教育馆，学员七十余人。同年5月1日起，举办第二期训练班，学员亦创作大量作品，并精选其中一部分参加第二届抗敌漫画木刻展览会。之后又举办第三期训练班。学员毕业后大多分配到抗战团体和部队从事抗日救亡宣传工作。后因国民党当局多方刁难，训练班仅办三期便被迫停办。

西安漫协还创办有《抗敌画报》。《抗敌画报》为月刊，主要刊载以抗日为内容的歌颂漫画、政治讽刺画和时事漫画等，也刊载有关漫画活动、经验介绍、漫画知识、消息报道等文章。形式采用报纸四开折叠本，便于携带。封面套两色，内容画面单色。发行数量五千份，对象是抗日救亡团体和前线部队，少数零售。该画报共出刊十五期，刊载作品六百余幅。主编和撰稿人主要是漫协的执委。

西安漫协特设供应组，为各抗日团体义务绘制各种形式的漫画、宣传画等。曾先后给山西抗敌决死三队、东北抗日救亡总会西安分会、基督教战地服务团、青年会救国军等绘制一百余幅作品。并将张仃创作的《军爱民》《民拥军》《蒙族人民》《保卫祖国》等四幅招贴漫画，用两色套版印制三千份，发送给前方部队及救亡团体。还配备一名专门打制木刻刀的工人，先后向各救亡团体的木刻工作者供应一千二百多套刻刀。

1938年6月19日至8月上旬，西安漫协组织抗日艺术队，携带漫画木刻作品百余幅，前往渭南、咸阳、延安、绥远等地区举办流动展览。抗日艺术队由诗人艾青任队长，成员除漫画木刻家外，还有演艺界人士。艺术队不但搞画展，还在城镇街头演抗日戏剧。

1938年5月，国民党省党部下令取缔十三个救亡团体，西安漫协是其中之一。大部分工作人员离开西安，但留下的人员仍坚持工作，并改用抗敌画报社名义，先后编出《抗敌画报》新一号至新四号，直至1939年7月，国民党当局查封画报社，并逮捕负责人，西安漫协被迫停止工作。

第六节　陕西易俗社

西安易俗社原名陕西伶学社，是著名的秦腔科班，与莫斯科大剧院和英国皇家剧院并称为"世界艺坛三大古老剧社"。1912 年 7 月 1 日，陕西同盟会员李桐轩、孙仁玉以及王伯明、范紫东、高培支等一百六十多名社会各界知名人士发起成立我国第一个集戏曲教育和演出于一体的新型艺术团体——陕西易俗社，以"辅助社会教育，启迪民智，移风易俗"为宗旨。1912 年 8 月 13 日，易俗社在陕西省议会礼堂召开成立大会，公举杨西堂、李桐轩为社长，张凤翙为名誉社长，薛卜五、王伯明、孙仁玉等为评议。孙仁玉借银一百两作为开办费。同年 10 月，孙仁玉又在土地庙租房一院，作为事务所。主要领导成员由社员民主选举，并规定任期。社内分工是杨西堂负责对外联络，薛卜五负责内部管理，李桐轩、孙仁玉任编辑，王伯明兼任编辑。设立评议部、编辑部、学校部、训练部，招收少年学员，先学初小、高小课程，后上文史进修班，达标者发给毕业证。易俗社将文化教育、戏曲训练、演出实践结合起来，培养了大批戏曲人才，创作和演出了许多优秀剧目，对戏曲发展产生了巨大影响，对戏曲改良起到了示范作用。

至此，经过各方志士同人的大力倡议、赞助和支持，陕西易俗社作为一个新型的具有戏曲学校性质的秦腔艺术团体诞生于文化古城西安。

1931 年九一八事变后，为宣传抗日，易俗社副社长耿古澄等曾组织了百名演职人员，先后历时近一年，奔波于河南、河北、山西、山东、江苏及北平五省一市，行程数万里，赶排演出了《颐和园》《打倒日本化》等一系列描写国人抗击八国联军入侵、宣传抗日等内容的秦腔剧目，受到各地抗日官兵的热烈欢迎。同时，这些演出发挥了安定军心、激励抗日士气的作用。易俗社演出的影响也波及国民政府，蒋介石以易俗社移风易俗、改良社会、提倡教育与其他剧社迥然不同，于 1932 年 9 月 11

日赠款一千元，加印本社剧本，广播全国，并由当时教育部门颁发褒状，资励戏曲起了普通教育作用。

1937年5月初，西安易俗社收到冀察政务委员会委员长、二十九军宋哲元将军劳军演出电邀。经社评议会研究，抗日救亡为国人意愿，宣传抗战，鼓舞人心是应尽义务，欣然应命。为保证演出成功，合并甲、乙两班学生，由副社长耿古澄、评议长封至模率领，于6月6日到达北平。这次进平慰军，所演的戏目内容更加贴近团结一心、抵御外族入侵的主题。剧社演出队赶排了反映南宋将帅岳飞、韩世忠抗击金兵的大型历史剧目《山河破碎》《还我河山》，宣传和弘扬抗日爱国精神。当时演出时，在驻军中引起极大的轰动。当演员唱到"还我河山"时，台上台下一起高喊"还我河山！"群情高涨，声浪如潮，演出场面令人无不动容！

这次演出震动了平津各界，更受到北平媒体的高度评赞。6月14日《新北平》的报道云：《还我河山》剧情极新颖，极悲壮，"将秦腔长处发挥无遗，极博观众赞许"，尤其是岳母刺字一场，表情细腻，"至岳飞被害及高宗写降表，一字一泪，观者动容，诚非常时期之时代剧也。"6月15日《全民报》的报道云："来宾较前日更为踊跃，虽汗流浃背，亦不肯少退。剧情惊奇新颖，含义甚深，富有民族革命性，深能发扬民族思想，于此国难救亡图存之际，实不无裨益。"6月17日的报道云：《山河破碎》"写历史的伤痛，促民族之觉悟，振聋发聩，去懦警顽，实对现时之中国当局，下一针砭。方今举国民众，抗敌情殷，故亦极欢迎此抗敌救国主义之民族佳剧"。

封至模于7月7日在《京报》发表文章介绍《山河破碎》和《还我河山》，他明确表示："戏剧是大众意识的表征。"在家破国亡之际应成为冲锋杀敌的号角。不要把这两个剧本当作过去的历史看。因为它反映的其实是中华民族抗战救亡的现实。"观此剧而不扼腕而叹，振臂而起者，是无人心也。"他呼吁，"回观现在的中国，现在的中华民族，现在国人的民族意识"，我们必须大声呐喊："山河已破碎了，还我河山吧！"

全面抗战爆发后，易俗社接待了西北战地服务团（以下简称"西战团"）的演出。当高培支社长看到西战团上街刷抗日标语，贴宣传抗日戏报，演戏时座无虚席，掌声、口号声此起彼伏，颇受感动，多次赞扬西战团为"梨园楷模"。易俗社为西战团演出提供了最大的方便。允许他们随便选用社内的戏装、道具、布景，帮助他们化装、贴鬓，文武场面由易俗社包下来。西战团离开西安时，易俗社还送给西战团全套生、旦、净、丑行头。这是陕甘宁边区第一套完整的秦腔行头，西战团从此便能够独立演秦腔剧了。同时，易俗社不少演员受西战团的影响，加入"良选队"唱抗日歌曲，肖润华创办了"学生励进会"。

日军入侵，国难当头，易俗社创作了许多具有爱国主义思想的剧本，其中有冯杰三的《投笔从戎》、郝心田的《平民革命》等。尤其以樊仰山的《长江会战》《血战永济》《湘北大捷》《民族魂》《从军行》等最为有名，被称为抗战五部曲。

除了以西北人民喜欢的秦腔戏剧为武器积极宣传抗日外，1937年，易俗社的演员王秉中、王天民、耿善民等还成立了抗敌后援会，号召西安戏曲界组织义演，走上街头，鼓舞民众捐献抗日。他们在街上为西安民众教抗日歌曲，抒爱国之情，尽抗战后援的匹夫之责。后来这个组织被扩大为全西安戏曲电影界同业工会领导下的抗日组织，为抗日战争尽到了爱国救亡之民族热忱。

第七节　《老百姓报》

1937年10月，由李敷仁、武伯纶、郑伯奇、张寒晖等12名爱国民主进步人士酝酿创办"以替老百姓说话，说老百姓的话"为宗旨的通俗报纸，11月12日孙中山先生诞辰日发刊，取名《老百姓报》。

一、《老百姓报》的创立

1937 年七七事变爆发，"抗战""救亡"成为全国主旋律。随着南京、武汉的相继失守，与日军占领区仅一河之隔的陕西西安，遂成了"后方的前线"，如何动员西部广大农民起来抗战，成为国共两党十分关注的问题。"自从一抗战，四处是喊声，教育老百姓，硬是第一宗! 但是睁眼看，很少有人行，多少书和报，都是硬生生，真正老百姓，完全看不明。"面对宣传教育的不足，以李敷仁为首的西安几位中学教员，遂决定办一张"专给老百姓看"的报纸："用老百姓的话，说老百姓自己的事;把抗战的大事、政府的法令，具体简单地告诉老百姓;把老百姓的疾苦，也秉笔直书地写出来，使政府能经常地'洞悉民隐'。"

1937 年 11 月 12 日，教育家、民俗学者李敷仁在西安书院门创办《老百姓报》。编委有武伯伦、张寒晖、陈雨皋、郑竹逸、余海波、田克恭、余达夫、何寓础、杨鹤斋、张光远、姚一征等。办报宗旨是：宣传抗战、宣传民主。正像该报在"编后记"说的：办《老百姓报》完全是为了唤起民众来打日本，建立新中国，也是为帮助老百姓做到国泰民安的世事。报纸还热情歌颂共产党、八路军和抗日英雄;刊登"名人传记"，如朱德将军，文化界名人郭沫若等。开始是油印旬刊，后改为铅印周刊。《老百姓报》主要在陕西关中以及陇东、晋南、豫西一带发行，并逐渐普及到全国十三个省、市，还翻译成世界语，发行到法国、苏联、意大利、加拿大等国。该报文章短小通俗，适合劳苦大众的口味。它采用快板、鼓词、莲花落、歌谣、谚语、梆子腔、新诗等形式，鼓动群众关心国家大事。其版面有社论、评论、一周国际、七日内政、科学讲座、各县通讯、名人传记、老百姓办公处、歌谣、歌曲等。《老百姓报》被国民政府于 1940 年 2 月 15 日查封，1940 年 4 月 17 日停刊，从创刊到停刊仅两年零五个月。

翻开第一期《老百姓报》，报头旁印着两行标语："和鬼子作战，一定要十分地注重组织民众，训练民众;运用民众配合正规军作战，是我们抗战救国的根本方式";"识字的人，请念本刊文字给不识字的人听，并请讨论本刊所提的各种问题"。——这两行标语，是"李敷仁们"

办报的初衷：用报纸来启发、教育民众；用受到教育的民众来组织、动员更多老百姓来参加抗战。

初期《老百姓报》有三条"宗旨"：第一，拥护领袖，服从政府，抗战到底；第二，先替老百姓说话，也叫老百姓自己说话；第三，宣传改良农村生活，组织民众、动员民众，军民合作，肃清汉奸。"拥护政府"，是表示报纸服从于坚持抗战的国民政府；"替老百姓说话"是指报纸内容致力于反映民众疾苦；而组织民众、动员民众则需要从农民生活出发，为其解决思想问题、指明方向。于是，初期报纸内容定为"时事分析""政治常识""老百姓生活素描""杂货摊""各县通讯"等。而为了报纸能让普通百姓看懂、爱看，李敷仁提出这样的编辑方针："标题"要扼要、通俗，有吸引力；"文字"要简明、具体，活泼有实际，轻松有主张，要在千字以内；用语要通俗、"显火"，多来一点有韵的东西——后来的事实，证明了这个"通俗化方针"十分正确，它让《老百姓报》在短期内赢得了读者的喜爱。

在没有代销处、发行网的情况下，该报创刊不到三个月，在陕、豫、晋的销量就已达 1 500 份，1938 年 4 月增加至 6 000 份，到一周年时，已发行至 10 000 份了（这个数字在抗战时期很少见）！当时的《文化日报》载了一篇《蓬勃气象的蒲城》："西安出的《老百姓报》在乡下销路很好，一般农民即使不识字的，都很留心它；常常在报纸刚一寄到的时候，就被抢着拿走了。"对此，李敷仁认为："除了文字的通俗，最重要的恐怕是内容合乎农民的需要吧！"

二、《老百姓报》的内容

（一）为老百姓发言

千百年来，广大农民头脑中存有根深蒂固的"家—国"分离思想；现实政治的黑暗腐败，也给他们带来难言的愁苦，使他们麻木不仁。鉴于此，《老百姓报》一边关注底层生存状态、喊出百姓心声，以"说老实话"，替老百姓发言而自命；一边引导他们关心国事，为其指点迷津，呼唤"内政改革"。这突出体现在该报"地方通讯"中。例如，1938 年 10 月 10

日《咸阳通信》刊载了一条《全凭挖战壕派壮丁吃黑食》，披露咸阳某乡的联保主任趁着县政府以工代赈之机克扣公粮，此事引起民众强烈反响。当时，陕西各乡镇，官吏腐败、欺诈乡民的事处处皆有，《老百姓报》就毫不留情予以披露，笔锋犀利、一针见血。形容贪官污吏时用"瞎瞎联保主任""贼保长"；骂旧社会腐朽黑暗时，标题是"天下老鸦一般黑"；说地痞流氓是"深鼻子大眼窝""大嘴老鸦"等。值得注意的是，该报还能够把"肃清吏治、乡村民主"与"抗战建国"的目标结合起来："常听乡间弊端多，权当风从耳边过，瞎瞎土劣和贪官，总有一天犯了案，抗战胜利世事好，此辈坏蛋连根断！"

报纸还择其与民众生活息息相关的国家政策予以报道。在《拥护蒋主席改革改治机构》中，提出"保甲要民生，县长要集权""行政手续要简单""下级征派机关，实行真正的监察"三宗意见。1940年，重庆国民政府为争取抗战胜利提出一系列政策，如"一点汽油，一点血"的口号，但多数富人置若罔闻，《老百姓报》就编了一则歌谣进行讽刺："一点汽油、一点血，美国汽油喂汽车，大姑娘、小少爷，呼的一声上了街。上了街，上了街，电影院里歇一歇！"民众看了莫不拍手称快："够味，过瘾！"

还有《反对隔桌子打人》一文说："而今是民国了，老乡！不要说以民做主，就是拿官来做主，试问老百姓跑光了，你能打日本、建立新国家吗？你连白蒸馍都吃不进嘴了！孟夫子说'民为贵、社稷次之'，皇上不值一个大板儿！"——启发下层民众自觉、自立的觉悟。

《老百姓报》还大声喊出民众疾苦，呼吁政府重视。抗战期间国统区通货恶性膨胀，不法奸商又囤积居奇。该报刊登了《万物昂贵，日月难过》一文："穷人是这世界的馅子，是富贵人家的椅垫子。不信你睁眼一观，一匣火柴卖的十多铜圆，一斤馍竟要二角银钱……掺硝盐三毛五要等半天，买不到只得长吁短叹……"呼吁政府整饬奸商、稳定物价。这些报道，在唤起民众对政治改革、民主建国之责任心的同时，也让国民政府"洞悉民隐"——不能空喊口号"发动民众"，而应真正为民排除后患，抗战建国才有希望。

有人这样回忆该报说："在抗战爆发后的国内外、省内外的新闻报道中，敢于瘅恶扬善、激浊布清，写来入情入理，感人至深、颇享时誉。"而《老百姓报》之所以如此大胆披露贪腐，一方面，与当时重庆国民政府重视农村政情有关；同时，该报地处省会西安，各县、乡的官吏鞭长莫及，也就为该报将触角深入陕西各县、乡村创造了条件。据当时的一名小学生回忆："在夏天毒日头下找个树荫凉处，给围拢来的七老八少读一段快板、顺口溜，念几个抗日前线的英雄事迹，或揭露贪官污吏的卑劣行径，以激发大家对日本帝国主义和黑暗社会的无比愤恨。时间长了，人们在下地干活时，总也忘不了带上一张《老百姓报》……"

（二）动员民众"抗战""建国"

为了唤起农民的爱国热情、动员抗战，《老百姓报》的编者们颇费心思，力图能简明扼要、切中实际地为老百姓剖析形势和指引方向。

1938 年 10 月，日军攻占武汉、轰炸西安，陕西各地人心惶惶。为了稳定民心，该报发表《逃亡和死守——保卫家乡歌》，借村头财东、穷汉、教书先生聚到一起的"闲谈"，道出"逃难"想法之谬："……丢下好基业，夹着尾巴窜，出门三辈低，离乡四不便。""莫听潼关炮干炸，过河总是难下场。""游击队，多多添；穷出力，富出钱；守乡土，是为先；慢慢打，稳稳干；'狼吃娃'，鬼缠鞭；日子久，油吸干；到那时，贼腿酸；一出兵，即打翻！"——分析精辟、入情入理，十分有说服力。

该报还编写大量脍炙人口的歌谣，如《陕西地方的民谚、民间俗语》："民谣、民谚蕴含着老百姓的人生观、处世哲学，通俗文章有了它，好似厨师的一把盐，使得菜肴别有风味。"（李敷仁）

1. 童谣

有宣传抗战的，如："菜籽黄，日本亡。""过了五月节，日本鬼子就投降。""立了夏，鬼子怕！"（《耀县童谣》1938.5.12）；有发动生产运动的，如："南风吹，麦皆黄，乡村里，农夫忙。"（《麦黄歌》

1938.5.22）"要得收好麦，先把款子停，没有收割钱，干活弄不成。"（呼吁停止摊派款）

2. 劝善调

"咕咚的炸弹响天昏地暗，地洞里土刷刷窑壁乱闪，吓得那小孩子不敢哭喊，少女人脸发白纸表一般……"（《西安被炸记——死伤六百人，炸坏千间房》）

3. 谷雨歌

"谷雨三月中，蝎子成了精，飞过黄河去，要蜇日本兵。"

4. 数来宝

"嗤！掌柜的，我来了，听我唱几句'数来宝'。日本打到了黄河岸，掌柜的你说怎么办？……你也逃，我也逃，锦绣江山靠谁保？"

5. 独幕剧

《二先生拾粪——宪政宣传独幕戏》。

6. 秦腔戏

《时事大舞台今日表演——唐生智挥泪出南京，朱德把守太行山》。

7. 眉户调

《抗战建国纲领曲》《欧洲大战歌》（十言调）、《世界大势歌》（七言调）。

新颖多样的民间形式，收到了超乎寻常的效果。当时桂林的中国农村经济研究会的《农村工作者》刊物，总结《老百姓》的几大特点：使用方言编写，使农民听起来十分亲切；运用韵语，可以朗诵可以唱；与农民生活密切联系。还有诸如：

《冷娃歌》："起来吧，陕西的冷娃！咱先人在世时见谁都不怕，难道咱还怕日本鬼子吗？日本鬼强占了咱半壁河山，用大炮轰咱的韩城、朝邑、潼关，轰得那黄河的鱼水不安……打倒日本帝国主义，建立新中国，我们才能把身翻！"——很有感染力。

《叫乡党》："叫乡党，你快去到战场上啊，快去把兵当。莫等日本鬼子打到咱家乡，老婆孩子遭了殃，嗳，才去把兵当！"

这些歌谣，对识字不多的百姓输入国家思想、投身参加抗战，起到极大的激励作用。

（三）依靠老百姓

在实践中，《老百姓报》的同人们摸索了一条独具特色的、依靠老百姓的路子。

1. 学生、教员让"报纸下乡"

《老百姓报》诞生之初，能在数月内就行销陕西各地乃至穷乡僻壤，多系学生、教员"传输"之功：因报纸内容深受西安学生们喜爱，他们就趁寒暑假回乡期间在乡民中到处宣传（说它如何替老百姓说话，如何教农民多打粮食）；后来，"七七抗战"陕西学联组织"下乡宣传队"，因缺少合适的宣传材料，遂决定订阅两千份内容通俗的《老百姓报》；一批爱国中小学教员，认为《老百姓报》"是思想上的指路灯"，遂选择它作为"公民"课教材；后来，八路军西安办事处订二百份寄发晋、冀、鲁、豫根据地，国民党军人也大量订阅……于是，这张小小的报纸就又深入前线的战壕里和全国广大的敌后地区了！

2. 老百姓"读报会"

《老百姓报》最能够深入穷乡僻壤、深入民众中间的，是它独创的"读报会"。起初，"在集镇的茶铺里，热心的人爱把报上的顺口溜、民谣、快板、谚语念给农民、士兵听"。

李敷仁见状，草拟了一份"规程"："凡爱读本报者可成立'读报会'，由识字的人念给不识字的听……免费赠阅报纸若干；'读报会'应把当地的生活、社会上的与老百姓有关的事，写成稿子投给报社（错字粗话一概欢迎）。"——这种"了不起的稀奇"事，引发了老百姓的极大兴趣；陕甘晋豫四省先后成立了三十七处读报会，"登记会友"两千多人。老百姓报社帮助各地读报会检举了一批贪官、土豪，又担当组织农民搞"收麦运动"，组织慰劳队、担架队、歌咏队、写地契等责任。报纸的基层动员、组织力量被"激活"了——"用人民的喉舌，做唤起人民的号角。"（李敷仁）

当时"读报会"对广大农村的影响之大，有一例可说明：河南有位伤残军人，退伍后回到县里开药铺，组织了一个"读报会"，曾按《老百姓报》"打官司不要钱"的提倡，督促乡长成立了"调解处"服务民事纠纷。1940 年日军侵略该县，"国军"逃跑、民众恐慌，这个读报会以《老百姓报》刊发的《保卫家乡歌》号召乡亲，竟组织了一个二百余人的"砍青队"武装，并和日本兵打了个胜利的遭遇战。此事传遍鄂豫陕一带，感召了一大批人——"这是从思想到经济生活，再到政治生活，说明了报纸和群众结合的作用性。"（李敷仁）

《老百姓报》"读报会"的价值在于：本来，它是为推广报纸、建立与读者的"桥梁"而设；没想到实际的发展，竟使它逐步部分掌握了乡村社会的"文化权力"——因组织读报会的人身处乡村、直接深入农民日常生活，逐渐地借《老百姓报》的声而拥有了"话语权威"，成为乡村"意见领袖"。而后，"读报会"本身便成为一种具有"组织力""动员力"的实体机构。《老百姓报》联系读者的大胆尝试，竟收到异乎寻常的传播效果。

1940 年"国共合作"破裂，《老百姓报》也走向了尾声，国民党地方当局以"登记手续不全"为由，勒令该报"即日停刊"。然而，"李敷仁们"的办报"精髓"却得以继承。笔者粗略考证，抗战期间全国以《老百姓报》为蓝本的报纸，有十几种之多。例如，1938 年福建永安《老百姓》（福建省教育厅办）、闽北根据地的《老百姓报》（共产党办）、1941 年，鄂豫边区《老百姓报》、桂林的《新道理》、溆浦的《人人看》、河南的《国民旬刊》等，都是专门办给老百姓看的通俗报。

"要给老百姓办报，必先学习老百姓、跟老百姓走路，然后才可以教育老百姓……""你必先了解老百姓的生活，学会了老百姓的语汇，紧紧抓住了老百姓的心情，你这才能替老百姓讲话，讲老百姓的话！"——"李敷仁们"在实践中摸索出的这些宝贵经验，颇值得今天的新闻工作者总结和学习。

3. 关心农村生活

关心农村生活，如何帮助贫困乡民摆脱封建落后、创造"新世界"，直接关乎"抗战动员"的实效。《老百姓报》"完全是用老百姓的眼光去观察、剖析旧社会的种种情况，又用老百姓最生动的口头语言提问题，讲道理"。

启发老百姓观察社会，让其"清楚地知道他们的世事"。《西安七十二行》："卖菜的、担粪的，一街两行尽是出劲的；上学的、当兵的，夹上包包办公的；文明娃，留头发，油儿使得明腊腊……"（描述旧社会状况）"富的人真是富，富根东海；穷的人实在穷，谢了土神。"（揭示阶层分化）"敌人眼看到门上，还要进庙去烧香，神圣果真能保佑，解县焉能遭了殃？日本鬼子一到庄，神像扳倒大路旁，劝尔醒来快醒来，勿在梦中过时光。不信神来不信鬼，抗战到底保家乡！"（批评封建迷信）

提高农民知识，改善农业生产。报纸设立了科学讲座栏，以帮助农民改善生产，如"研究事物从根根到梢梢的道理的学问"，解释民间俗语中蕴含的科学道理，如：《要吃麦，尿泼灰》《锄头儿有水，杈头儿有火》等等。

指导农民生活改良。该报对饱受艰辛的妇女群体，十分同情："乡下的娘儿们，真是恓惶！一样是个人，她们为啥扭断骨头缠小脚，一走一圪载？"并鼓励妇女不要愁："往前的日月，总是进步的，只要中国能打胜日本，立一个新中国，女一半男一半，怎么能不改良呢？"在该报的号召之下，陕西农村妇女组织了一批"洗衣队""锄奸队"等等。

《老百姓报》起到了宣传民众坚持抗战的进步作用，而且不远万里漂洋过海传到苏联、芬兰、瑞典诸国。澳门的《佛光》杂志、香港的《中国呼声》把《老百姓报》翻译成外国文字介绍到海外各地。瑞典的世界语刊物《东方呼声》把《老百姓报》译为瑞典文在《北方报》等三家报刊上发表，莫斯科在当时选订中国刊物共十四种，《老百姓报》是中选者之首，可见其影响之大、声誉之高。当时，社长李敷仁先生曾有一诗记述："忙里春将去，空中厌飞机。但闻隔河炮，未停手中笔。"

第八节 《秦风日报》

《秦风日报》是在《秦风周报》的基础上诞生的。1937 年 5 月 9 日，《秦风周报》复刊，改为《秦风日报》，杜斌丞为董事长，成柏仁为社长兼发行人，张性初（张秉仁）担任主编，社址在西安东木头市 155 号。1943 年 8 月，《秦风日报》合并《工商日报》为《秦风日报·工商日报联合版》（以下简称《联合版》），成为民盟西北总支部的机关报。日报的宗旨就是"希望以秦风的特殊精神，灌注在四万万人的血液里面，以作为推动国人御侮图强的一帖兴奋剂！"

一、《秦风日报》诞生的历史背景

1935 年，九一八事变已发生四年，国破山河在，社会需要一张振奋人心的报纸鼓舞人民的抗日热情。陕西四大报人之一的成柏仁（其他三人为于右任、张季鸾、李敷仁）在杨虎城将军的支持下创办《秦风周报》。成柏仁是陕西耀州（今铜川市耀州区）人，生于 1888 年，是清末耀州乡试十二个秀才中的第一名，文笔斐然。他在发刊词中充满激情地写道："读《驷驖》《小戎》《无衣》诸篇，令人油然生御侮图强、同仇偕作之思。这里面所表现的，就是西北民风上的特色。《诗经》上秦风之不同于其他国风，就因为秦风在精神上，是武装起来的，是抵抗的，是勇敢而不避牺牲的。易词言之，就是以'大无畏的精神'，推动着民族的前进，树立了群众的信仰。"因此，《秦风周报》的宗旨是"希望以秦风的特殊精神，灌注在四万万人的血液里面，以作为推动国人御侮图强的一帖兴奋剂！无论敌人如何的威逼，敌军物质如何的精备，一旦大祸临头，我们立刻要挺起脊骨，硬着头皮，忍耐牺牲，实际抗争，寸土尺地，决不能再轻轻易易，让给敌人。我们要振起我们'车辚''驷驖'的雄风，'与子同袍，与子同仇"，以应对侵略我们的敌人。"

成柏仁表明媒体的立场："我们应尽舆论监督的天职，愿做忠诚的诤友，绝对地督促政府，爱护民生。"《秦风周报》多次发表时评，批评国民政府在内政外交方面存在的问题，措辞尖锐，毫不留情，也毫无畏惧。1935年12月23日第41期《沉痛的回忆——一年来国家现状的检讨》一文，成柏仁批评国民党官员，"尝假游历调查之名，动辄支付钜万，这是国家在非常时期应有的行为吗……这个国家的危亡，就在目前。"在《如何澄清陕西的吏治》一文中，他的言辞更为尖锐，"许多政局要人，一得权位，任所欲为，操守道德，国家元气，根本上就没放在眼里。这样趁火打劫地干上几年，可以保险地满载而归"。

1936年12月，西安事变爆发后，《秦风周报》在报眼刊登了张学良、杨虎城的《西北将领对国事通电》，而在最后一页登出《紧要启事》，宣布停刊。1937年5月9日，《秦风周报》复刊，改为《秦风日报》。

《秦风日报》继续发扬《秦风周报》"持论公正"的传统，积极宣传抗日救国，在民众中引起了良好的反响。1942年《秦风日报》是对开半版，即大报形式，只有两版。一版几乎全是中国及世界反法西斯战役，二版登少量地方新闻和广告。

1943年，抗日战争进入艰苦时期。当时，国际反法西斯战争已临近反攻前夜，形势的发展迫切需要加强反法西斯的舆论宣传。在国统区，除中共的《新华日报》外，重庆、成都、昆明等地都有民主人士办的进步报刊。而在西北地区，尤其是西安当地的报纸，除国民党所辖机关报外，多受国民党直接或间接控制，而且国民党的新闻检查制度甚为严苛，经常无端扣留言论、消息，凡不登载中央社电讯的，则予以取缔。为了打破舆论封锁，周恩来指示王炳南，与杜斌丞商议："共同筹划在西安创办一份报纸，以加强西北的统一战线工作，扩大宣传阵地。"

1943年8月13日，杜斌丞、成柏仁、刘文伯根据周恩来的指示，合并《秦风日报》《工商日报》为《秦风日报·工商日报联合版》。两报联合后，改组并加强了领导和编辑力量，成为民盟西北总支部的机关报。《联合版》的社长、发行人由成柏仁先生担任，《工商日报》原社长刘文伯为合刊后的董事长、发行人，副社长由《工商日报》的张性初（地下党员）担任。编辑部的总编辑是耿坚白、主笔为李子健、编辑主任梁益堂和经理葛凤梧，并邀请左翼老作家郑伯奇来主持副刊，日出一大张，平均发行八千份。合并过程中，杜斌丞要求时任陕西省银行襄理和信托部主任的田益民解决两报合刊时的经费，同时，要帮助解决合刊后的经费问题。为此，田益民以白水新生煤矿做担保，向中央、中国、交通、农民四家银行驻西安联合办事处贷款两千万法币，购买两千令纸张，印制课本后用现款还贷，解决了合刊初期的经费问题。两报联合是西北新闻史上的一件大事，意义重大，正如张性初所言："两个民间报纸的联合，是扩大民主统一战线最好的具体表现，是团结地方力量，进一步争取中间层的政治武器。"

二、《秦风日报》的舆论策略

两报合刊初期，杜斌丞指出，《联合版》是国统区进步舆论的前沿，应坚持民间立场，要带点灰色。周恩来也指示为了让报纸在国民党统治区长期存在，要讲求策略，不要一下子办得太激进，要先在国民党统治区站住脚。开始时表面不要太红，斗争要有理、有利、有节，要很好地发挥统一战线的作用，广泛团结社会各阶层，这样才能做长期斗争。

因此，创刊后先从地方财经等问题打开突破口。报社领导人成柏仁、刘文伯都是当时国民党装点民主的"省参议会"的参议员。报社借这一条件，写文章反映人民困苦的呼声，揭露国民党吏治腐败，这样也便于团结地方开明士绅，争取中间层，以扩大民主统一战线。

《联合版》创刊的第四天发表了社论《谈谈现阶段的基层政治——由渭南田赋管理处职员渎职杀人案说起》，立即吸引了广大读者。其后陆续发表这类报道。

当时蒋系官僚资本，企图侵吞陕西省银行地方资金，为此《联合版》发表了两次社论（9月2日、12月13日），代表地方士绅说话，扩大了团结面。1943年12月18日至20日，《联合版》发表了关梦觉教授从重庆写来的长篇连载文章《物价与展望》，反映各地民生凋敝，人民生计艰难的情况，受到读者的好评。后关梦觉被聘来西安，任《联合版》社论委员。

1943 年国民党军队虽然得到美国空军及物资的支援，但在国内战场上仍不断失利败退。《联合版》写过多篇评述全国局势的社论，经常被新闻检查机关删扣。为此，《联合版》11 月份接连发表了《再论书报检查问题》《言论自由与检查制度》等几篇社论，反对国民党对社会舆论的钳制。

由于反映国内战场、特别是敌后军民团结抗战的消息难以发表，《联合版》用相当大的篇幅报道国际新闻，通过反映世界人民反法西斯战争的事实，来鼓舞人民抗击日本侵略者的决胜信心，反对国民党右派的动摇。如 1943 年 9 月 22 日评墨索里尼法西斯统治垮台的社论《意大利人民的意志》，10 月 4 日的社论《捷音中展望苏联战局》，11 月 4 日欢呼美苏英中莫斯科会议重大成就的社论《重整乾坤的四国宣言》等。

1944 年，中共在国民党统治区的统战工作着重推动"民主宪政运动"，《联合版》于 1 月 5 日发表了社论《宪政问题之研究应有自由保障》。1 月 9 日又发社论《期望迅速成立县正式参议会》，反对国民党遴选参议员，要求民主选举。1 月 18 日又刊社论《我们要迎接宪政》。随后又发表有关社论多篇。

9 月 17 日，《联合版》在显著位置刊登了中共代表林祖涵在重庆国民参政会上的发言全文，主张召开紧急国事会议，废止国民党一党专政，建立民主联合政府。这期间民盟响应中共的统战主张，在昆明、重庆、成都等地组织社会知名人士，召开民主宪政促进会。西安在国民党的高压下，未能展开这一活动。《联合版》从 4 月开辟专栏，刊载桂林、昆明、重庆、成都等地特约记者通讯，报道大后方文化界人士与校园师生的各种进步活动。这在西安报界独树一帜，开通了长期被国民党闭塞的读者耳目，受到群众热烈欢迎，国民党当局大为恼怒。

1944 年抗日战争处于重要关头，国民党军在战场上不断败退。4 月份中原战场吃紧，国民党战区司令汤恩伯掌握四十万军队，却放弃中牟黄河渡口，致使日军长驱直入，三十七天里国民党军丢失了三十八座城市，造成百万灾民流离失所，也加重了农业自然灾害。国人讥讽这一灾难为"水旱蝗汤"（"汤"指汤恩伯）。河南为陕西门户，西安人心波动。《联合版》连发社论，呼吁豫陕同胞互济。为此，5月9日和16日社论全文被扣；5月2日社论《加强动员民众配合作战》被扣一段；17日社论《加强信心与坚定意志》被扣若干行；24日社论《目前的中原战局》被扣三分之一。这一期间，成柏仁先生每天关心战局，参加编写社论，激情满怀，常工作到深夜。

6月份，长沙保卫战，国民党军又节节败退。《联合版》于6月20日发表社论《抗战已到最后关头，国人勿存侥幸心理》。24日社论又全文被扣。这期间《联合版》刊出的社论，代表人民心声，篇篇铿锵有力。国民党当局每删扣一次社论，版面便开一次"天窗"，报纸在读者心目中反而身价愈增。

后来，国民党新闻检查官狡狯起来，常亲到报社监督重新排版，不许开"天窗"。报社便以出版时间所限为由，用排好的广告填充在社论位置，明眼读者一眼便能断定是怎么回事。

1944年夏，欧洲东线苏军继续推进，西线盟军开辟第二战场，太平洋美军也大举反攻，世界形势大好，但国民党军队继续在中南战场败退。针对此形势，《联合版》连续发表社论。7月7日，《联合版》社论《纪念抗战七周年——我们要痛改缺点加强自信》、11日社论《自己努力与盟友援助》、20日社论《衡阳与塞班》和8月2日社论《我们的凡尔登——衡阳》都要求国民党振作精神，自力更生，坚守前方阵地。10日社论《敌人突入衡阳后国内战局形势》与16日社论《注视战局与准备战局》，提出应学习苏联红军保卫斯大林格勒的战斗精神。

9月18日社论《纪念九一八》中说："造成'九一八'这惨痛的事实，固由于东洋强盗侵略主义的既定政策，但我们的'不抵抗主义'却给了侵略者加强侵略的决心。"这明明是指斥蒋介石当年为集中力量打内战，而把东北大好河山奉送给了日本侵略者。这篇社论还针对国民党有人写文章提到"把敌人打出山海关",指出这口号是错误的,不能划长城为界,我们的口号应该是"把敌人打到鸭绿江边去!"9月24日社论《保卫广西》要求国民党军不能再退。

《联合版》的战局评述都和政治斗争结合起来。10月1日社论《九月的世界》回顾上月战局,要求国民党"内政应力求民主、公开和进步"。10月10日社论《国庆感言》中说:"有了进步的政治,才能使军队兵强马壮,才能使经济建设脱离官僚包办之手;有了进步的政治,才能没有浪费的国帑,才能没有浪费的人力。"10月22日发表社论《继续辛亥革命精神,打破当前难关——纪念1911年陕西响应武昌首义》。这是一篇带有浓厚地方感情的政治文章,文中用辛亥革命先烈冒死犯难的坚毅精神,对比今日国民党军队节节后退;用辛亥先烈淡泊名利的思想作风,对比今日国民党贪污舞弊发国难财;用辛亥革命的意义是为了推翻专制、求得民主,对比国民党法西斯独裁。文中最后说:"辛亥革命的精神,值得我们回顾、学习者尚多,兹仅举上述诸端,实知挂一漏万。然而鉴于当前国事,如鲠在喉,不吐不快。希望三秦同胞,继续辛亥先烈的革命精神,勇往直前,奔向民主之路。"

11月11日,国民党军放弃广西柳州。《联合版》次日发表社论《扭转战局的关键》。文中说:"这半年来,豫战、湘战、桂战,给我们的教训太深了。我们不容蒙蔽是非,我们的政治尚须大加改进!……试问今天为什么政治上有这么多肃不清的贪污现象,为什么有的部队士兵们面黄肌瘦,为什么走私贩毒不能绝迹,为什么有的乡保长横行霸道?无非因为一切黑暗现象不被公开,人民眼见身受不能发表。于是不肖官吏得以藏身,而黑暗得以还其爪牙,续其生命!……民主是政治上一切要求进步的关键,民主是驱逐贪污、遏阻横暴的唯一武器,民主是振奋人心、加强抗战的首要办法。"12月3日发表社论《保卫贵州》,又被删扣部分内容。

1944年,中共领导的解放区继续向华中、华南敌后扩大。以中国大陆为基地的美国空军,频频轰炸远东陆上和海上日军目标,甚至远程轰炸日本本土。有时美机失事，飞行员被我解放区军民救起，辗转经延安送回大后方。为此美军第十四航空队陈纳德将军和美驻华大使高思，先后致电朱德总司令表示感谢。驻华美军曾派两批观察组到延安做联络工作。

这年，美、英两国使馆在西安分设了美国新闻处和英中协会，人们可以从那里看一些国外报刊和新闻资料。《联合版》也请人翻译部分反法西斯的文章，在报纸上刊登。《联合版》为扩大消息来源，设法添置了较好的收音设备，收录延安广播和美、英、苏各国对华广播，有的加以改写刊登。当时报社编辑徐景星是位抄录广播的好手。这年报社还增加了副经理王释奇，他实际是中共派来的地下电台人员，在成柏仁的掩护下出色完成了工作。

1945年4月25日，美、苏、英、中四国邀请的联合国制宪大会在美国旧金山开幕，出席这次盛会的有五十一个国家。中国代表团中，除国民党政府官员外，还包括了以董必武为首的中共代表及其他党派代表。6月8日大会通过《联合国宪章》，顾维钧代表国民政府签字，董必武代表解放区签字。为此《联合版》发表社论《团结象征之外交阵容》，文中说："……外交以内政为后盾。我们今天对外表示团结阵容，应不仅限于出席国际会议，应将这一精神在国内政治问题上亦同样灵活运用，打破久悬不决的种种僵局。"

1945年5月2日苏军攻克柏林。5月4日《联合版》发了一个别开生面、标题特殊的社论，题为《苏军占领柏林　纳粹政权完全瓦解　各地德军纷举降旗　欧战由此实际结束》。5月7日，《联合版》发表社论《希特勒与墨索里尼之死》，文中说："德意法西斯独裁政治之崩溃，这种教训不见得会使那些法西斯主义的学徒革心洗面，这还有赖于全世界民众之共同警戒。"明眼读者自会理解这篇社论实际是指责蒋介石搞独裁专政，早晚必败。这篇文章不能不使国民党当局气急败坏。

6月上旬，《联合版》又连发六篇社论，分析急转直下的世界形势，认为盟军在欧部队将抽出主力移调远东，苏军将参加对日作战。7月17日至8月2日，斯大林、杜鲁门、丘吉尔在柏林近郊的波茨坦会晤，讨论欧亚全局，会上通过了促令日本无条件投降的《波茨坦公告》。《联合版》对此发表多篇社论，这些社论强调的不只是军事战局的发展，还有对法西斯祸害的痛恨以及对战后民主和平生活的向往。8月15日，日本正式宣布无条件投降，第二次世界大战结束。《联合版》在庆祝胜利的社论中还特别提醒人民，要防止国民党重开内战，这在当时西安的具体环境下，实在是胆大而难能可贵的事。

三、《秦风日报》的悲壮结局

抗战胜利后，随着争取民主反对内战的呼声高涨，《联合版》的政治态度愈益鲜明。报社同人以极大的热情，抨击时弊，反映民主党派的政治主张，批评国民党的顽固立场。在1946年政协会议前后，该报发表响应中共"要求团结、和平、民主"的文章，坚持"反对内战"，并且大量刊载中共《新华日报》的专论，呼吁释放全国政治犯，释放杨虎城，揭露国民党当局在旧政协会议期间破坏和平、制造惨案的诸多行径，这使得国民党当局非常忌恨。

1945年，蒋介石在重庆接见杜斌丞，许以军事委员会参议的高官，他拒绝收买，仗义执言，痛陈时弊。1946年初，杜斌丞以民盟代表团政治顾问的身份参加了旧政协会议，会议期间，与周恩来、章伯钧经常见面。1946年2月8日，《联合版》刊出题为《民主同盟中央常委杜斌丞由渝返陕，昨对本报记者发表谈话》的访谈录，内容涉及对政治协商会议的评价、各界人士要求恢复张学良、杨虎城将军自由、实施宪政等问题。杜斌丞指出："今日的世界和中国，民主潮流正澎湃汹涌，沛然莫之能御，只要大家一致促进民主宪政之实现，谁也阻止不住。"这一公开谈话"犹如在当时西安低沉压抑的政治空气中投放一颗炸弹"，在西北和全国各界引起强烈反响。这就触怒了国民党陕西当局，国民党陕西省党部主任委员谷正鼎和胡宗南的绥署秘书长赵龙文，甚至叫骂"《秦风·工商联合版》这些'屁红子'，简直比共产党还可憎"。陕西省政府主席祝绍周和胡宗南向蒋介石密报了杜斌丞在《联合版》上发表的谈话，胡宗南说："杜斌丞这人不讲信义，蒋委员长（指蒋介石）在重庆当面请求他帮忙，不料他回到西安却来了这一手……"因此对杜斌丞及其民盟西北总支的机关报《联合版》恨之入骨。

1946年春，为了搞垮《联合版》，陕西国民党当局还专门成立了一个"宣传组"进行密谋策划。他们起初责令西安的警察局，叫市里的商户、居民不去订阅《联合版》，不让卖报人零售该报，不在该报刊登广告，妄图通过封锁发行，造成该报的经济困难，让其自动垮台。绥署政工处长王超凡说，这样还能避免落个"摧残社会舆论机关"的口实。及至上述手段都失败以后，他们就给该报写恐吓信，恐吓不顶用，就明目张胆地策划捣毁该报。

3月1日，西安国民党特务策划了反苏反共游行，恶毒诬蔑《联合版》是"汉奸报纸，破坏国家统一，要求省政府严加惩办"，随即带领一批三青团骨干分子"游行"到南院门转五味什字，大肆打砸抢，捣毁了《联合版》营业部。这件事发生后，《联合版》立即在报上公开指斥国民党特务的暴行。全国各地进步报纸和民主人士纷纷来电来函，对《联合版》表示支持。其中包括郭沫若、沈钧儒、茅盾、王昆仑、陶行知、田汉、李公朴、施复亮、杜国庠、冯乃超、于立群、黄洛峰、安娥、司徒慧敏、力扬、艾芜、王亚平、徐迟等人的署名声援。西安一些耆老如张凤翙、李象九、韩望尘、韩兆鹗等亲到报社慰问。社会上有三十余人送来或汇来专款三万余元。更动人的是，有一批小学生联名把他们的糖果钱捐赠给报社。

国民党特务见未能阻止《联合版》出版，便又派人潜入报社在冰窖巷的印刷厂偷放了几枚化学燃烧装置。报社职工早有警惕，及时发现排除了火患，并在报上公开报道此事，谴责了特务的罪行。

这期间，国民党特务又对报社工作人员进行人身迫害：他们在街头用汽车撞伤编辑主任梁益堂；记者杨宾青在途中被特务殴打，眼中还被塞进石灰和辣椒面。

当时，西安有一批会武术的回民，特向成柏仁提出，愿每天跟随行动，以防国民党特务暗下毒手。

1946 年 4 月，国民党的内战部署已接近完成，即将开始更大规模的军事行动了。与此配合，国民党变本加厉地压制人民舆论，四五月间全国各大城市有一批进步报刊和通讯社被封闭，许多进步人士被捕或失踪。4 月 9 日，国民党当局在西安以莫须有的吸毒罪名逮捕了《联合版》的法律顾问、民盟盟员王任律师，于 4 月 30 日将其杀害。5 月 1 日夜，国民党特务绑架了民盟西北总支部青年部长、《民众导报》主编李敷仁同志，枪击于咸阳郊区，重伤未死，后被民众救起，护送至延安医治。胡宗南下令街上不许再出现一张《联合版》。一连几日派特务殴打报童，任何读者从报社带出的报纸一律没收，5 月 3 日该报被迫停刊。

5 月 10 日，重庆《新华日报》发表短评《莫甘心和人民作对》。文中指出："反动派不惜采取种种无耻手段摧残《秦风·工商日报》的唯一原因，只是因为该报是西安唯一的民间报纸。在杀气冲天特务横行的西安，只有该报还敢为老百姓说真话，为和平民主而呼吁。然而该报的这种遭遇，还只是全国其他各地民间报纸的千百种同样遭遇中的一个例子而已，也只是反动派摧残全国人民言论自由的千百种暴行中的一个例子而已。但是，就是这个例子，也足够描画出反动派的丑恶脸谱，衬托出他们的狠毒心思了。

"我们要警告反动派：人民的声音是窒息不死的，和平民主的洪流也是阻挡不住的，和人民作对的结果，只能落得遭受人民一致的唾弃！"

四、《秦风日报》的历史贡献

《秦风日报》《工商日报》合刊后，《联合版》在形式上保留各自的刊号与发行人，每期报纸分别标明各自的期号，报纸坚持民生、民本的宗旨与民间立场，以崭新的面貌出现在古城西安。

客观报道是《联合版》的基本理念。《联合版》是对开的日报，一版为广告，二、三版为国内、国际要闻，四版为副刊（自 1944 年下半年起改为地方新闻）。在报道方式上，它依新闻重要程度混排版面，不仅报道国内战局，而且及时报道国际战局，并做出犀利的评说。创刊伊始，正值抗日战争相持阶段。它将"八一三"全面抗战六周年纪念日作为首刊日，以此传达其坚持抗战的意念。1944 年七八月间，衡阳保卫战异常惨烈，《联合版》连续发表社论，激励军民振作精神，呼吁当局坚持抗战。抗战胜利后，《联合版》又以民主、宪政作为报道重点，及时提供新闻资讯与评论，满足了读者对报纸刊登新闻的期待。

民生为本是《联合版》的价值诉求。《联合版》以关注民生、关注经济、反对腐败、服务社会为办报宗旨，既注意战时情况下的宏观经济，也关注陕西乃至西北的经济发展。它经常报道和评说民众生活状况，先后发表一系列社论、评论，多次就棉贱、压级、减收、缴赋、棉贷等问题为棉农呼吁。对于战时工商业的艰难处境，也多次刊发报道与评论，如《商业的难处》《生产事业待救济》《如何救济工业》等。它还经常报道和评说当地民众的生活状况，如《维护工人福利》《天冷了，快点救济平民》《保障小学教师生活》《为士兵及公教人员呼吁》《替农民大众告饶》等，反映民众疾苦，表达民众呼声。同时，多次刊载有关贪污舞弊的报道与评论，历数地方官吏鱼肉百姓、横征暴敛、徇私枉法之弊端。在当时国民党严加控制的新闻界，如此强烈地反映民生意愿，实属难得。

民主宪政是《联合版》的一贯立场。《联合版》认同中共实行民主宪政的主张，反对国民党指派参议员，要求还政于民；要求"推进民主，厉行法治，保障民权，尊重舆论"。《联合版》在多篇报道和言论中，列举社会上种种黑暗现象，指出实行民主是刷新政治的关键。该报还提出，实施宪政不仅要建设民主的政治制度，也要改造经济制度，要"以完备的进步的立法彻底消灭经济社会之不均"。抗战胜利后，毛泽东亲赴重庆谈判。《联合版》提出迅速停止内战、召开政治协商会议、释放政治犯与取消特务机构等要求。在旧政协会议期间，《联合版》刊出中共代表团提出的《和平建国纲领草案》，反映全国各民主党派的政治主张。杜斌丞加入民盟并主持西北盟务后，《联合版》的主要负责人多加入民盟并在其中担任领导职务。从此，该报实际成为民盟西北总支部的机关报，更加自觉地为推进宪政、实行民主而呐喊。

服务地方是《联合版》的受众定位。作为一家地方报纸，该报注意反映西北特别是陕西的政治、经济、社会、文化、教育方面的信息，"每日都登有自己记者采访的经济消息和市场动态，内容活跃、充实，成为不同于当时西安其他报纸的一大特点。因而受到广大群众的欢迎。报纸发行量逐日增加，其他广告、印刷业务也有发展。"

《联合版》是当时西北地区一份旗帜鲜明的进步报纸，平均发行八千份，在西北尤其是陕西有很大影响；而当时国民党陕西省党部主办的《西京日报》，发行量不到四千份。

第九节 《学生呼声》

《学生呼声》是西安学生联合会主办的一个周刊。

早在西安事变之前，西安学生运动出现高潮的时候，"学联会"即酝酿出版一个刊物，直到 1937 年 1 月 1 日，《学生呼声》（简称《呼声》）正式创办，在西安高级中学编辑，秦川印书馆印刷。该刊是中共领导西安学生运动的综合刊物，宗旨是：揭露日本帝国主义的侵华罪行，反对投降主义；开展青年学生的抗日救亡运动，并引导其沿着正确的方向发展；活跃学生文艺创作，促进救亡活动的开展。

《呼声》发表的稿件"绝大多数出自学生之手"，凡经选用的稿件均以刊物做稿酬。可以说这个刊物是"学生群众的合奏"，它得到一切从事救亡运动的同学的哺育，是当时发行的许多"定期刊物中，最受人注意的一份刊物"，柳青当时曾担任这个刊物的编辑。

《学生呼声》发刊时，正值西安事变已和平解决而国内民众运动还受到国民党当局种种限制之时，因而，发表在《呼声》上面的文章反映了这个时期革命斗争总的特点。"救亡言论"这个栏目的文章主要是分析救亡运动开展的新形势，探讨并提出陕西尤其是西安地区学生运动的经验教训和今后发展的方向，如《1936年的中国和日本》《西欧目前的两件中心工作》《领袖与群众》《妇女运动的探讨》《读书与救国》《西安学生运动由何处来往何处去？》等。另一部分文章大多是分析"双十二"以后日本帝国主义侵华的新阴谋和新动向，阐释中国共产党抗日民族统一战线的理论和政策，尖锐地抨击国民党当局仍在奉行的压迫救亡运动的误国政策，如《领袖的肖像》《东北乎？西北乎？》《亿万民众的呼声》《困难的五月》等。

该刊在创刊号发表的《西北学生当前的任务》一文中指出："自'双十二'的民族革命的行动展开之后，到二十六日蒋介石恢复自由回京，半月之间，西北的一切都变了形而且变了质，这不是偶然的，西北立刻成了中国、远东的重心，而且成了全世界的注视点，这也不是偶然的。""西北要在最短最短期间做到一个真正的抗日救亡的根据地，要做到真正的各党各派的彻底合作，要做到其能以自身的力量保卫西北，然后以此力量，以此形势，做全国抗日救亡的模范，促成全国总动员抗战，促成张、杨两将军及全国救国阵线的抗日救国主张早日实现，并促使一切不觉悟的人们及早回头来共赴国难。这是当前的伟大任务。"

与当时众多的救亡刊物相比较，《呼声》还有其显著特点，即用较大篇幅介绍中国共产党的政治主张及陕北革命根据地的情况。该刊还"特载"了东园译的埃德加·斯诺1937年7月采写的《毛泽东访问记》和《毛泽东在陕北》的照片。这篇"访问记"以问答形式，介绍了毛泽东对抗日的国内阵线和国际阵线的形成，抗日战争的战略、策略和前途以及训练和武装民众等问题的基本观点，使国民党区域的广大民众对中共的抗日主张有了正确全面的了解。编者在创刊号的后记中说，他们为了尽快让"解放了的西安诸读者看看这位不做中委而愿跋山涉水饱尝风霜的同胞的意见"。此外，《呼声》还发表了《美·女记者施爱义（即爱格妮丝·史沫特莱）女士访问记》《双十二在陕北》《从西安到延安》等长篇报道。这对于广大群众进一步了解中国共产党的抗日主张以及坚定抗日救国必胜的信念有极大的帮助。

《学生呼声》出刊后不久即遭到国民党当局的破坏，1937年7月25日停刊，仅出七期。

第十节　《西北联大校刊》

1937年9月10日，以北京大学、清华大学、南开大学和中央研究院的师资、设备为基干，成立长沙临时大学；以北平大学、北平师范大学、北洋工学院和北平研究院等院校为基干，设立西安临时大学。1938年4月2日，长沙临大改称国立西南联合大学；4月3日，西安临大改称国立西北联合大学。在抗战时坚持兴办的《西安临大校刊》《西北联大校刊》等文献，集中记录了抗战时期西北联大的战时教育思想及实践。

抗战以来，民族爱国主义宣传及实践活动在国内轰轰烈烈地开展起来。西北联大的抗战爱国教育思想及实践带有普通高校，尤其是西部高校的特色。《西安临大校刊》和《西北联大校刊》作为学校进行抗战爱国思想宣传的主要载体，共出三十期，每期上面（《军训专号》除外）头版及靠前均是发布国民政府、教育部及学校相关训令、制度等的位置，规定了有关对全体国民、高校师生抗战爱国的具体要求等。《西安临大校刊》在《发刊词》中这样描述中华民族所处之环境及民族抗敌之决心："诗曰：风雨如晦，鸡鸣不已！今日吾国抗敌战争不竟至此，大多数同事同学之故乡父老，已被芟夷虔刘一空，试问此时此日，成何现象？岂非吾辈最高学府中人所当泣血锥心，锻炼磨砺，以与暴敌相周旋者耶？"这正是当时每位西北联大师生的共同心声。在《西北联大校刊》第10期，特载了蒋介石"严斥近卫声明"的文章，对日本宣扬的所谓"大东亚共荣""东亚新秩序""东亚协同体"等进行了揭露驳斥，指出日本侵华的真正目的"乃在整个吞并我国家与根本消灭我民族，而绝不在于所谓中日合作或经济提携等等的形式"，意在使师生明了时局"统一认识，鼓舞士气"团结一心，继续抗敌救国。

学生自发组织的各种以抗战爱国为主题的活动也是很好的宣传形式。师生们在学习生活环境异常艰苦的情况下，积极声援前方抗战一线，他们经常举行捐献现金衣被等活动，在校刊每一期上面几乎都可以看到捐钱捐物活动的简讯、新闻等。为了调动师生捐献的热情，在《西北联大校刊》第15期上甚至出现了这样一则简讯：《本校同学节约献金竞赛》学生们采用竞赛的方式进行募捐活动，得到了师生积极响应，同学莫不慷慨解囊。

围绕抗战救国需要开设相关课程，加大军体教育分量，这是西北联大一个非常重要的教学内容，学校制订有详细的课程实施方案。《本校特殊训练技术训练队修订课程实施方案》显示，特殊训练技术主要分为五种科目：（1）军事测绘（2）军事工程（3）军事机械（4）军事电讯（5）军事化学。西安临时大学从西安迁徙陕南的行动，被学校看成了一次绝佳的军事行军训练。学校制订了《国立西安临时大学全体学生由西安至汉中行军办法》，成立了专门的行军领导组织机构，负责本次行军工作。军训成为学生日常的必修课程，被认为是"矫正过去文人的孱弱积习""培植抵抗侵略的能力"的绝佳途径，学校师生对于军训工作相当重视，训练成效不佳，学生竟然主动联名提出申请，要求学校批准延长军训，学校甚至还将军训当作假期作业布置给学生去完成。

军事教育增加了师生抗战的信心与热情，一批师生直接走上了抗战的最前线。《西北联大校刊》第3期、第4期登载的《本校二十六年度毕业同学就业调查表》中，共涉及70名毕业就业学生，其中28名学生直接参军投身抗战第一线，占到总数的40%。还有几位学生从事民众组训等相关工作，学生的抗战热情以实际行动表达了出来。

《西北联大校刊》还集中反映了抗战时期西北联大的社会教育思想。西北地区作为全国抗战的"策源地"和大后方，除了军事教育外，更应该积极推行社会教育。

（1）社会教育的原则与重点

首先,关于社会教育的原则,《西北联大校刊》第15期,刊载《王镜铭:战时大学推行民众教育意见》一文,王镜铭提出:一是"教育与农村相结合", 也就是大学的教育应在农村中进行,给农民教授相应的知识;二是"政教相结合",即大学的教育应该和当地政府合作,使学术机构和行政机构在合作中进行。其次,关于社会教育的重点。《西北联大校刊》第2期登载了西北联大社会教育推行委员会在第一次会议的报告,提出:"第一,培育人才与服务社会相结合;第二,以先熟知后深入的方式将学术推广到社会中去;第三,深入到社会中去,共同受益;第四,参与抗战建国,贡献方针战略专业技术,并且规定专科以上高等院校都应该尽自己最大的努力为其所在省服务。"

（2）社会教育工作的标准

为了学校兼办社会教育能够正常开展,教育部制定了有关社会教育的工作标准。《西北联大校刊》第18期刊登《教育部训令:颁发各级学校社教推委会组织纲要》,总的工作标准:"教师和学生通力合作,解决学生的实际问题,使学生更好地为社会服务,教员应该施教于小学阶段的学生。"具体的工作标准:主要设计了对社会教育施教区的固定区域办理;每个学期需要开设的民众教育课程根据每个学校的师资力量来确定;每个学校根据自身的办学特色采取差异性的社会教育工作。

（3）社会教育实施方案与途径

根据教育部的有关规定,西北联大制订了《本校二十七年度兼办社会教育计划大纲》,旨在推行社会教育事业,比如师范学院主办的为期三个月的家事讲习班和体育训练班,每年春季举办民众业余运动会,暑期举办小学教员讲习会等;医学院主办为期一个月的救护训练班;文理学院举办防空防毒讲习班等。因此,抗战时期,西北联大为开展社会教育而开设的课程旨在服务地方民众,促进当地社会的不断发展。为了更好地实施社会教育,西北联大不仅开设了各类课程,还颁布了具体的社教办法。《西北联大校刊》第18期刊载《教育部训令:颁发师范等校院辅导中等以下学校兼办社教办法》，"国立师范学院、教育学院、大学师范学院等示范院校必须遵守办法的规定，根据自身的等级和师资情况确定辅导的内容，分别辅导中等以下学校兼办社会教育。"师范院校在推行社会教育方面的内容包括：师范区内设立辅导会议，专门负责社会教育的有关事宜；重点解决研究困难的问题，培训和指导专门的教育人员；补充介绍有关社会教育的教材。在社会教育的辅导过程中，每个学院都应该充分利用自己的资源优势进行辅导。

与此同时，为了社会教育能够收到更好的效果，许多学者也在社会教育的途径和方法中不断地探寻。《西北联大校刊》第1期刊登《历届纪念周讲演纪要·七》，李湘宸先生在《抗战期间社会教育之途径》中提出："一、集中人力，因时因地，适应民众的需要；二、教育、政治和生产三者同时进行；三、利用现有的机构，把与民众接触最近的乡村小学作为社教中心，推行政教合一，将学校和社会有效地沟通起来。

第十一节　《西北文化日报》

《西北文化日报》系国民党陕西省党部机关报。1930年9月筹办，1931年上半年创刊，社址在西安北大街24号，系对开版，日发行两千份，最高三千份。起初是由国民党要员顾祝同为主任、杨虎城将军为副主任的潼关行营机关报，是在《西安市日报》的基础上，接收西安市印刷厂在西安创办的。1930年潼关行营撤销，成立了西安绥靖公署，杨虎城任西安绥靖公署主任兼陕西省政府主席，《西北文化日报》就成为西安绥靖公署和陕西省政府的机关报。

原任社长周中礼，主编陈海观。1931年9月报社改组，杨虎城任命十七路军宣传处长陈子坚为社长，宣传处宣传科长宋绮云为副社长兼总编辑。1936年西安事变结束后，杨虎城行将被迫出国，于1936年4

月拨出一部分款作为该报基金，将该报一度由官办改为民办，组成董事会，由韩望尘任董事长，李子健任社长。1938 年夏，国民党陕西省党部强行接管该报。因而又变为国民党陕西省党部的机关报。省党部委员兼宣传处长李贻燕为该报发行人兼社长。1946 年李贻燕离开省党部，由省党部委员兼西安市党部书记长陈建中任该报发行人兼社长。1948 年又改由省党部候补执委李含英任发行人兼社长。在李贻燕任职期间，社长为周心万，总编辑兼主笔周青选，经理赵启平。陈建中任职期间，经理高绍亭（后提为副社长），副经理马其道（后提为经理），主笔周青选，总编辑先后为吴焕然、徐国馨。李含英任职期间，社长是马其道，经理先后为寇乾生、孙志刚，总编辑徐国馨，主笔周青选，编辑主任谢人吾。

　　《西北文化日报》从创刊到改为民营阶段，是以杨虎城为首的国民党西安绥署和陕西省政府机关报的名义出现的，主要报道陕西建设方面情况及杨部十七路军部分情况。七七事变前后，积极宣传抗日救亡，支持群众和青年学生的爱国运动，反映了当时广大人民群众的意愿。该报又是首先刊登张学良、杨虎城发动西安事变，兵谏蒋介石抗日的一家报纸。副社长兼总编辑宋绮云系中共地下党员，事变时又是中共西北特委负责人之一。事变发生的当晚，杨虎城命宋参与了张、杨抗日救国八项主张文稿的草拟工作，文稿经张、杨审定后，宋回报社连夜出《号外》，12 日晨又动员报社全体人员上街向群众散发。13 日，该报发表了《张杨昨日发动对蒋介石兵谏》的消息和《何处是中国的出路》的评论，介绍了事变的起因。指出"前方战士浴血抗战，后方民众毁家纾难，不料蒋介石把持下的南京政府……当此寇深国危之日，不积极北上援绥，反调二百六十个团以上之大军及数百架飞机集结于西北，将从事大规模之内战，实行更大的中国人杀中国人的勾当。因此，西北数十万官兵忍无可忍，实行对蒋'兵谏'促其省悟"。以后，又接连发表了《一二·一二兵谏之伟大意义》《"剿共"工作之停止与抗日联军之成立》《民众与张杨的救国斗争》等重要社论、文章，阐明事变旨在促蒋"停止内战，一致抗日"。事变在中共的帮助下和平解决以后，该报又发表了《从组织民众武装到自力抗战》《我们争取的是什么》等社论，敦蒋践行诺言。《西北文化日报》是报道西安事变全过程的权威报刊。

《西北文化日报》的后期，即国民党陕西省党部强行接管控制阶段，该报则完全变成国民党陕西省党部的传声筒，主要采用国民党中央通讯社的稿件，反对人民革命，宣传"攘外必先安内"的反动主张。1949年5月西安解放后，被解放军军管会接收。

第十二节　《西北晨报》

《西北晨报》（后名《统一日报》），是抗战时期陕西第一家由宝鸡地方人士创办的报纸，也是当时宝鸡地区规模及影响最大的报纸。1944年4月1日正式创刊。其办报宗旨为：宣传抗战，启迪文化，振兴教育，移风易俗。创办《西北晨报》是当时宝鸡地区的最高军政长官——九区行政督察专员兼保安司令温崇信倡导发起的。温曾留学美国，回国后执教于上海复旦大学，学识渊博，是以学者身份从政。他倡导办报的建议，得到地方人士的积极响应。筹备过程中，温还在资金、社址、办理注册立案手续等方面给予大力支持。报社理事会、监事会成立后，温被推为理事长（后由张天儒兼任）。发行人先后由王静涵、张天儒担任，报社社长先后由王静涵、张兰舟、马光勋、张天儒担任。总编辑先后由淦靖南、孙子云、张敏之担任。

《西北晨报》为4开4版小型日报。一版刊登一周内要闻；二版上半版为"黎明"副刊；三版上半版为各县地方新闻与通讯报道；二、三版其余部分及中缝刊登广告启事；四版上半版刊载国际新闻，下半版为本埠新闻。报纸一般不发社论，只在必要时刊发一些篇幅较长的特写、专论。报社自设收报电台，抄收中央通讯社拍发的新闻稿件。《晨报》印刷条件优于当时在宝鸡刊行的《通俗日报》，日销数达三千七百份。

《晨报》出刊初期，确实发挥了宣传抗战，激励民心的重要作用。其次，还经常报道地方教育、文化、体育等活动。该报曾利用报纸揭露宝鸡地方法院执法违法，随意殴打小学教员一事，伸张正义，受到社会舆论好评。

国民党发动内战，进行所谓戡乱之后，地方各级政权加强了新闻检查，言论自由成为一句空话，该报内容也发生变化，报纸除充作国民党中央社的传声筒外，还刊载一些小道消息、市井百态，低级趣味的东西连篇累牍。

1948年春末，人民解放军出击西府，宝鸡一度解放，《西北晨报》停刊，人员四散。后经整顿，在九区专员张海如授意下，更名为《统一日报》，于1948年7月1日复刊发行。1949年7月，宝鸡解放，改名《新宝鸡报》正式出刊。《新宝鸡报》社长蓝钰，总编辑乔迁。1949年9月中旬蓝钰、乔迁调离，报纸停刊。

第十三节　《文化周报》

《文化周报》系西北民主青年社机关报，1945年4月4日创刊，16开本。主编王维祺（王天人），发行人罗耀南，经理陈唯诚，编辑张效儒、左嘉谋。编辑部设在西安东大街基督教青年会内，经理部设在南院门知行书店内。《文化周报》出版到1卷5期被国民党勒令停刊。它在传播民主思想，宣传民主政治方面做了大量的工作，刊载过成都、重庆、昆明进步人士的许多文章。

1946年春，西北民主青年社又恢复了《文化周报》，改由社会知名人士长安县参议会议长张锋伯担任发行人，王维祺、陈唯诚继续任主编和经理，马宏山任副主编，杜松寿、茹护法（茹季札）、左嘉谋、郭松茂（郭仪）、张登云任编委，编辑部迁到社会路长安县参议会院内，版面改为 4 开型报纸。文章短小精悍，主要报道各地特别是高等学校的民主运动，并辅以短评和杂文，揭露国民党发动内战的阴谋，在争取民主斗争中，进行了有力的宣传鼓动。

该刊的主要内容特点：一是坚持民主，反对独裁。如连续刊登了《政治自由》《中国到何处去？》《中国大众的民主与科学》等论文。在"时事评论"中刊载了《向伟大的民主战士致哀——悼罗斯福总统》《民主下乡》等文。还报道了各大学的民主活动，如《民主竞选在川大》《漫谈中央大学医学院》等。二是坚持抗日，反对卖国投降。刊物借古讽今，刊载了不少史论。如《秦桧是怎样卖国的？》《明代的反倭战争》等。三是进行启蒙教育，反对文化愚昧与专制。刊载了《论中国新文化建设》《漫谈文化使命》《为青年学生提出四十个问题》等文。四是以时评、杂文、通讯、诗歌等形式，揭露国民党的黑暗统治与腐败。如《为陕西请命》《醒醒吧！坐待胜利的人们》《训育主任私拆女生信件》等。

同时对国际斗争和战后苏联、东欧等国家的情况也加以介绍。1946年 5 月 1 日，发生了特务绑架暗杀李敷仁事件，该报第 3 期稿件未及付印，再度被迫停刊。

第十四节　《解放日报》（西安）

西安《解放日报》创刊于西安事变的第二天，即 1936 年 12 月 13 日，是西北军事委员会办公厅领导的三方（东北军、十七路军和红军）对外的机关报。该报是西安事变发生的当天接管国民党陕西省党部机关报《西京日报》之后办的，由办公厅下设的宣传委员会具体领导，先后任总编辑的是丛德滋、张兆麟。此外，中共陕西省委宣传部李一氓派韩进和魏文伯等任编辑。报出到 1937 年 2 月 10 日停刊，共出五十五期，号外三期。这个报基本上和西安事变共始终，报道内容实际上反映了西安事变的全过程。栏目有社论、专论及多种形式的副刊，如"解放先锋""烽火台""冲锋号""文艺生活""士兵呼声""妇女阵线"等。

西安《解放日报》接过《西京日报》办起来，是《西京日报》的革命阶段。1936年12月13日该报创刊号的头版头条首先是并列的两条醒目启事。其一："解放日报社启事：由（民国）二十五年十二月十二日起，所有西京日报社一切社务及债权等，均由本社完全接收。特此通知。"其二："西京日报启事：本社自（民国）二十五年十二月十二日起停刊，所有本社一切社务及债权等，均完全负责交解放日报社接收。特此通告。"但西安事变后不久，又被国民党《西京日报》原班人马收回，恢复了原名《西京日报》。

西安《解放日报》"创刊号"的头版两条大标题是：《张杨发表对时局宣言》（主题），《八项主张要求全国采纳／蒋委员长在兵谏保护中／但安全问题可保无虞》（副题）"。三版头条是：《市面安谧如常》（主题），《军队布满全市警戒／居民振奋，气象一新》（副题）。接着是一条引人注目的省府"人事更动"消息：《人事局长马忠超免职，遗缺以赵寿山补充》《省政府教育厅长周学晶免职，遗缺以李寿庭补充》《省政府秘书长耿寿伯免职，遗缺以杜斌丞补充》。另一条消息是：《本市民众团体昨日举行紧急大会》（主题），《拥护张杨兵谏行动／扩大救亡宣传工作／通电全国要求响应》（副题），还有一篇"评论"：《立即召开救国会议》。

12月14日的版面，除继续刊登《解放日报》和《西京日报》两条"启事"外，头版头条是《全国一致主张抗日／各方派代表来陕》，两条新闻是《张杨手谕：释放政治犯》（主题）《本省各地政治犯已奉令次第开释／爱国救国罪人恢复神圣自由》（副题）。紧接着是以下四条消息：《张（学良）代总司令昨对总部职员训话，详述兵谏原因及经过》《蒋（介石）身体精神均佳，似不坚持先安内而后攘外主张》《本市戒严司令部移设西大街办公》《新任省府秘书长杜斌丞氏到署视事》。最后又是一篇"评论"：《张杨释放政治犯》。

在整个西安事变期间，《解放日报》每天还在"一片救亡声"的大字标题下，陆续刊登了全国各地、各团体响应张、杨实行兵谏的消息，并且几乎每天都有一篇有关的"评论"。另外，在四版还开辟了"解放先锋"副刊。

12月25日以后的重要消息计有：《抗日联军临时西北军事委员会昨日通电全国正式成立／公推张、杨为正副委员长》《西北剿匪总司令部于十四日正式取消／所有剿共工作完全停止》《人心不死／张杨实行兵谏后／桂蜀黔湘晋等省纷纷来电响应》，等等。

12月26日，即"事变"结束的次日，《解放日报》头版头条的大字标题是《精诚所至金石为开／蒋委员长接受救国主张／张代总司令与宋子文端纳等陪同／蒋氏夫妇于昨日下午四时飞洛阳》。

总之，从该报对西安事变全过程的报道看，不但起到了促进抗日的作用，也有很好的"存史"作用。

第十五节　《解放日报》（延安）

抗日战争进入相持阶段后，随着中共领导的敌后抗日根据地和抗日武装力量的日益发展壮大，中共中央亟需主办一个大型日报，以加强对各地的宣传和工作指导。1941年春，中央政治局决定停办三日刊的中央机关报《新中华报》，将该刊与新华社编发的《今日新闻》合并，在延安出版大型日报《解放日报》，作为中央机关报。5月15日，毛泽东为中央书记处起草了"中央关于出版《解放日报》等问题的通知"，指出："一切党的政策，将经过《解放日报》与新华社向全国宣达，《解放日报》的社论，将由中央同志及重要干部执笔。各地应注意接收延安的广播。重要文章除报纸刊物上转载外，应作为党内学校内机关部队内的讨论与教育材料，并推广收报机，使各地都能接收，以广宣传，是为至要。"

1941年5月16日，《解放日报》正式创刊，这是抗日民主根据地出版的第一个大型日报，铅印，对开两版，4个月后扩大成4版。一版主要是国际新闻、社论；二版为国内新闻；三版为边区新闻；四版上半版是延安市新闻，下半版为副刊。毛泽东题写报名并撰写发刊词，阐明了报纸创刊的宗旨和任务。发刊词中说："中国共产党的使命就是本报的使命，本报的使命就是团结全国人民战胜日本帝国主义。"从1942年8月起，《解放日报》兼中共中央西北局机关报。从1941年5月16日创刊到1947年3月27日终刊，累计出刊2 130期，历时5年10个月。该报第一任社长为博古（秦邦宪），后为廖承志。第一任总编为杨松（吴绍镒），后为陆定一、余光生，副主编舒群。社址在延河之滨清凉山上。

《解放日报》创刊不久，就爆发了苏德战争。该报及时对国际形势做出科学的分析，在世界反法西斯舆论中，最早明确提出建立反法西斯国际统一战线的主张。1941年9月16日起，《解放日报》增加反对主观主义和宗派主义的宣传教育内容。

但是，初期的《解放日报》，存在着脱离实际、脱离群众的倾向。1942年1月24日，毛泽东在中央政治局会议上就《解放日报》的工作问题指出：社论、新闻、广播三者应并重。重视社论与专论，并出题目分配中央同志写文章，报社要组织写文章的工作。报纸的第三版和第四版应贯穿党的政策，题材应切实，文字应通俗。要组织新闻，在新闻中表现党的路线。中央各部委应组织自己的新闻。各部委要写新闻稿、评论稿。

在中共中央的指导下，1942年4月1日，《解放日报》实行改版，确立"全党办报、群众办报"的全新理念。这一天登载了中共中央宣传部《为改造党报的通知》，同时发表了改版社论《致读者》。社论检查了创刊十个月来在党性、群众性、战斗性和组织性这些党报所必需的品质方面存在的问题，表示今后要"使解放日报能够成为真正战斗的党的机关报"。为贯彻全党办报的方针，1942年9月9日，中共中央西北局做出《关于〈解放日报〉工作问题的决定》，加强了西北局对《解放日报》

的利用，并强调"各级党委要把帮助与利用《解放日报》的工作当作自己经常的重要业务之一。"《解放日报》配合这个决定的贯彻执行，发表了《党与党报》的重要社论，明确指出："在党报工作的同志，只是整个党的组织的一部分。一切要依照党的意志办事，一言一动，一字一句，都要顾到党的影响。""党必须动员全党来参加报纸的工作"。1943年3月，中共中央西北局又发出了《关于〈解放日报〉几个问题的通知》，进一步规定各级党委负责人给《解放日报》写稿及加强对《解放日报》通讯处的指导和整顿教育通讯员的具体办法。在各级党委重视下，《解放日报》的通讯员组织有了很大发展，特别是广泛开展工农通讯员运动。据1944年11月统计，边区通讯员近2 000人，其中工农通讯员达1 100多人，使全党办报有了广泛的群众基础。

《解放日报》改版后，内容由刊载国际新闻为主，改为以报道抗日民主根据地新闻为主。整风运动成了当时的宣传中心之一。

第一，宣传整风运动，加强思想改造。

改版之前，《解放日报》就已经刊登过一些文章。如1942年2月2日《解放日报》刊登了《整顿学风党风文风》一文。1942年2月23日发表社论《展开宣传工作上的新阵容》，目的在于遵照整风精神改进报社自身工作。在不断调整中，《解放日报》肩负起"宣传员""鼓动者""组织者"的角色。在高层整风期间，《解放日报》表现出集中宣传调查研究的重要性，强调理论学习的基础作用。在1942年中，以整风为主题发表的社论就达37篇，论文86篇，学习类文章34篇，新闻通讯300余篇。其中，《解放日报》曾完整刊登了整风学习中规定的22个文件。《解放日报》为整风宣传、统一党内思想做出了实质性的贡献。

第二，指导大生产运动，反映边区生活。

《解放日报》改版后的另一个重大变化，就是大张旗鼓地宣传劳动模范，组织劳动竞赛，推动大生产运动迅速展开。最初见报的是劳动英雄吴满有。1942年4月30日在报纸一版头条大字标题"模范农村劳动英雄吴满有连年开荒收粮特多，影响群众积极春耕"与大众见面。同版发表社论《边区农民向吴满有看齐》，二版发表长篇通讯《模范英雄吴满有是怎样发现的》。接下来有马不恩和他的女儿马杏儿（边区妇女中第一个劳动英雄）、退伍军人杨朝臣、模范共产党员申长林、工业劳动英雄赵占魁（陕甘宁边区工业战线曾开展"赵占魁运动"）、模范医生阮雪华和白浪、模范小学教师陶端予等。从1944年1月1日开始，报纸还专门开辟了"边区生产运动"专栏，几乎每日介绍一位劳模和他们的事迹，前后持续两月之久。在报纸的大力倡导下，《解放日报》在克服经济困难、指导群众生产生活方面发挥了自己独特的作用。

第三，抨击国民党，反对进攻根据地。

改版之前，《解放日报》对国民党的态度比较节制，"总是写'蒋委员长'怎么怎么讲的，共产党怎么怎么讲的"。改版后，要求报纸必须强调政治立场鲜明，言论宗旨明确，恪守"政治第一，技术第二"原则，做到"敢怒敢言"。这个变化最明显地体现于报纸针对第三次反共高潮的应对上。1943年，蒋介石发表《中国之命运》一书。全书站在当时国民党的立场阐释中国历史，分析日本侵略中国的野心，我国全面抗战的意义，强调国民党在抗战建国中的中坚作用和加强其领导地位的重要性。所论时有偏见。《解放日报》依照中央部署，从7月9日到10月5日，连续发表社论、时评和文章达四十二篇，对国民党第三次"反共"给予了坚决回击。同时，报纸还大量刊登了来自各民主党派、各界知名人士和群众呼吁停止内战以及声援共产党的新闻和文章。《解放日报》在此充分揭露了国民党发动内战的阴谋，打了一场漂亮的宣传战，充分发挥了党报的战斗作用。这些文章主要有：陈伯达的《评中国之命运》、范文澜的《谁革命？革谁的命？》、吕振羽的《国共两党和中国之命运——驳蒋著〈中国之命运〉》、齐燕铭的《驳蒋介石的文化观》、何思敬的《驳蒋介石的法律观》、艾思奇的《〈中国之命运〉——极端唯心论的愚民哲学》、默涵的《永不兑现的支票》、姚仲明的《事实胜于雄辩》等。

第四，施行精兵简政，建设民主政权。

《解放日报》在改版后，将宣传重点转向党的路线方针和根据地建设，精兵简政自然也成为其宣传的重点之一。从报道到理论总结，从政策文件到言论、杂文，《解放日报》对它的宣传可以说是不遗余力的。比较有代表性的如《贯彻精兵简政》（1942年4月9日）、《谈精兵简政》（1942年4月16日）、《再谈精兵简政》（1942年6月25日）、《第二次"精兵简政"与增加县政府权限》（1942年7月9日）、《彻底实行精兵简政》（1942年8月3日）、《精兵简政——当前工作的中心环节》（1942年8月23日）、《边区两次简政的经过》（1942年9月20日）、《陕甘宁边区政府简政总结——在边区政府委员会第四次会议上的报告》（1944年2月8日）等等。这些文章本着理论与实践相结合的原则，从1941年开始，到1942年形成高潮，1943年稳步发展，发挥了强大的鼓动和组织作用。它有力促进了各根据地精兵简政的实施，为战胜经济困难，争取抗日战争的胜利奠定了基础。

1947年3月27日，《解放日报》停刊。报社编入党中央队伍序列，跟随毛泽东转战陕北。从此，新华社担负起党中央的通讯社、机关报、广播电台这三重任务。在党中央和毛泽东的关心指导下，延安《解放日报》在战争环境和物质条件十分困难的情况下，坚持出版，不断改进，及时传播党的声音，对革命做出重要贡献，不仅宣传了党的政策，鼓舞了军民斗志，也为各解放区乃至新中国培养了一支特别能战斗的新闻队伍。1949年4月24日，中央决定把《解放日报》的报名交给上海，作为中共中央华东局机关报和中共上海市委机关报。上海《解放日报》于1949年5月28日创刊，现为中共上海市委机关报。

第十六节　《解放》周刊

西安事变和平解决后，为适应国共合作和建立抗日民族统一战线需要，同时也为了加强马列主义理论的宣传普及工作，中央决定创办一份可以公开发行全国的党报，用以指导全党开展抗战工作。1937 年 1 月，中共中央从保安迁到延安后，决定由洛甫（张闻天）、博古（秦邦宪）、周恩来、凯丰（何克全）等组成中央党报委员会，开始筹办《解放》周刊。廖承志和徐冰先后担任秘书长，主持日常工作。总负责人张闻天，编辑主任吴亮平。廖承志、徐冰、李初黎、吴冷西先后担任编辑。

1937 年 4 月 24 日，中共中央机关刊物《解放》周刊在延安蓝家坪创刊。16 开，铅印，初为周刊，后改为半月刊。《解放》周刊的栏目有"时评""论著""翻译""文艺"和"来件专载"等，主要宣传中国共产党关于抗日战争的方针政策，报道和评论抗日民主根据地的抗战与建设工作，介绍马列主义的理论著作。毛泽东、张闻天、朱德、周恩来、博古等都在该刊上发表文章。《解放》周刊高举马列主义的旗帜，站在民族解放斗争的前列。阐述国共合作、抗日民族统一战线、中国人民解放事业的正确道路与方法，提出新民主主义的前景，鼓舞全党全国人民的革命意志。它把争取民主作为自己的宣传中心，为实现全面抗战做出了重要贡献。

《解放》周刊从第 1 期到 16 期的封面，都是廖承志领导设计的（创刊号的封面，是朱光设计的），共有 8 种版样，木刻套色印刷，非常精美。从第 17 期开始，改用毛泽东题写的刊名，仍为木刻版。1937 年 9 月 13日第 16 期起，改封面为报头，单色印刷（个别套红印刷）直到终刊。因此，人们习惯把《解放》周刊叫"解放报"。

创办《解放》周刊的目的就是要建立一块能够完全代表中共中央正式立场的舆论主阵地，及时、准确、有效地把共产党的抗日主张、政策和对时局的意见表达出来并传播出去。《解放》周刊的宣传中心是争取千百万群众进入抗日民族统一战线，为建立抗日民族统一战线而奋斗。为此，它在第 1 卷第 2、4 期上刊发了毛泽东的《中国抗日民族统一战线在目前阶段的任务》和《为争取千百万群众进入抗日民族统一战线而斗争》等文章，全面分析了当前形势，提出了中国共产党在抗日民族统一战线中的任务。

1937年7月8日，七七事变爆发的第二天，《解放》第10期即将出版，拼版后在封二加页全文刊登了《中国共产党为日军进攻卢沟桥通电》，呼吁"只有全民族实行抗战，才是我们的出路"。还发表了《七月八日红军将领为日寇进攻华北致蒋委员长电》《七月八日红军将领为日寇进攻华北致宋哲元等电》，最早发出平津危急、华北危急、中华民族危急的呐喊，呼吁立刻放弃任何与日寇和平苟安的希望与估计，筑成民族统一战线的坚固长城来坚决抵抗日寇的侵略。此后，《解放》连续报道和评论七七事变后中国战局的进展，发表支持国民党二十九军抗日和敦促国民党当局下决心抗战的文章。1937年8月，中共中央在洛川召开政治局扩大会议，讨论制定全民族抗战的方针，确定党的任务及各项政策。会议通过了三个文件：《中共中央关于目前形势与党的任务的决定》《为动员一切力量争取抗战胜利而斗争》《中国共产党抗日救国十大纲领》。《解放》第15期全文刊登了这三个文件，动员全国一切力量争取抗战胜利。

抗日战争进入相持阶段后，八路军、新四军在华北的广大地区和大江南北展开游击战争，不断壮大队伍，开辟新的根据地，也积累了许多战斗经验。对此，《解放》刊发了邓小平的《艰苦奋斗中的冀南》、贺龙的《一二○师抗战两年来的总结》、左权的《论坚持华北抗战》、陆定一的《晋察冀边区粉碎敌人进攻中的几个重要经验》、张鼎丞的《新四军在抗战烽火中成长着》、关向应的《论坚持冀中平原游击战争》等文章。这些文章从不同侧面反映了八路军、新四军以及抗日游击队的发展壮大，记载了抗日战争中我军的战略战术的创新和成功实践，极大地提高了广大群众对抗战胜利的信心。此外，《解放》还刊登了各抗日根据地领导人介绍根据地情况和总结各方面工作经验的文章，使广大爱国民众对抗日根据地的各项建设有了较充分的了解，促进了根据地各项事业的发展。

《解放》是在党中央和毛泽东等中央领导的亲自指导和支持下创办

的。对于每个时期的宣传要点，毛泽东都亲自过问，重要的社论、评论和文章都亲自审阅。从第 17 期起，毛泽东为《解放》题写了刊名。为纪念抗日战争一周年，毛泽东为《解放》写了封面题词："坚持抗战，坚持统一战线，坚持持久战，最后胜利必然是中国的。"毛泽东发表在《解放》上的署名文章就有二十九篇，著名的《抗日游击战争的战略问题》《论持久战》《论新阶段》《新民主主义论》等重要文献，揭示了抗日战争发展的过程和规律，指出了夺取抗战胜利的主要力量，揭示了无产阶级领导的新民主主义革命的基本规律，为全党和全国人民指明了前进的方向，极大地推动了中国革命的胜利发展。六届六中全会后，中央规定《解放》周刊上重要的社论、评论和文章都要经过毛泽东亲自审阅。中央其他主要领导人朱德、刘少奇、王稼祥、任弼时、周恩来、博古、王明、凯丰等也十分关心《解放》周刊的出版发行工作，张闻天的《论青年修养》，刘少奇的《论共产党员的修养》，陈云的《怎样做一个共产党员》，都在《解放》首次发表。他们不但撰写论文发表，而且利用一切机会积极宣传《解放》周刊，创造一切条件帮助周刊在全国各地进行翻印和出版发行。

《解放》还组织翻译和刊登了许多马列原著的有关内容，介绍理论学习的方法，成为宣传和普及马列主义的重要阵地，为提高全党的理论水平做出了可贵的努力。据统计，《解放》周刊自 1937 年 4 月 24 日创刊至 1941 年 8 月 31 日停刊为止，共译介有关马克思主义的文章一百七十余篇，为马克思主义中国化提供了重要的理论根据。《解放》周刊对马克思主义著作的译介和传播其内容十分丰富，大致可以分为三种类型。

第一，对马克思主义原著的翻译和研究。主要译介马克思主义经典作家的生平、著作及研究论著，此类文章共五十八篇，如：《马克思恩格斯关于唯物史观的书信》《马列主义论战争及其起源》《纪念恩格斯》《列宁关于辩证法的笔记》《马克思学说的历史命运》《社会主义与战争》《斯大林论列宁》等等，对这些原著文本的译介为中国共产党准确把握马克思主义、推进马克思主义中国化提供了理论前提。

第二，转载共产国际和苏共中央的政治报告、决议以及苏联理论家对马克思主义和社会主义的介绍和评述等，内容涵盖马克思主义哲学、政治经济学、科学社会主义、党的建设等。此类文章共七十九篇，如：《在准备和实行十月社会主义革命的布尔塞维克党》《关于〈联共（布）党史简明教程〉出版后党的宣传的决议》《什么是乌托邦社会主义》《社会的存在与社会的意识》《什么是社会主义》《马克思列宁主义——统一的、整个的学说》《发展是对立的统一和斗争》等，这些文章为全体党员提高马克思主义理论水平、建设马克思主义政党都有十分宝贵的借鉴意义。

第三，关于其他国家的革命运动和民族解放运动发展状况的材料和文章。《解放》周刊在介绍苏联社会主义建设的同时，也关注其他国家内部革命运动的发展状况，此类文章共三十三篇，其中对西班牙关注的比重最大，多次刊登研究专号进行介绍，为争取抗战胜利提供了可资借鉴的经验。

《解放》周刊是长征落脚陕北后，全面抗战爆发前，中共中央创办的唯一刊物，也是当时中国共产党中央委员会唯一的机关报。《解放》周刊始终秉持民主、团结、抗日主题，发挥了党和人民喉舌的作用。这种喉舌作用表现在《解放》周刊能够及时阐明民族解放事业的正确道路与方法，即全面的全民族的抗日民族统一战线。表现在《解放》周刊善于和敢于批评抗日阵营中的妥协投降势力，坚持持久抗战不动摇，及时揭露民族敌人在各个时期中的阴谋诡计，提高全党全国全民族的警觉性。也表现在《解放》周刊宣传和普及了马列主义理论，在毛泽东思想的形成过程中发挥了重大作用。

《解放》周刊是公开发行的刊物。除在延安、陕甘宁边区发行外，还一度在各抗日根据地和太原、北平、天津、上海、南京、武汉、重庆、西安等全国各大城市以及港澳地区进行翻印，每期的销售数量都十分可观。《解放》周刊出版至第 10 期时销售就已经突破一万份，读者也遍布各党各派和各个阶层。1938 年 5 月 17 日，任弼时在给共产国际的口头报告中提到："我党出版的各种刊物，在群众中有很高的地位。党中央出版的《解放》周报，销售到三万余份。"1939 年 5 月 17 日，张闻天说到《解放》周刊的出版，认为这是中宣部最大的工作，传播了中央主张，共办七十余期，发行七十余万份，有几处翻印，比过去大革命时期的《向导》更广。

《解放》周刊是中国共产党宣传抗日的舆论主阵地，也是全国抗日舆论的生力军，更是坚决抗日行动的模范，因而遭受到了日寇汉奸以至投降分子、反共分子、反动分子的仇恨与压迫。在许多地方，《解放》周刊被禁止、被没收，《解放》周刊的读者被压迫、被摧残。在西安，《解放》周刊曾连续两次遭到国民党顽固派的非法查禁，其在西安的分销处也被非法封闭。一次发生在 1937 年 10 月 29 日，另一次发生在同年 12 月 1 日。这些压迫与非法查禁，非但未能阻止《解放》周刊的出版发行，反而激起爱国民众和国内外有识之士对《解放》周刊的更大的支持与拥护。《解放》周刊第 21 期上发表了《抗议对解放周刊的查禁》一文，迫使其释放被捕人员。同时，刊登了《本刊征求五万基本订户》的启事，提出："多订购一份解放报，多增加一份救国的力量！多介绍一份解放报，多充实一分抗战的影响"，使得《解放》周刊的发行数量一度达到五万余份，创下当时国内报刊发行数量的奇迹。

1941 年 8 月 31 日，为了集中力量办好中央机关报《解放日报》，《解放》周刊停办，共出版了一百三十四期。作为抗日战争中中国共产党公开出版的政治理论刊物，《解放》为抗日战争的胜利做出了不可磨灭的贡献。

第十七节　《八路军军政杂志》

1939 年 1 月 2 日，《八路军军政杂志》在延安创刊，由八路军总政治部编印。该刊前身是 1931 年 12 月 11 日在江西瑞金创刊的《红星报》，是中国工农红军军事委员会的机关报。24 开，铅印，月刊，印刷精美，每期都配有套色木刻画页、铜版照片、图画、题词等。至1942年3月停刊，共出刊4卷39期。读者对象为军内营以上领导干部，每期约十一二万字，发行约三千份。

毛泽东在为《八路军军政杂志》创刊号所写的《发刊词》中指出了该杂志出版的目的和意义，他指出："当抗日战争向着新阶段发展的时候，八路军同仁出版这个《军政杂志》，为了提高八路军的抗战力量，同时也为了供给抗战友军与抗战人民关于八路军抗战经验的参考资料。"因此，杂志创刊目的就很明确，也就是发扬八路军的成绩，纠正八路军的缺点，提高八路军的抗战力量，面向全国宣传八路军新四军的抗战功绩，宣传共产党抗战政策等任务。

《八路军军政杂志》由毛泽东、王稼祥、萧劲光、郭化若、萧向荣组成编委会，萧向荣任主编。作者包括了从中共中央和八路军总部首长一直到各级将领，各部门工作的干部与工作人员。毛泽东、周恩来、朱德、彭德怀、邓小平、叶剑英、刘伯承、贺龙、陈毅、聂荣臻、谭震林、谭政、肖克等党政军负责人经常为《八路军军政杂志》撰写文章。仅毛泽东就在《八路军军政杂志》第39期中发表了十余篇文章，该杂志是毛泽东抗日战争时期军事思想最重要的载体。为了更深入地反映现实，反映各地八路军英勇抗战的可歌可泣的事迹，八路军政治部还特地组织了一个前线记者团，分四组前往一一五师、一二〇师、一二九师及晋察冀军区等地，进行火线采访，如实地记录和写下了八路军在1939年到1942年中抗战的功绩。《八路军军政杂志》所刊发文章的内容主要有以下几个方面：第一，研究军事、政治、供给、卫生各部门工作的论文及各部门工作的通讯；第二，战争的通讯，部队生活的通讯，战区民众及后方民众动员之通讯；第三，翻译国外军事政治工作方面的论著及敌军可供参考之文件。文章篇幅一般五千字左右。《八路军军政杂志》所刊发的文章针对性强，及时地反映八路军新四军战斗生活的全貌。

《八路军军政杂志》共设有十个专栏，分别是"抗战言论""战斗总结""实战经验与战术研究""政治工作""对敌研究""近古战争与古代战术研究""战地通讯""译丛",另外每期都有"专载"和"八路军、新四军捷讯汇报",专载主要是刊载评论党政军负责同志的军事论著,"八路军、新四军捷讯汇报"从3卷4期改为"八路军、新四军战报",都放在最后位置,到3卷10期开始改为"一月国内军事动态述评",而且位置提至首页。其中只有"译丛"和"战地通讯"是杂志中的固定栏目,"八路军、新四军捷讯汇报"每期固定一份,共三十九份。

《八路军军政杂志》的公开发行,在军内外、国内外引起了极大的反响。在军内,杂志受到各级指战员的广泛欢迎,在根据地几乎是"每个干部都人手一本"。在军外,抗战友军纷纷来函要求订阅,收不到的急于要求补发。后方的机关、团体、报刊社、学校、图书馆纷纷来信函要求订购、赠送或交换,个人订阅者近千人,还有的书店要求寄纸型代行印售。由于《八路军军政杂志》经常发表中共中央主要负责同志的文章,因此该刊也是国际有关机构观察中国共产党抗战的重要刊物而被收藏,如日内瓦中国国际图书馆、南洋槟榔屿《现代周刊》等。国民党有关机关更是把《八路军军政杂志》作为必订刊物,如国民政府军事委员会战地党政委员会。其他前来订阅的机构还有:中央政治学校、中央通讯社总社、三民主义青年团、浙江省立图书馆、国立北平图书馆等等。

《八路军军政杂志》主要内容涵盖了中国共产党和八路军的宣言、通电,国际的军事、政治工作论著的译文,八路军的军事、政治、供给、卫生工作的研究,战士们的战斗、工作、生活描述,战区群众参战和后方群众动员的通讯,对敌军情况和敌军工作的分析,古今中外军事著作和战例的研究分析,八路军、新四军重大战役的报道,八路军、新四军各部队的战绩月报,部队生产运动的指导等。还有八路军抗战状态、中国共产党的政治工作总结、军事理论的研究以及最普通战士的生活等。

一是积极宣传八路军的游击战经验。在《八路军军政杂志》发表的五百九十篇文章中,有关抗日游击战方面的文章就占了近百篇,关于战斗经验介绍的文章也有七十余篇,这些文章主要安排在"抗战言论""实战经验与战术研究""战斗总结"等栏目中。彭德怀、王稼祥、张宗逊、郭化若、关向应、陶铸、袁国平等八路军新四军的将领及一线指战员们，根据战斗的经验以及结合根据地的具体情况，加之战争局势始向敌后转变，敌后根据地逐渐变成战争的主战场，因此，向全国广大抗战军队介绍游击战争的经验与方法意义重大。王稼祥的《论目前战局与敌后抗战的几个问题》，张宗逊的《根据晋西北经验谈敌后方的游击战争》（1卷4期）、袁国平的《论坚持大江南北的敌后抗战》（1卷5期）、关向应的《论坚持冀中平原游击战争》（1卷11期）、陶铸的《鄂豫边区的游击战争》（3卷2期）等，结合根据地的具体情况，论述了游击战在破坏敌人交通、籍制敌军、配合正面部队作战及组织动员群众中的重要作用。

二是对时局和战局的分析。毛泽东在杂志的创刊号中就指出了抗战已经在向着新的阶段在发展，针对日本侵略者"以华制华"的阴谋，杂志也给予了深刻地揭露。王稼祥指出"日本帝国主义者，企图在夺取武汉广州的战斗中及战斗后，来瓦解中国的抗日阵线，……来破坏中国中部的团结，以求实现其'以华制华'屈服中国的惯伎。"中国共产党在六届六中全会决议中也指出了对于目前局势的分析和对日军进一步的侵略计划进行了估计。就抗战目前的形势提出而且要求我们要更加团结一致，以抗日民族统一战线为大局，保卫西南、西北，阻止敌人对其的进攻，在敌后方，重点发展游击战，建立和巩固抗日根据地，以缩小敌军的占领范围。

三是声讨汪精卫的卖国行径。1940年1月，汪精卫与王克敏、梁弘志举行会谈，商讨组建中央政府问题。杂志即刻在1940年2卷2期、2卷4期相继刊出《延安民众讨汪拥蒋大会通电》《八路军新四军讨汪救国通电》等，揭露日本的诱降阴谋及汪精卫的叛国罪行，号召全国人民奋起讨汪，汪逆"通敌叛国，订立卖国密约，为虎作伥，固国人皆曰可杀"。1939年"七七"两周年来临之际，《杂志》刊出毛泽东撰写的《当前时局的最大危机》（1卷6期）一文，动员一切爱国者，擦亮眼睛，密切注视投降派的活动，用一切努力去反对他们。毛泽东指出，把抗战进行到底，就必须反对任何中途的妥协。"战下去，团结下去，——中国必存。和下去，分裂下去，——中国必亡。何去何从，国人速择。我们共产党人是一定要战下去，团结下去的。"彭德怀在1卷12期撰写《克服目前政局主要危险，坚持华北抗战》，批驳了投降分子提出的中国国力不如人、战必败等企图投降的借口。2卷5期、6期连载的《中国抗战的严重时机和目前任务》《民族危机加深与怎样争取时局好转》等文指出：中华民族的唯一出路，只有将抗战进行到底。将抗战进行到底，就必须杜绝抗日阵营的一切摩擦和冲突，加强各党派之间的团结合作。

四是加强军队思想政治工作。《八路军军政杂志》对于我党的政治工作及干部教育问题十分重视，宣传八路军思想政治工作也是《八路军军政杂志》创办的目的之一，刊登此类的文章近百篇。如介绍战时政治工作概况，相继刊出的文章有：《一一五师的政治教育工作》（1卷1期）、《晋察冀军区部队最近政治工作概况》（1卷7期）、《一二○师抗战三年来的政治工作》（2卷9期）、《八路军的政治工作》（2卷10期）、《晋察冀军区抗战三年来政治工作概况））（2卷11期）等。舒同等人撰文指出，八路军政治工作"必须抓牢中心，切合实际；工作方式，必须灵活机动，适应情况，组织形式，必须短小精干，轻便自如"（《论目前敌后抗日游击战争中的战时政治工作的基本特点》3卷2期）。一些文章介绍战时政治工作的基本经验、基本方法。《一个团在燕宿崖歼灭战的政治工作》（2卷8期）、《百团大战中军区部队政治工作的经验》（3卷1期）、《百团大战第一阶段正太西段战时政治工作总结》（3卷2期）等文总结指出，战前动员的充分深入、战时政治工作的灵活机动、干部的以身作则、党支部的核心作用等是取得战斗胜利的基本经验。《游击队在敌占区活动时的政治工作》（2卷12期）、《对守备部队政治工作的几个意见》（3卷5期）、《夜间战斗的政治工作》（3卷5期）等文介绍了特殊环境下开展政治工作的方法。

五是研究敌伪军政情况，探讨对敌工作的策略。该刊所有文章中对日本帝国主义专题研究的文章就有三十余篇，主要是针对日寇侵华的实质，日本军队的状况，日本发动战争后国内的政治、经济、民众状况，日军的战略战术等进行全面针对性研究。为八路军、新四军以及友军提供对敌之更深入的了解。《八路军军政杂志》还明确阐述了中共对敌工作的目的，在于削弱和摧毁日本法西斯军队战斗力，涣散他的组织，消耗他的顽强性，用以配合我军军事上的抗击，取得战争的最后胜利。

《八路军军政杂志》作为抗战时期中共中央重要刊物之一，在内容宣传上十分集中，集高度的政治军事于一体，反映了该杂志的重要特点。综观该杂志，其言论观点始终是以抗日战争的军队建设为主线，重视八路军的建设和抗战功绩宣传的重要性，以事实来回击国民党。

第十八节　《共产党人》

抗日战争时期，中国共产党的组织得到了空前发展壮大，成为全国性大党。面对复杂的民族矛盾和阶级矛盾，党的组织面临严峻考验，党的建设成为亟待解决的问题。在此情形下，如何建设一个经得起战争环境考验的党，是摆在中共中央面前的头等重要问题。为此，1938 年 8 月 25 日，中央制定了《中央政治局关于巩固党的决定》，为巩固党组织做出了一系列部署。为了完成这一党建任务，中央决定创办党内理论刊物《共产党人》。

1939 年 10 月 20 日，《共产党人》在延安创刊。张闻天任主编，李维汉是编辑主任，陶希晋、马洪为编辑。邓发、李富春、王首道、冯文彬、孟庆树、方强、陈正人为编委。32 开，铅印，开始不定期，以后每月月底出版。每期刊用十余篇文章，字数不等，最多一期达八万余字。1941 年 8 月停刊，共出十九期。

毛泽东为《共产党人》题写刊名并写了发刊词，指出这个刊物的主要任务是"帮助建设一个全国范围的、广大群众性的、思想上政治上组织上完全巩固的布尔什维克化的中国共产党。"因此，从创办之日起，《共产党人》就成为专门刊登党建理论及其实践成果的重要平台，其中对党的组织建设的学习、宣传和研究尤为突出。

《共产党人》主要内容包括几个方面：

一是关于党的思想理论建设。毛泽东在《发刊词》中，结合建党以来的历史，总结了十八年来党的斗争经验，提出了统一战线、武装斗争和党的建设是中国革命的三个基本问题，也是中国共产党战胜敌人的三大法宝，为当时如何巩固党组织提供了理论依据。在第4和第5期上，又连续刊载了《中国革命与中国共产党》，对中国社会的性质，中国革命的对象、任务、动力、性质和前途，以及中国共产党所肩负的使命，都做了详尽的研究和论述。在第18期，又发表了为《农村调查》所撰写的序《没有调查者没有发言权》一文，强调了"眼睛向下"的调研，是中国共产党人了解中国国情的必要途径。这些研究成果对帮助党员干部了解党情和国情，树立正确的世界观，掌握正确的认识和改造世界的方法，都具有重要指导意义。

张闻天也发表文章对党的思想理论建设做出了开创性研究。他在第4期刊发文章《党的工作中的一个基本问题——了解具体情况》，提出了贯彻中央政治路线必须了解各地具体情况的论点。他指出："中央的政治路线，是全党共同的政治路线，它只能给各地党部以一般的行动方向。""各地党部应根据中央的政治路线来具体分析各地当前的具体情况，……这就是中央的政治路线在各地的具体化"。这一论述，对于各地党员干部根据当地情况，更加切合实际地贯彻中央政治路线的精神实质，具有思想上的指导意义。在第9期《关于党的两种工作方式》一文中，他进一步指出，党应根据当时当地的条件，根据形势的发展和革命的需要，发展党的工作方式，各地党组织要适时地实现从前者向后者的转变，并分析了一些地区没能做到这种转变的四条原因。

另外，叶剑英的《加紧学习马克思主义的政治与军事》、张如心的

《论布尔塞维克的教育家》、马洪的《怎样在理论学习中考察党性》等，都强调从思想理论上建党，从宏观的哲学高度，对于帮助党员干部树立正确的世界观、人生观和价值观具有重要意义，同时也给实际工作者以方法论和认识论上的启示。

二是关于党群关系和党的作风建设。这方面有陈云的《巩固党与战区的群众工作》、洛甫（张闻天）的《略谈党与非党员群众的关系》、李富春的《八路军作战区的群众工作》等。时任中央组织部部长的陈云提出了"要采取组织上的办法使党与群众团体接近群众""改善群众生活才能开展群众运动""解决群众的切身问题"等观点，对当时干部正确开展群众工作，密切党群关系，具有重要影响。作为理论家的张闻天，在《更多的关心群众的切身问题》一文中，提出了发扬民主主义的作风清除违反群众利益现象的观点。他指出，在干部使用上，党必须不断推举那些真为群众所信任、所爱戴，在群众中有威信的新的领袖，来代替那些贪污腐化分子与老官僚主义者，为群众办事、为群众工作。另外，做群众工作的干部，还必须有一种善于满足群众要求的意识。因为只有这样，党才能紧紧地同群众靠在一起，向革命最后胜利的目标前进。

三是关于基层党组织建设。党的基层组织即支部，是党直接联系群众的组织。陈云指出，党的支部是党的堡垒，"支部不但要在组织形式上具有核心的堡垒的姿势，而且要在实质上真正起核心的堡垒的作用。"《共产党人》关于支部工作共发表十六篇文章，其研究可以分为两类：一是专题研究，二是支部工作通讯。前者侧重从理论上对支部工作进行研究，后者侧重从实践中总结经验。内容涉及支部的精干和隐蔽政策、建设农村抗日基层政权、领导工青妇进步团体、组织民兵开展对敌斗争、拥军支前、清除内奸、组织生产、教育文化等方面。专题性研究的文章有关锋的《关于大后方农村支部工作的一些意见》、魏辰旭的《加强与改进各个抗日根据地中党的支部教育工作》、王刚的《关于华北党支部组织工作中的几个问题》等。支部工作通讯有《延川县禹居区三乡支部的特点、党员和干部》《怎样做边区的支部工作》《十六个月没有发生逃亡的模范支部》《我们怎样开展了支部工作》《简述大后方一个农村支部的教育工作》等。当时基层党建主要是从实际问题出发研究，介绍经验，树立模范典型，对实际建设中存在的问题和错误做法进行纠偏，可操作性很强。

四是关于党的干部队伍建设。《共产党人》共刊登关于干部教育的决定和指示五篇，理论性文章十篇。这些文章总结了干部教育的内容，既要进行马列主义的理论教育，又要结合实际进行策略教育，还要结合干部工作进行职业教育。《共产党人》第 5 期刊登了《中央关于干部学习的指示》，规定"全党干部都应当学习和研究马列主义的理论及其在中国的具体运用"，肯定了干部教育的教学程序及其课程。培养、选拔和使用干部，首先要了解干部的特点。《共产党人》提出抗战时期八路军干部的特点主要有：一是"干部来源的更加广泛，与工农干部和知识分子结合的特点"；二是"干部数量的大大增加与质量更加提高的特点"；三是"干部质与量的发展，赶不上客观需要的特点"。这些特点决定干部的培养"要自力更生""要大量的培养""要有长期打算""要有全盘计划""要深造干部"。干部的提拔，要考虑干部的政治条件与工作能力，特别"注意考查干部与党员的品质"，选拔德才兼备的干部。同时还要注意对新老干部、革命知识干部、地方干部等的使用。例如李富春的《关于新老干部的问题》、王鹤寿的《目前干部政策中几个问题》、章夷白的《谈谈丙类干部的教授法》、孟庆树的《关于妇女干部的职业教育问题》、洛甫（张闻天）的《提高干部学习的质量》)、陆定一的《军队中在职干部教育的经验》、方强的《八路军干部问题在抗日战争中的特点》《关于八路军的干部问题——使用与提拔问题》《略谈八路军培养干部的问题》等，涉及新老干部关系、干部的学习与教育、干部的审查与考核等干部工作的许多方面。

五是关于民主集中制的问题。民主集中制是无产阶级政党的根本组织原则，是指导党内生活的基本准则。《共产党人》对民主集中制的研究主要包括三个方面。第一，党的组织结构。包括"党的基本组织——

支部""党的地方委员会""党的头脑——中央""党的最高机关——全国大会"和"党团",所有这些组织,依据民主集中制的原则构成党的有机不可分割的系统。第二,民主集中制包含民主和集中两个方面。集中具体表现为"四个服从":少数必须服从多数、党员服从党的组织、下级必须服从上级、全党组织服从中央。党内民主表现在"党员享有党内民主的权利""党的各级领导机关是由党员大会,代表会议及全国大会选举的""党的决议和决定必须是集体讨论,多数通过的结果""地方党部对于地方性质的问题有自主权与广大限度的自动性""党内有自下而上的监督权""党的一切领导机关实行集体领导原则"。第三,民主与集中是辩证统一的,反对将两者割裂开来的两种倾向,即过分集中的和官僚主义的倾向,以及绝对民主主义的和无政府主义的倾向。

罗迈(李维汉)《论党的组织结构与民主集中制》,专门阐述了党纲和党章在党自身建设中的辩证关系。他认为:"党纲保证党在政治上和思想上的一致,党章则保证党在组织上行动上的一致""党章是党的物质基础""承认党纲而不服从党章的人,实际只能算是党的同情分子,还不够做一个共产党员"。同时,在第14期,还发表了陶希晋的《提高我们对于党章应有的认识——党建研究笔记之一》。文章从"党章是什么""党章的意义和作用"等四个方面,对党章的内容、作用以及党章与党员修养的关系等方面,做了详细论述。

对于党建研究的理论与方法,在《创刊号》上,杨超撰写的《研究党的建设的认识和方法》一文,提出了"党建是一门科学""党建是以实践为红线而贯穿着诸理论研究的学说"等一系列有价值的观点。文中尤其强调了党员干部学习和把握党建运动规律、加强党建研究的重要性。

六是关于党的秘密工作与反奸斗争。抗战进入相持阶段,敌人一方面对边区加紧封锁,一方面采取诱奸政策。为了巩固党组织,党的秘密工作和反奸运动特别重要。《共产党人》共刊登十三篇关于党的秘密工作与反奸斗争的文章。这些文章有的出自党的高层领导,如刘少奇的《论公开工作和秘密工作》，也有的出自基层最普通的工作者，如《关于大后方的秘密工作问题》。有的是理论性的研究，如李维汉的《怎样执行党组织上的精干政策和隐蔽政策》，有的是具体工作的经验总结，如阿黄的通讯稿《反共特务人员破坏我党的一个具体教训》。

第十九节　《新中华报》

《新中华报》的前身是中央苏区四大报刊之一的《红色中华》。1931年12月11日，《红色中华》在瑞金创刊，成为中国共产党在中央苏区时期创办的第一份中华苏维埃共和国临时中央政府机关报。1934年10月3日，由于红军长征北上而被迫停刊，后于1936年1月16日，在陕北瓦窑堡复刊，并在1937年1月29日正式改名为《新中华报》。1941年5月15日，《新中华报》与《今日新闻》合并改出《解放日报》。《新中华报》共出刊二百三十期。《新中华报》受众主要是知识水平低下的农民、工人，其文章以独特的视角，将马克思主义基本观点和立场融入老百姓关心的时事新闻中，号召全民抗战，从而宣传抗日民族统一战线。

一、《新中华报》的创办

西安事变以后，国共两党从民族利益出发，实现了国共合作，并一致通过了抗日民族统一战线的方针。为了适应这一形势的新变化，1937年1月29日，《红色中华》停刊，改名为《新中华报》，一般为4开4版，油印，期号续前，先后负责人有向仲华、李初黎、曹若茗等。

《新中华报》的主要宗旨和任务改为宣传党的抗日战争思想和策略，争取一切可以团结的力量，促进和巩固抗日民族统一战线，最终取得抗日战争的伟大胜利。创刊之初，《新中华报》仍作为中华苏维埃中央机关报，为抗日战争争取新的力量。为了适应抗日民族统一战线的需要，1937年9月9日，《新中华报》在发刊第390期之际，正式改名为陕甘宁边区政府机关报,由 3 日刊改为 5 日刊,铅印,继续承担宣传、动员的责任,直到 1938 年 12 月 25 日《新中华报》在第 474 期后停刊,我们把 1937 年 1 月 29 日至 1938 年 12 月 25 日这一时期的《新中华报》称为新报旧版。

《新中华报》是应抗战要求而生的。毛泽东为《新中华报》题词:"把《新中华报》造成抗战的一支生力军。"1940 年发表文章《强调团结与进步》,并题词:"强调团结与进步。"文章开篇就赞许《新中华报》:"这个小型报,依我看,是全国报纸中最好的一个。"王稼祥也为《新中华报》题词:"《新中华报》是争取抗战最后胜利的有力武器。"同期,陈云发表题词:"《新中华报》为全中国人民彻底解放而奋斗。"

《新中华报》贯彻了密切联系群众的方针,发动广大读者参加报纸工作。《红色中华》复刊之初,就着手在县区和红军各级政治部中发展通讯员。报纸开辟《写给通讯员》专栏,加强对通讯员的培养,每天能收到通讯员来稿三十篇左右。并从通讯员中培养新闻干部。《新中华报》在地方上建立了读报会,在军队中建立了读报班,宣传方式生动活泼,文章通俗简短,社论一般只有几百字,使报纸宣传深入到了群众中。

《红色中华》主要栏目有:社论、专论、短评、三日新闻、三日战况、国内要闻、边区新闻、各县短讯、通讯、专访、人物介绍、生产运动、读者信箱等。

另外,《新中华报》还出版了各种特刊。例如,"教育"特刊、"青年呼声"特刊、"运动大会"特刊等。报纸的发行由新华书店负责,面向延安各机关和陕甘宁边区发行,还向全国各抗日民主根据地发行。

1938 年 10 月,武汉、广州相继失守,日本侵略者对国民党当局加紧了诱和、逼和,中国抗战阵营中出现严重的投降危机。中共六届六中全会指出,全中华民族当前的首要任务是:"高度的发扬民族自尊心与自信心,坚持抗战到底,克服悲观情绪,反对妥协投降。"六中全会上揭露和批判了王明在统一战线中的投降主义,即对国民党反人民政策的让步,不敢放手发动群众,不敢在敌占区扩大解放区和人民军队。中央号召全党认清统一战线中的独立自主方针，肩负起领导抗日战争的重大历史责任。为了实现以上任务，毛泽东指出："必须动员报纸、刊物、学校、宣传团体、文化艺术团体、军队政治机关……作广大之宣传鼓动。"在这种背景下，《新中华报》于1939年2月7日再次改版，由陕甘宁边区政府机关报改组为中共中央机关报。报纸从474期后，采用新的编号，并由5日刊改为3日刊。同年，中共中央还发出指示："从中央局起一直到省委、区党委，以至比较带有独立性的地委、中心县委止，均应出版地方报纸。党委与宣传部均应以编辑、出版、发行地方报纸为自己的中心任务。"

《新中华报》的改组，具有重大意义。这改变了当时延安没有中共中央机关报的状况，加强了对国民党消极抗日、积极反共政策的斗争，着力宣传中国共产党的抗日民族统一战线的方针和全面抗战路线，介绍八路军、新四军及其所领导的抗日游击队和全国人民抗战业绩、抗战经验以及陕甘宁边区和各抗日民主根据地的政治、经济、军事、文化、教育等的建设情况。

1937年9月9日报纸发表"边区人民紧急动员起来"的社论，指出实行"抗日救国十大纲领"是挽救民族危机、争取抗日胜利的唯一办法；要以"把边区建成抗战的模范区"为旗帜动员群众。这也成为报纸的指导思想。依此，只有两版的《新中华报》焕然一新，首先，手工油印变成铅印，版面规整、清晰。其次，为体现"统一战线"、增强民族意识、反映全民抗战，扩大了报道面；在头版上方采用国统区的电讯稿，发布全国抗战消息和国际动态；下方是体现党和政府方针政策、着力推动当前中心工作的"社论"，几乎每期一篇。二版是在党和政府领导下的边区活动，既有边区政府颁布的政策政令，也有反映边区积极抗日、缴纳公粮、消灭土匪的消息。

二、《新中华报》的宣传内容

（一）坚持抗战，反对妥协投降

宣传抗战，首在广泛地、如实地反映战场状况。《新中华报》第1

期的社论写道：改版后与过去的主要不同点，"将表现在对全国军民英勇抗战业绩更广泛的表扬，将表现在对八路军新四军及其所领导的抗日游击队的抗战经验更有系统的介绍……"抗战新闻，一直在《新中华报》上占据显要地位。改版后的第1版，上半部刊载社论、代论或中央文件，下半部则是《三日战况》专版。在第3版或加张上，还有许多战事评论、其他一些重要文章，都是抗日战争这个主题。

《新中华报》尤其注重报道共产党在敌人后方开展游击战争的战况，以此宣传共产党军队的抗日事迹，赢得广大群众对共产党的拥护，并号召人民群众广泛参与。《新中华报》开辟"战局一览"或者"战争形势"专栏，报道战争情况并以马克思主义的观点分析战争局势，指出抗日战争的胜利是与群众分不开的。武汉、广州失陷以后，正面战场基本上处于停顿状态中，主要抗日斗争在于敌后。1939年5月7日报载的八路军河间大捷，这次战斗从4月23日激战到25日，敌人一个联队伤亡殆尽。5月7日开始的五台山大捷，经过七天七夜激战，八路军毙伤敌人千余名。《新中华报》为此发表社论说：华北的胜利，又一次昭示了八路军是在如何英勇地与敌寇搏斗着。对那些说八路军"不游不击"和"游而不击"的造谣诬蔑者，更是一次有力的回击。

《新中华报》认真贯彻了中共中央"坚持抗战，反对投降；坚持团结，反对分裂；坚持进步，反对倒退"的方针，在一系列报道和评论中指出，内部分裂、妥协投降是当时的主要危机，这个危机的中心问题就是反共，并号召全国人民团结起来为克服这个危机而奋斗。1939年7月7日，该报发表了毛泽东《当前时局的最大危机》一文，指出："反对投降与分裂——这就是全国一切爱国党派，一切爱国同胞的当前紧急任务。"1941年1月皖南事变后，《新中华报》展开了有力的宣传：1月16日发表了朱德、彭德怀、叶挺、项英抗议包围皖南的通电；1月19日发表了《抗议无法无天之罪行》的社论；1月23日发表了中共中央发言人对皖南事变的谈话；1月26日发表了中共中央军事委员会的命令和谈话，彻底揭露皖南事变是国民党反共投降的全部计划的开端。

对于正面战场,《新中华报》也发表了许多评论,分析战局变化,号召坚持斗争。《湘北战役的伟大胜利》（1939 年 10 月 13 日），就是一篇表彰长沙友军击退进犯日军的社论。文章指出：这次胜利是在"我高级将领指挥有方将士用命的英勇迎击"下取得的。它"清楚地告诉了我们：在坚持抗战、坚持团结、坚持进步的条件下，我们不仅能获取战役上的极大胜利，而且能够奠定准备战略反攻争取最后胜利的坚固基础。""这一胜利，对于那些对抗战失却前途及妥协投降分子又是一个当头棒喝。"其他重要社论还有：《敌进攻海南岛与我们的认识》（1939 年 2 月 16 日）、《鼓浪屿事件的教训》（5 月 23 日）、《目前西北的形势》（6 月 27 日）、《目前晋东南战局》（8 月 15 日）、《目前抗战形势》（12 月 13 日），等等。

在大力宣传抗战的同时，《新中华报》也十分重视对妥协投降活动的揭露和批判。1939 年 6 月，毛泽东同志在延安的一次高级干部会议上指出，国民党投降的可能已成为最大危险，而反共则是准备投降的步骤。这个报告以后整理成题为《反对投降活动》的文章。文章说："半年以来，由于日本诱降政策的加紧执行，国际投降主义者的积极活动，主要地还是在中国抗日阵线中一部分人的更加动摇，所谓和战问题竟闹得甚嚣尘上，投降的可能就成了当前政治形势中的主要危险。"《新中华报》以此为指针，从三个方面加强了评论：

首先，揭露敌人的诱降、逼降阴谋。社论《穷凶极恶的汪精卫卖国阴谋》（1939 年 4 月 10 日），揭露敌人诱降活动，指出："敌人目前千方百计企图引诱中国妥协投降，企图利用我们的弱点，进行离间我们民族的精诚团结——特别是进行离间国共的合作，以求达到覆灭我们中国的目的"。社论《敌机狂炸重庆》（1939 年 5 月 16 日），则揭露敌人逼降的一手，即"以威胁手段，造成动摇分子的活动条件，俾迅速完成其侵华目的"。

其次，《新中华报》还针对英国反动资产阶级的活动发表两篇社论：《英日谈判》（1939 年 7 月 25 日）和《一致反对张伯伦对日妥协》（8

月11日）。社论指出：英国完全承认日军侵占中国的"实际局势"，是"放任侵略纵容战争的又一罪恶"。英日谈判是日寇想迫使英国屈服，经过英国迫使中国妥协投降。

再次，揭露和抨击抗日阵营中的投降派。1939年6月16日，《新中华报》发表社论《起来，克服时局重大的危机》，指出，"抗战阵营中还掩藏着汪派"，他们一方面暗中压迫反汪（即反卖国反投降）运动，在另一方面，则极力扩大反共运动，作为准备投降的步骤。9月28日，国民政府外交部长王宠惠在谈话中竟宣称中日战争有光荣和平之可能，重唱汪精卫"先和而后撤兵"的老调。《新中华报》10月10日发表社论《反对东方慕尼黑》，对他痛加驳斥。

《新中华报》也多次揭露一部分人把削弱敌人的希望寄托在英美法身上，把抗战的胜利寄托在国际冲突上。报纸改版后第3期（2月13日），刊出了日寇进攻海南岛的消息和蒋介石同外国记者的谈话。蒋认为，日军的行动只是完全控制太平洋海权之发轫，它向西可由印度洋以窥伺地中海，向东可割断新加坡、夏威夷、珍珠港英美海军根据地的联系，而"对于我国抗战，并无若何影响"。2月16日，《新中华报》发表了一篇社论《敌进攻海南岛与我们的认识》。针对蒋介石的谈话指出："敌人此次进占海南岛，一方面，是为建立进攻我西南的海陆空军根据地，另一方面，是为威胁国际对我军火物资供给的交通线。"社论号召依靠自己的力量，"保卫西南，保卫国际交通线"。

关于抗日战争要战到何时、何地，当时也是有争议的。《新中华报》社论《抗战到底的正确认识》（1939年5月13日），批评一部分人认为只要恢复卢沟桥以前的状态，就算到底了。社论严正指出："抗战到底，就是指中国彻底战胜日本强盗。"必须打到鸭绿江边驱逐日寇出中国国土以外。否则，我们抗日的使命就没有终结，抗战也不能罢手。

《新中华报》对抗日战争的着力宣扬，对投降活动的愤怒揭斥，伸张了民族正气，鼓舞了军民斗志，推动了反侵略的高潮，它不愧为中共中央的喉舌。

（二）日本敌情分析报道

《新中华报》依靠中共中央敌区工作委员会，那里集中了一批深刻了解日本情况、掌握马克思主义观点的专家。他们对日本情况分析得细腻、判断得准确、论述得深刻。《新中华报》的评论，大都出自他们的手笔，所以具有很高的权威性。从1939年2月报纸改版到9月，即第二次世界大战爆发之前，国际形势和日本政局都处在大激荡的前夕。在此期间，《新中华报》发表的日本新闻，多是敌军反战情绪增长，日本经济危机严重，等等。1939年2月23日社论为《敌第七四届议会与我国抗战》，分析日本"侵华战争已进行了一年又七个月……消耗在这次战争中的人力、物力、财力以及战区范围等等方面来看，这次战争远超过甲午之役与日俄之战。侵华战争迄无了日，而同英、美、法的矛盾又日益激增，在国际上更加孤立。这次议会为期最长，争论和质询首先反映了日本在中国所遇到的困难"。只要中国坚持长期抗日战争，日本的困难将与日俱增。社论透过历史的分析，有很强的说服力。

1939年8月24日，苏德互不侵犯协定签字。四天后，日本内阁倒台。《新中华报》9月1日发表社论指出：这是日本统治阶级"重新考虑依附德意法西斯的外交政策"的结果。昨天，日德意反共同盟还是坚固的，可是今天，这个同盟已经破产了。昨天，日本还得到德国各方面的声援，今天，日本已陷于极端孤立的境地。于是"亲德的刽子手平沼内阁只好倒台，而让位于另一新的亲英的灭华刽子手了"。日本希望通过阿部之手，调整日本与英、美的关系，改善在国际上的孤立地位，但它不会改变灭亡中国的方针，"必将加紧对中国的诱降和加紧对英国的妥协"。

（三）反击反共高潮

《新中华报》出版的二十七个月中，国内出现了两次反共高潮。报社始终高举团结进步的旗帜，揭露、鞭挞分裂倒退的活动。1939年冬和翌年春季，国民党顽固派发动了第一次反共高潮。一路是阎锡山在山西进攻共产党领导的抗日决死队（山西新军）；一路是胡宗南袭占陕甘宁边区的宁县、镇原等地，国民党绥德专员何绍南也攻打八路军；再一路是蒋介石调遣九十七军朱怀冰部进攻八路军总部所在地太行区。

《新中华报》根据党的政策，反复说明"投降必反共，反共为投降"，着重于揭露国民党的反共阴谋。将近三个半月的时间，《新中华报》发表了社论、电讯、谈话、重要文章共十六篇，其中主要的有八路军致林森和蒋介石电。1940年1月20日，《新中华报》刊登电文列举了八路军的英勇战绩，痛斥陈诚所谓八路军"游而不击"的谰言，指出所有摩擦事件，均起因于国民党的反共阴谋："一个'限制异党活动办法'之不足，继之以'对于异党问题处理办法'，又不足，再继之以'处理异党问题实施方案'。开训练班，上摩擦课，'限共''溶共''反共'之声，甚嚣尘上。山雨欲来风满楼，意者又将重演十年前之惨祸乎？"再就是毛泽东同志为《新中华报》改版一周年写的文章。他指出："抗战，团结，进步……这是三位一体的方针……缺乏团结与进步纲领的抗战，虽然现时还是抗战，但终有一日要把抗战改为投降，或者使抗战归于失败。"

根据毛泽东的意见，此次除了揭露和打退敌人的进攻之外，《新中华报》还着重宣传了两件事：一是报道敌后抗战和实行政治与经济改革的消息，以巩固和扩大解放区；二是大造舆论，促使国民党实行宪政，召开国大，用政治进步来增进团结，支持抗战。

1939年11月7日，《新中华报》用两版篇幅，发表了洛甫写的《论抗战相持阶段的形势与任务》。文章指出：为了反对投降和反共活动，国民党必须实行政治上的决定性转变；开展反对汪精卫和投降派的斗争，结束国民党一党专政，实行民主政治，帮助发展敌后游击战争。11月15日《新中华报》发表社论《为实施真正民主宪政而奋斗》。文章在做了详尽的论述之后，结论集中到一点："民为邦本，本固邦宁。今天中国不依靠多数人民，民族解放的光荣事业就不能成功。实行真正民主宪政，是团结绝大多数人民，争取民族解放的最好方法。"从此开始，在延安掀起了一个促宪运动。1940年2月17日，延安各界宪政促进会成立，报纸在一版社论地位刊出了它的宣言。

《新中华报》对第二次反共高潮，即皖南事变的宣传，又另有特点。

1941 年 1 月 14 日，新四军奉命北移途中突遭围歼，军长叶挺被俘，副军长项英遇害。蒋介石不顾我方抗议，反而于 1 月 17 日发布命令，诬称新四军"叛变"，并取消该军番号，使这次反共高潮达到顶峰。为了打退第二次反共高潮，中国共产党采取的政策是"转为猛烈的反攻"。1 月 19 日《新中华报》发表社论《抗议无法无天之罪行》，痛驳了所谓新四军违反"命令""军纪"的胡说。社论写道："呜呼！命令了命令！军纪！军纪！天下无穷罪恶，均假汝之名以行。"同日，在第 2 版刊登了皖东新四军血战数月，破敌六次扫荡的消息，显示新四军仍有强大力量，说明它是消灭不了的。1 月 23 日，《新中华报》以一版整版刊出中共中央发言人谈话，提出要严惩罪魁祸首，释放新四军被俘将士，肃清何应钦等一切亲日派分子等九条要求。1 月 29 日，《新中华报》刊登了中共中央军委的命令，任命陈毅为新四军代军长，张云逸为副军长，刘少奇为政治委员，赖传珠为参谋长，邓子恢为政治部主任。1 月 29 日，在一版用大字发表了新四军将领就职通电和新四军将领声讨亲日派通电，电文严厉指出："朝有秦桧，岳飞不得不死，今之秦桧果何人耶？然而秦桧误矣！"同时对那些站在中间立场，疑云重重的人士指出，"叛变抗日者仅属若干大地主大资产阶级，除此以外，例如，民族资产阶级与开明绅士及一切不参加投降反共之人，仍须团结一致，坚持抗日"。在打退第二次反共高潮的斗争中，《新中华报》还十分注意发表国内外谴责制造皖南事变罪行的消息和抗议活动，总计文电、社论和重要消息四十多条。

（四）宣传抗日根据地的建设成就

《新中华报》对共产党领导下的抗日武装的战绩和边区政治、经济、军事、文化、教育等方面的成就，做了比较系统的报道，并发表了重要评论。1939 年 2 月 10 日，《新中华报》改版后的第 2 期，在边区版的显著位置首先刊出了边区县长联席会议的消息。会上提出全边区要开荒八十一万亩，植树一百一十万株，羊的头数增加一倍，牛的头数增加三分之一。紧接着，报纸报道了志丹、靖边等县的生产安排，他们的目标和任务都十分明确具体，而这也是《新中华报》生产报道的最大特点。3 月 3 日，《新中华报》发表了李富春写的《生产运动》。他阐述了生产运动的重大意义，指出了边区发展生产的优越条件，并且豪迈地说：边区愿"以渺小的实践，来作全国的观摩"。3月13日起，《新中华报》在第三版开辟了"生产运动"专栏。3月22日，《新中华报》发表社论《生产突击》，总结了一个月来生产运动取得的成绩，指出还存在着准备不足和思想政治工作不深入的缺点，要求各单位做一次检查。鉴于播种时间快到了，社论号召各单位根据具体情况进行一周、十天或半月的突击。4月10日，《新中华报》发表李富春写的专论《生产突击以后》。他指出"从3月20日起到4月9日止所进行的半月开荒突击是完全胜利的成功了""这是在抗战建国的持久过程中一个具体的伟大的胜利"。他号召迅速把中心工作转到播种上去。

从2月底到5月中，《新中华报》共发表有关开荒的新闻八十二条，通讯十四篇，其中主要的有：2月28日的《生产·劳动·创作——文协生产会议速写》，3月3日的《拾粪运动》，3月31日的《统一战线部的开荒热》和《生产战线上巡礼》，4月7日的《高山顶上的联欢——敌区工作委员会突击的第二日》，4月10日的《抗大开荒》，4月13日的《党校在突击中》和《一周间生产突击生活的片断》，4月16日的《鲁艺开荒速写》。这些通讯充分展现了人们的信心和力量，辛劳和欢乐。

《新中华报》发表的一篇篇秋收通讯，比开荒时的描绘更像诗、像画一般。《马列学院秋收报告》写道："千百年来沉浸在忧郁里的贫瘠的荒山披上了丰满的秋装，在9月的阳光下，到处是金黄一片。小米秆不胜重负似的垂着沉甸甸的穗头；高粱红了脸醉汉似的倾摆着；枯黄了的玉米、豆类、曝出土外的洋芋等挤满了大地。"《女大秋收速写》说："今夜恰是旧历的中秋节……我们充满着愉快的心情，举行了秋收动员大会。""根据我们的特殊情况……采取了先摘谷穗后割谷草的办法，每人先准备一个袋子。""五百亩地的细粮，按原定计划完成了。""田间归来的人们，脸上都浮泛着得意的微笑，秋阳的余晖也温柔地抚摩着人们的身体，庆祝他们的胜利。"

《新中华报》作为舆论监督的重要形式，还立足报道边区的民主政治建设的成就，开展各种民主运动，并且揭示在民主改革进程中显露的不足，发挥了舆论监督的重要作用，从而促进边区民主政治建设的不断完善。1937 年 7 月 23 日，《新中华报》用整个版面报道了"边区的民主普选运动"，指出：只有吸收广大群众参加到选举运动中来，以民主的办法来进行选举才能选举出真正的坚决抗日的分子到民主政府中来。以陕甘宁边区为例，1938 年第一届参议会选举时，百分之七十以上的选民参加投票；1941 年第二届参议会选举时，百分之八十的选民参加投票。1938 年 9 月 12 日，《新中华报》登载了《关于召开边区议会推进民主政治的宣传大纲》，通过对边区民主政治建设的报道，使人民群众认识到了自身享有的合法的民主权利，并且积极参加民主选举活动，激发了人民群众参政的热情，使人民意识到什么是真正的当家做主，从而极大地提高了人民群众的政治觉悟和积极性。

第二十节　《边区群众报》

《边区群众报》是中共陕甘宁边区党委机关报，1940 年 3 月 25 日在延安创刊，1941 年 5 月边区党委改为中共中央西北局，该报就成为西北局机关报。办报理念是服务文化水平低的广大群众和基层干部。作为一份大众化的党报，《边区群众报》既坚持党报的政治性，又坚持内容文字的通俗化，实现了政治性和大众化的有效结合。在宣传党的路线、方针、政策，反映群众呼声，密切联系党与群众关系上发挥了重要作用，被群众亲切地称为"咱们的报"。

一、《边区群众报》的创办过程

《边区群众报》是在毛泽东的亲自关怀下创办的。1940 年 2 月初，文艺大众化的先驱周文来到延安。毛泽东在和周文的一次谈话中指出，边区应该有"大众读物社"，当前努力创办一份通俗化报纸，并给报纸取名为《边区群众报》，还要编辑一批大众化的通俗小册子。他希望这个任务由周文负责。周文很高兴地接受了毛泽东的意见，开始筹办大众读物社。在中共中央和陕甘宁边区党委的关心和支持下，3月12日，大众读物社正式成立，社长周文，副社长杜梓生，秘书长白彦博，社址在杨家岭。下设一个报纸科，科长赵守一，主编是胡绩伟，负责编辑《边区群众报》；一个通联科，科长张思俊，主编胡采，负责通讯网的设立，编辑帮助通讯员写作的《大众习作》；一个丛书科，科长庄启东（未到位），主编林今朋、方纪，负责编辑《大众文库》和《大众画库》。

1940年3月25日，《边区群众报》正式创刊。报纸是一张石印的4开2版的小报，十天一期，晋恒纸印刷，"边区群众报"五个大字由毛泽东亲笔题写。版面安排上，一版是边区要闻，二版是政权建设和生产建设新闻，三版是国内外时事解说，四版是文化文艺。在内容上，它注重宣传抗日救国的形势和道理，宣传陕甘宁边区为支援抗日前线所进行的生产建设。此外还刊登了许多优秀的文艺作品。在文字上，尽量采用边区群众的流行语，努力做到让不识字的人听懂，让识字不多的人读懂。为了版面美观，专门请丛书科的画家为稿件配画和制作刊头题花。报纸诞生后，立即得到毛泽东等中央和边区领导人的称赞，得到广大边区基层干部、小学教员、中小学生和老百姓的喜爱。各地纷纷要求增加报纸的印数，扩大报纸版面，不断充实内容。所以石印4开2版的《边区群众报》出了十期以后，就改为铅印4开4版的周刊，每期报纸由一千多字增加到八九千字，不久，又改为五日刊。

1942年2月18日，大众读物社结束，成立边区群众报社，谢觉哉任社长，后又任命李卓然为社长，编辑部搬迁到延安新市场对面山头原西北旅社旧址。此时，报纸主编为胡绩伟，编辑有谭吐、金照、柯蓝等。1946年3月25日，该报300期时改三日刊。1946年11月2日改为半周刊（每周三、六出版）。1947年3月，国民党胡宗南部队进犯延安，边区群众报社在印完第363期《边区群众报》后，便埋藏好机器设备，携带一部油印机，于 3 月 18 日子夜撤出延安，随中共中央西北局机关转战陕北。因战争形势时紧时松，报纸有时出 4 开 2 版或 4 版，有时出 8 开 2 版或 4 版，有时油印，有时石印，有时铅印。1947 年 4 月 11 日到 19 日，在行军途中编印了 6 期 8 开 2 版的《边区群众报》。4 月 21 日，与西北新闻社编的《新闻简报》合并，出《边区群众报》日刊 1 号，共出 192 期。1948 年 1 月 10 日，报社转移到绥德县霍家坪时，《边区群众报》更名为《群众日报》，刊号承接《边区群众报》编号。创刊号为第 193 期。1948 年 4 月 21 日延安光复后，《群众日报》回到延安清凉山继续出版，从 4 开 2 版或 4 版到对开 2 版或 4 版。1949 年 5 月 1 日，群众日报社将人员分为两个班子，一班人留在延安继续出报，另一班人 5 月 15 日随军南下，于 5 月 27 日在西安出《群众日报》（西安版）。在延安出版的《群众日报》于 6 月 10 日停刊，出至 704 期。

从 1940 年 3 月创刊至 1949 年 5 月西安解放，先后担任《边区群众报》和《群众日报》社长的有：周文、谢觉哉、李卓然，副社长是杜桴生，总编辑是胡绩伟，副总编辑有金照、景昌之、林朗。从 1947 年冬到 1949 年 9 月，边区群众报社和群众日报社一直担负着报纸、通讯社、广播电台这三个方面的工作。报社、新华社西北总分社、西北人民广播电台，实际上是一个单位，一套人马、三个牌子。在边区群众报社转战陕北时，还出版了 18 期马兰纸铅印的 32 开本的"边区群众报副刊"（《群众日报》创刊后，易名为《群众日报副刊》）。当时的《群众日报》同时还办了一种通俗的、图文并茂、马兰纸铅印的 4 开 2 版的（后增为 4 版）《群众》周报。

二、《边区群众报》具有人民群众喜闻乐见的内容

《边区群众报》是办给陕甘宁边区基层干部和农民看的通俗小报，其主要任务是教育人民群众，提高觉悟，加强各项建设，保卫边区，支援抗日战争。它的鲜明特点是大众化，从内容到形式尽力做到通俗易懂，使识字很少的人看得懂，不识字的人听得懂。报纸出版后，立即受到基层干部和广大群众的热烈欢迎，很快发行到一万多份。

《边区群众报》用 4 号字，每期除标题外，大约只有 8 000 字。每

期稿子编好后，全社同志集体审查修改，特别注意听取文化低的同志的意见，报纸既做到通俗、明白、多样性、活泼有趣，能正确完成重大的政治任务，又做到短小、精悍、简单、具体，去适合文化比较落后的边区群众。对中共中央和边区党委的重要指示和中共中央领导同志的重要讲话，该报不登原文，而用通俗的语言加以改写和缩编。但也有例外，如《边区各界抗敌救国会为拥军工作告全边区父老兄弟书》，共四千三百多字，因内容需要告诉群众，文字也较通俗易懂，就出了一个增刊，用两个版的篇幅刊登全文。

在文字的应用上也是字斟句酌，但斟酌的不是语言的文学化，而是如何使用群众一看就明白的字词和句子。《边区群众报》对于一些常用的新名词，或者在文章中顺便解释，或者在"名词解释"专栏里做说明，总之，力求每一句话都能够读起来顺口、听起来顺耳，努力使不识字的人，甚至连文盲都能够听得懂。《边区群众报》创刊一年以后，编辑曾把几十期上所用的字做了一个很详细的统计，报上常用的字大约就是四百个，换句话说，只要能够认识这四百个字的人，能够读得懂《边区群众报》。

《边区群众报》在大众化的语言方面，提出通俗、提高的原则。他们重视运用在群众中早已流传的民间形式，但不生搬硬套，而是进行改造。陕北说书、陕北秧歌等民间艺术，是男女老少都喜欢的表演艺术形式，报纸就非常灵活地运用了这种民间艺术形式。如柯蓝用陕北说书的形式写的《抗日英雄洋铁桶》和《乌鸦告状》等长篇连载，受到广大干部群众的热烈欢迎。边区新华书店把它出版成集，第1册印了两千五百本，数月就抢购一空。他们还用"秧歌调"和"绣荷包""打黄羊调""挂洋枪骑白马调"等小调填写歌词，宣传效果十分显著。

《边区群众报》非常重视通讯工作，把广大通讯员来稿来信，看作是办好报纸的取之不尽用之不竭的丰富资源。开始，坚持每稿每信必复，以后越来越多，一封一封写回信不行了，就办了一个教育通讯员的刊物《大众习作》，除了教通讯员怎样写稿，还设"原稿和改稿"专栏，讲出为什么修改的道理，很受读者欢迎。辛勤的汗水换来了丰硕的成果，

《边区群众报》很快在边区建立起一个庞大的通讯网，广大通讯员积极写稿，提供情况和提出意见，使《边区群众报》成为一份"群众办报""全党办报""全民办报"的突出代表。广大通讯员的来稿逐渐成为办好《边区群众报》的丰富源泉。

依靠庞大的通讯网，《边区群众报》建立了很多读报组，由大众通讯员主持读报、讲报，并且能够结合读报进行宣传教育工作，从而达到提高广大群众的政治水平、文化水平的目的，这样，就在通讯员网外围形成一个人数众多的读报组网络。读报的时候，除正式参加读报组的人以外，总有临时参加的很多老人、妇女和儿童。通讯员一边读报一边讲，做一次简短的政治宣传。一些基层干部常常利用这个机会讲一些新政策和布置一些新任务。有的读报组还创办夜校，教群众识字，逐渐扫除文盲，有的办演唱组、搞宣传教育，有的通过读报组了解新情况，为报纸写稿件。还有些人为报纸搜集民歌、民谣以及民间故事。由此可以看出，读报组充分发挥了《边区群众报》的宣传和教育作用，逐步推动了大众化文化运动，不断提高了人民群众的政治文化水平。

《边区群众报》在边区人民心中深深地扎下了根，人们称它是"咱们的报"。在群众中流传着一个打群众报的谜语："有个好朋友，没脚就会走；七天来一次，来了不停口；说东又说西，肚里样样有；交上这朋友，走在人前头。"这充分说明边区人民对它的热爱。

1940年11月30日，毛泽东给周文的信中说："你的工作是有意义有成绩的，我们都非常高兴。"1941年《边区群众报》一周年的时候，边区政府主席林伯渠问毛泽东，最喜欢看什么报纸。毛泽东爽快地说："《边区群众报》。"1943年，在陕甘宁边区文教群英会上，边区政府授予《边区群众报》"特等文教模范"的荣誉称号，主编胡绩伟获得"特等模范工作者"的称号。1946年3月25日，报纸六周年时，毛泽东题词："希望读者多利用报纸，推动工作，学习文化。"中共西北局书记习仲勋特地写文章祝贺，说："《边区群众报》出满三百期了，值得大大庆贺。这个报纸是边区群众公认的好报纸，谁也喜欢它，谁也爱护它。为什么好？它不但容易读容易懂，并且说出了边区群众要说的话，讲出了边区群众要知道的事情。这就是为群众服务，当得起'群众报'这个光荣的称号。""日本打败了，边区较前巩固了，《边区群众报》是有很大功劳的。"

《边区群众报》能够成功是与其早期的领导者周文的文化追求密切相关的。周文在文学创作和革命生涯中，注重文艺大众化的实践，善于从民间汲取养料。他在延安期间提倡在边区使用拉丁化的新文字，以使"我们边区的文化很快的提高起来"。周文的这些实践和对革命文化的追求主导了《边区群众报》的走向，并且在周文离职后，报社依旧循着这方向发展并获得了更大的收获。《边区群众报》的意义不仅在于受到来自基层和边区领导的肯定，主要是它为当时的革命文艺的创新和发展提供了一个鲜活的例证。

第二十一节 《关中报》

《关中报》是中共关中分区特委的机关报。陕甘宁边区关中分区位于陕甘交界子午岭西麓，北与陕甘宁边区相连，东、西、南三面同国统区接壤，是守卫陕甘宁边区的南大门。1937 年 10 月关中特区更名为关中分区，习仲勋任分区党委书记。为了指导分区军民建设和进行反封锁、反摩擦斗争，时任分区党委书记的习仲勋审时度势，做出创办关中分区党委机关报的决策。

1940 年 4 月 12 日，《关中报》在新正县分区党委机关驻地（现属旬邑县）创刊，为油印、4 开 2 版的周报（受形势局限，报纸后来也以三日刊、五日刊出版过，版数有时是 2 版，有时是 4 版，印刷也曾为石印）。《关中报》创办时，由关中分区委员会宣传部长高仰云兼社长。该报主要负责人先后有胡炎、毛岚、何承华、朱平、雷阳、景生明。

《关中报》的报头题字更换过三次。开始由关中分区委员会书记兼专员习仲勋题写，大约用了十期，又请西北局书记高岗题写。创刊一周年时，换成毛泽东题写的报头。《关中报》在发展历程中，报纸紧密结合党的中心工作，坚持正确的政治路线，密切联系群众，被誉为"黄土地孕育的红奇葩"。毛泽东对《关中报》非常关注，曾向陆定一和博古推荐其中两篇"在大报也难看见的好文章"在《解放日报》转载。《解放日报》也在1944年12月9日刊发胡绩伟的《边区各分区报纸,〈关中报〉办得最好》，对报纸予以高度肯定。

1942年分区党委改地委，《关中报》成为中共关中地委机关报。1944年9月1日，改为4开4版，单面石印，三日刊。从1947年元月至1948年5月，在国民党军队大规模进攻关中地区期间，《关中报》社随地委机关北上陕北吴旗，处于不停游动中。报纸不能定期出版，驻地时间长些，又有来稿，就出几期，出几期算几期。报社抽调程志刊和王兴中两人随军南下，用收音机收新华社新闻，出版不定期的"号外"（4开1版到2版），及时报道战况和大的战役战斗消息。1948年西府战役后，报社回到撤离一年多的马栏镇，才恢复4开2版，油印，三日刊。以后又恢复4开4版,石印,三日刊。1950年5月，因三原、咸阳两地区合并,《关中报》在三原停刊。十年间，《关中报》共出版700多期，发行58.6万份。

《关中报》在它十年的历程中，领导和工作人员先后调进调出的约40人左右，再加上分区政治部派的专版编辑，共约50人。其中包括编辑、记者、缮写、印刷和行政后勤人员等。1946年春，报社曾分编过三个股：编辑股、采访股、印刷股。各个时期的主编均由分委（后改为地委）宣传部长兼任，报社先后主要负责人有胡炎、毛岚、陈华（何承华）、朱平、雷阳和景生明等。还有历年从二师选调来报社先后作缮写和编辑的王振华、李文禄、刘玉茹、王福祥、程志坤、景生明、张振西和白玉洁等。李守礼（赵谭冰）1946年春从延安下来分配到报社任编辑，还有李根蒂、冯元硕、王仁、霍一禾和赵玉斌等，有的直到该报停刊又转入《群众日报》工作。

《关中报》是中共关中分委创办的唯一公开发行的机关报，它既是党的喉舌，也是人民大众的代言者。因而，"从创刊时就有一个原则：为人民，写人民，大家写，大家看。习仲勋对报社提出，新闻工作就是群众工作。就是要树立走群众路线，从实际出发的办报方针。"并指出，"由于关中分区地处黄土高原，多半是山梁梁、沟洼洼、穷窝窝，经济不发达，教育相当落后，我们革命队伍中干部文盲、半文盲居多数，这就要求报纸要在通俗上下功夫，要写老百姓的事，说老百姓的话，使他们看得明白，听得懂。"同时，报社还倡导区乡干部和积极分子组织读报组，在田间地头，利用劳动间隙，由识字的人给不识字的人读报。

作为抗日战争、解放战争时期的有力武器，《关中报》报道战争讯息，发表军事专论，鼓舞军民斗志。《关中报》的内容，主要是地方消息、国际新闻和战况报道，还有少量的文艺性稿件和言论。地方消息靠通讯员来稿，国际新闻靠新华社编印的"时事新闻"和中共陕西省委电台抄录的记录新闻。社论和评论是根据分区领导的意图撰写的。从1944年春开始，报社每年都派记者下基层采访和组稿。1942年秋到1947年秋，《解放日报》和《边区群众报》先后派记者驻关中分区，和关中报社的同志一起活动。1944年秋到1946年秋，《关中报》的四版为"部队生活"专版，由分区政治部派编辑驻报社负责，传递前方重大胜利的喜讯时还加出"号外"。

边区的生产建设、民主建设是有生力量发展壮大的有力保障，《关中报》对边区的大生产运动和民主建设等给予充分报道。从1947年5月30日、10月17日、12月9日出版的三期《关中报》可以看到，反映大生产运动的有《响应政府生产指示，关师学生种瓜种菜》《新正二区二乡男女老少秋收忙》等消息，以及《战时要爱惜民力》等评论，以鼓舞群众生产热情，推进边区经济建设。

同时，《关中报》对边区的民主建设进行过较为翔实的报道与舆论推动。如1945年10月12日刊载时任新宁县委宣传部长康行撰写的消息《新宁县区干部（引题）研究试选经验，学习选举知识（主题）》；在10月24日的头版刊发社论《开展普选运动》，指出选举的目的、意义以及具体意见，在二版头条刊发关中专署专员杨玉亭的《选举中的几点经验》等，指导边区的普选工作。

《关中报》坚持党的领导和正确的办报方针，充分发挥党报作为斗争工具的作用与功能。坚持党的领导是党报党性的具体体现。关中分区党委负责人一直重视《关中报》的工作，习仲勋始终注重《关中报》的质量，不但对报纸内容进行审定，还为报纸撰写文章。继任的分区党委书记张德生、后来的地委书记赵伯平和秘书长张中等也对报纸非常关注。

《关中报》办得比较出色，有一条重要经验，就是重视记者、通讯员队伍建设。通过通讯员联系广大读者，经常研究读者的意见、呼声和要求。对来稿负责处理，报社设立通讯股，专负其责。当时，作者投稿踊跃，仅1944年1月至8月就有636人投稿2 568篇，为了确保报纸的稿源和报道质量，分区领导经常自己动手审稿和写稿。他们的记者大多来自边区军民，经常与部队同上前线采写稿件，与群众一道转移、生产，了解新闻线索，从中挖掘新闻信息。同时，报社建立了通讯工作制度，继续出版《通讯通报》，每20天或一个月出一期，尽量做到对通讯员多复信，对记者则必须做到平均半月复信一次。根据编辑计划印发"写稿要点"，给通讯员寄剪报、发稿费，不定期将通讯员不能刊发的稿件整理为参考材料等。据统计，1945年7月至1946年2月，向《关中报》投稿的通讯员就有856人。《关中报》之所以被评为边区地方报纸的模范，主要原因之一就是"通讯网普遍发展，并已在本地干部中生根"。

报社进行严格的制度、组织建设。关中报社的《〈关中报〉工作检查》强化了编辑计划、学习制度、会议与检查制度、通讯制度等。《检查》指出：编辑计划的"总精神、总目的要达到正确地掌握与贯彻党的政策以及党政中心工作"。学习制度上，"业务学习要以新华总分社'新闻业务''业务通报'为参考材料"，时事学习"每月座谈一次"。会议和检查制度要求每月底召开月会，"检查一月来各项工作进度，研讨下月工作计划"；每期报纸出版后要召开会议，检讨上期存在的问题，会谈下期内容等。

《关中报》的副刊虽然是每隔一两期出一次，每次只占二版的一部分，但严格遵循毛泽东《在延安文艺座谈会上的讲话》精神，把文艺的民族化、大众化作为文艺建设的主要发展方向。主要表现在：

深入群众学习群众语言。《关中报》记者经常随军迁移，熟悉部队生活，学习战士语言，进行战地报道；有的记者还和群众一起锄草碾场，甚至同睡一个炕上，增加与群众的感情。因此，《关中报》的语言符合群众口味，形象生动，如把"锄地挖得不深草没锄净"叫"猫儿盖屎"，把"派生的权苗没有取掉"叫"光棍挎娃"等。文章标题也多采用通俗易懂的群众语言，如"文书看了报，变成牛医官""雨水潦了斜根大，锄得深了死庄稼"等。

文艺副刊作品的民族化、大众化。《关中报》刊发群众喜闻乐见的民歌、民谣、民谚、漫画等，指导农民生产，传达群众情感，推进边区文化建设。《关中报》经常刊载反映天气变化的民谚，帮助农民掌握气象知识。如判断天气变化的预兆：云往西潦池溢（下雨），云往南水上船（大雨、暴雨），云往东一场风（阴转晴），云往北晒干麦（晴）。判断天空起虹的预兆：东虹呼噜（打雷无雨）西虹雨，南边虹的猛白雨（大暴雨）等。

《关中报》创办以来，深得全分区干部与群众的欢迎与爱护。如农民姜子玉说："《关中报》对我们做庄家帮助很大，常提醒我们啥时候下种，啥时候收割，我们爱看。"铁匠郭自立说："《关中报》通俗，写的真，印的清，我们工人看了容易懂，能从报上知道很多东西，还能当字帖一样写字，当书本一样学文化。"

《关中报》报道结合实际，深入群众，对关中分区的政权建设、文教工作、发展生产和对敌斗争都发挥了重要的指导作用。1944年10月，《关中报》在陕甘宁边区文教群英会上受到边区政府奖励，并在12月召开的边区第二届英模大会上获奖旗一面。党中央的机关报《解放日报》也发文给予高度评价："《关中报》办得最好！"

第二十二节 《中国青年》

《中国青年》是中国社会主义青年团的机关刊物，1923年10月20日在上海创刊，后迁广州、汉口等地出版，平时发行1.2万份，最高达3万份。创办人与编辑者为恽代英、林育南、邓中夏、萧楚女、任弼时、张太雷、李求实等。因受国民党政府迫害，1927年10月停刊，共出170期，在青年中产生过重大影响。

1939年4月16日，《中国青年》在延安复刊，由全国青年联合会（即中国共产党青年工作委员会）延安办事处主办。32开，铅印，半月刊。毛泽东题写刊名。作者有毛泽东、周恩来、朱德、张闻天、任弼时、王明……几乎囊括了当时的共产党高级领导人。延安时期的《中国青年》两年中共刊出3卷29期，其中包括三期晋西版《中国青年》。直到1941年3月第5期，《中国青年》终因无力继续出版而暂时停刊。

冯文彬在复刊号的发刊词中写道："希望重新出版的《中国青年》能够继承并发扬大革命前《中国青年》的光荣事业，像过去的《中国青年》推动了千百万中国青年投入了大革命浪潮一样，我们今天的《中国青年》要能够推动、组织更广大的青年到抗日战争中来。"

1940年10月22日，中共中央宣传部发出《关于〈中国青年〉的通知》，说"因为党的中级干部的最大多数也是青年，又因为党也没有其他更适当的中级学习刊物，所以这个党所领导的青年刊物"，"它的编辑方针改变了，主要的成为青年干部在理论、策略、工作和文化生活各方面的学习刊物"，也是"党的一般中级干部的学习刊物"。

朱德在复刊号上发表了《青年要会打仗》的文章。毛泽东的《五四运动》和《青年运动的方向》，首次在这个刊物上发表。

《中国青年》复刊时，编辑部只有三个人。先后担任编辑的有韦君宜、杜绍西、肖平、丁浩川、许立群、陈适五，胡乔木兼任总编。

1948 年秋，《中国青年》第二次复刊。毛泽东又一次写了刊名，还专门写了四句话："军队向前进，生产长一寸，加强纪律性，革命无不胜。"这四句话成为迎接即将到来的刊物新局面的指导思想。

第二十三节　《西北周刊》

1938 年，为了指导陕西全省的抗战工作，加强群众中抗日救亡运动的宣传，也是为了针对国民党两次封闭《解放周刊》分销处，监视购买《解放周刊》的群众的行径，中共陕西省委决定创办《西北周刊》，作为省委机关刊物。毛泽东为该刊题写了刊名。李初黎任主编，发行人是徐彬如，胜利书店为销售书店。

1938 年 1 月 21 日，《西北周刊》在西安公开出版，16 开，铅印。开始每周一期，每期印两千多份，从 1938 年 8 月第 22 期起改为半月刊，以后成为不定期刊。先以中共陕西省委名义在八路军驻西安办事处出版，后由西北周刊社出版，社址在西安许士庙街 15 号。1938 年 12 月 24 日出至 29 期、30 期合刊后，被国民政府迫令停刊。后经各方努力，1939 年 7 月 1 日在泾阳县云阳镇复刊。1940 年 4 月出第 49 期、50 期合刊后停刊。

《西北周刊》宗旨是坚持"加强抗战力量的团结，保卫陕西，保卫西北，保卫全中国，争取独立、自由、幸福的新三民主义新中国"。以宣传中共中央的抗日民族统一战线政策和发动群众、团结抗日为中心任务。周刊反映了陕西人民在抗日战争初期的基本活动，被群众誉为是"革命的向导""群众的喉舌""抗战的指南"。

《西北周刊》开辟有社论、时评、专论、通讯、启示、文艺、读者信箱、读者论谈、诗歌、大众抗战故事、一周时事等栏目，还经常转载一些《新华日报》《新中华报》的社论、专论以及毛泽东、朱德、周恩来、彭德怀、洛甫、林伯渠、博古等人的文章和谈话。第 6 期为"保卫陕西专号"，第 31、32 期合刊为"七月纪念专号"，第 29、30 期合刊为集中刊载中共中央扩大的六届六中全会、中共陕西省委二次扩大会议文集。复刊后的 36 期副刊里创办有西北青年、西北工友、西北农村等专页。

陕西省委对《西北周刊》极为重视，省委书记兼宣传部长欧阳钦任主编（笔名扬清），并组织了一个高水平的编辑班子。在西安出版时，编委有李初梨、徐彬如、郭有义。迁到泾阳县云阳镇时，编委会由欧阳钦、郭有义、史悦三人组成。该刊在西安出版时，需要秘密工作与公开工作相结合，由已暴露共产党员身份的李初梨和徐彬如向国民党省党部登记，取得合法许可证，欧阳钦、郭有义处于地下，进行秘密活动。省委机要交通薛文义（即史悦）住在八路军办事处联系印刷，负责校对和发行工作。迁到泾阳县云阳镇后，以八路军——五师留守处为掩护，郭有义在这里编辑，史悦来往于云阳、淳化、耀县之间，在相隔一百多里的青年印刷厂印刷。

《西北周刊》是继承《西北三日刊》和《西北战线》出版的，比以前更成熟了。它纠正了缺少地方特点和强调摩擦的不良倾向，坚持统一战线的态度而不失党的立场。1938 年 2 月 23 日，国民党陕西省党部借口"未经合法登记"解散"西安文化界协会""西安青年救国联合会"等十三个救亡团体，《西北周刊》第四期发表《关于解散西安十三个救亡团体》的社论，指出在"抗日高于一切""一切服务于抗日"的原则下，抗日救亡是重要的，合法、非法是次要的，而且"合法"也是为了抗日救亡的利益。6 月 22 日，周刊第 17 期发表《我们的意见》，揭露国民党陕西省党部解散救国团体，是违反抗战建国纲领、破坏抗日团结、分裂抗战力量的行为，必须立即停止。在周刊的带领下，西安各界纷纷抗议国民党陕西省党部的倒行逆施。这引起了国民党的强烈不满，他们采取各种方法来妨碍该刊的出版，不准登记，不许发行，禁止印刷等，但都因找不到借口不能阻止发行。1938 年 8 月《西北周刊》改为半月刊后，发行近万份，香港、九龙、广州、武汉等地及国外都有订户和代销处。

《西北周刊》出版后，因说出了群众心中要说的话，写出了群众心中想知道的事，所以很快就得到社会各界人士的同情和赞助。每期一出版，社会各界人士争先购阅，许多报纸为该刊宣传，许多学校采取该刊文章作教材。成为西北持论正确、销售最多的刊物，经费虽然不够，但有人捐款、编辑、印刷、发行等问题，也都合理地得到解决。

《西北周刊》的宣传内容，经历了两个阶段。第一个阶段从 1938 年 1 月在西安创刊到同年 12 月休刊，主要宣传抗战到底的方针，对团结教育广大人民参加抗战，对动员、巩固、扩大抗日民族统一战线，起到了积极的作用。第二阶段从 1939 年 7 月复刊到 1940 年 4 月停刊，主要揭露和批判国民党的"溶共""限共""反共"政策，揭露和抨击日本帝国主义的诱降活动和国民党反动派的投降、反共阴谋，宣传中共中央提出的"坚持抗战，反对投降；坚持团结，反对分裂；坚持进步，反对倒退"的战略方针。当时的中共陕西省委领导人关锋（贾拓夫）、杨清（欧阳钦）、辛余（张德生）、赵最（赵伯平）及汪锋等，都经常为该刊撰写稿件，总数达五六十篇。该刊还刊载有毛泽东的《让我们永远团结起来》《关于目前国际形势与中国抗战的谈话》及朱德将军与本报记者谈话（关于华北情况）等。

《西北周刊》始终起着中共陕西省委的喉舌作用，省委主要领导和各部门负责人经常为它写稿，省委书记欧阳钦写得最多。该刊对中共中央文件和中共中央领导的文章及时予以刊载，使国统区的广大人民及各阶层人士能及时听到中共中央的声音。它发表了毛泽东的《新民主主义论》和《让我们永远团结起来》，周恩来的《争取更大的新的胜利》和《论目前抗战形势》，汪锋的《建军与扩大征兵运动》和《严防汉奸活动》，彭德怀的《目前抗战形势与华北军队的战斗任务》，林祖涵的《抗战中纪念五卅》及洛甫的《读了张国焘敬告国人书之后对张的叛党狡辩予以驳斥》。此外，《西北周刊》还转载《新华日报》的重要社论，特别是在晋南失陷，陕西吃紧时，该刊对"保卫陕西，保卫西北"的问题，不断提出了具体的、系统的意见。《西北周刊》第 24 期还刊登了成仿吾作词、吕骥作曲的《保卫陕西》，使陕西和西北人民高声歌唱，激起广大群众抗日的热潮。歌词里说："日本想占据咱们的城市和田园，咱们是黄帝的子孙，咱们是三秦好汉。男女老少一千万同志，大家联合加入抗战，为了保卫家乡、土地、老婆、娃娃生命财产……八百里秦川到处燃起抗战的烽烟，让日寇的鲜血染红遍泾渭河水，让日寇的尸骨飞不出华岳终南，保卫陕西，保卫长安。"

《西北周刊》在创办的过程中，在每个具体时期正确地分析了国内外形势，提出了有关团结进步、坚持抗战、保卫陕西及西北的方针、办法和意见。因此，不仅成为共产党员所必备的文化精神食粮，而且也成为陕西爱国人士所必需的文化精神食粮。《西北周刊》成为组织、教育、训练西北广大群众使之担负起保卫陕西和西北的强大武器。

《西北周刊》停刊后，经各方面半年的努力，于1939年7月1日又在延安复刊。在该刊创刊两周年之际，毛泽东等同志为该刊作了题词。毛泽东同志的题词是："要把西北上的事情办好，人民必须有言论自由。"洛甫（张闻天）的题词是："巩固西北的国防。"王稼祥的题词是："为抗战、团结、进步继续奋斗，争取抗战的最后胜利。"林伯渠、邓发、李维汉、张鼎丞同志也题了词。林伯渠题词："为动员广大群众参加团结抗战事业而进行艰苦的宣传、鼓动、组织工作。"

第二十四节 《西北妇女》

《西北妇女》是陕西妇女慰劳会主办的半月刊，创刊于1937年11月，地址在西安夏家什字，该刊负责人李敏辉。它是陕西妇女在共产党领导下，支持抗战，组织慰问，宣传抗日的刊物。刊头系孙蔚如题写。从1937年11月开始到陕西妇慰会改组之前的1939年夏，《西北妇女》共出版十六期，基本上是每月一期。但是由于战时政局的不稳定，所以有时隔月才能出版，每期大约发行一千多份。到每年的一些特殊日子，《西北妇女》就会发表专刊进行报道，如第9期就是为了纪念陕西妇慰会创办一周年而特别制作的周年纪念特刊。

《西北妇女》刊载的文章主要内容有对妇女的动员，如《如何动员西北妇女》《妇女怎样保卫陕西》《妇女在抗战中的责任》《动员千百万妇女为保卫陕西而斗争》等；报道宣传抗战形势和时事，如《空袭在徐州》《半月时事述评》《中原会战的前夕》《时事问答》等；同时，还报道一些各地妇女救亡工作动态，如《妇女救亡在湖南》《陕甘宁边区的姊妹妇女救亡工作》《各地妇女动态》，以及陕西各妇慰支会的工作情况等。

《西北妇女》在出版到第 6 期的时候，编委们觉得只在西北极少数的知识妇女中间打转，没有能够深入到广大妇女群众里去，不能顾及广大妇女的切身问题，没有解决妇女的切身痛苦。为此，《西北妇女》特开了一栏《妇女问题谈话》，多谈些妇女的切身问题，说一说妇女问题的来龙去脉，包括妇女为什么受压迫，中国妇女怎样才能解放，抗战中妇女的地位，等等。

1938 年 8 月 16 日出版的"妇女慰劳会陕西分会成立周年纪念特刊"《写在前面》的话中写道："全国二万万二千五百万妇女同胞，果能在抗战建国的阵线上团结起来，我们抗战的国力可以增加一倍，而敌人侵略的困难也就增加一倍。这种潜在的伟大的力量，凝结在全国各妇女团体中，更表现在慰劳抗战将士的工作上……"这可以看作是妇女慰劳会，也可以看作是《西北妇女》的宗旨。这一期主要目录有：《日寇对张鼓峰事件向苏联的屈膝》《我们的妇女识字班》《征募科工作报告》《劳作科的成绩》《合阳妇女工作报告》《慰劳黄河沿岸防军记》《姊妹团》等。主要栏目有"妇女工作论坛""妇女慰劳会工作动态""半月时事述评""妇女救亡动态""记者信箱"以及文艺等。

后来随着陕西政局的变化，陕西妇慰会不得不改组，《西北妇女》停刊。此时陕西妇慰会和陕西省新生活运动促进会妇女工作委员会联合主办了《战时妇女》，作为继续宣传抗战的刊物。《战时妇女》创刊于 1939 年，先后出版三八特刊、五四特刊及七七特刊各一期。这三期因为比较早，当时并没有刊登期数，在 1940 年的三八特刊上才冠以"第四期"的字样。

前几期的出版并没有相对确定的日期，后来，西安政府要求办一个准期出版的刊物，所以《战时妇女》决定每月出版一期，在 25 日左右前后出版，但当时因为面临敌机不时地袭扰、电力的供应以及印刷所本身的困难等原因，也并没有能按期出版。

《战时妇女》因为经费等问题每月出版一刊，实不能满足一般妇女读者的需要，经陕西妇慰会和《西安晚报》交涉，将该报每星期五之副刊篇幅由陕西妇慰会发表《战时妇女》周刊。周刊以简短精辟的文字，发表妇运理论及文艺稿各一篇，全篇约四千多个字，颇受一般妇女欢迎。到《战时妇女》第 5 期、第 6 期时，在内容和数量上都有所增加，除在省内发行外，还行销至豫、甘、川、湘及昆明、香港等地，各地妇女团体及图书馆、学校等还来函预定。

《战时妇女》在内容上基本延续《西北妇女》的风格，但同时有所发展。主要是刊登些有关妇女的实际问题、一般妇女解放原理和中国妇运之阐述等论文，各地妇运消息、妇女生活习俗通讯、职业妇女生活经验等也常刊登。《战时妇女》在形式上分为专刊、妇女论坛、妇工讲话、陕西妇女、世界妇女、特写、文艺等几个版块。1939 年 5 月 4 日《创刊词》倡导：

"能由妇女全体的团结，进而使全国国民全民族的一致团结，不仅团结，而且希望能融会凝结成钢铁一般一个钢团，使全中国二万万二千五百万的中国妇女，结成一体，精诚无间，像钢铁一般的坚固锐利，以摧毁一切的障碍，完成任何艰苦的使命。"

《战时妇女》还主张实干，希望妇女的工作绝不是单纯表现在标语传单上面，也绝不是简单地表现在游行与集会上面，而是要将工作的重心深入普及到社会的最下层，使能纺织者加紧担任纺织，能种地者加紧担任种地，能缝纫者加紧担任缝纫，因而要支持长期的战争。壮丁务须参与兵员的补充,（妇女）代替壮丁工作的，分担社会生产工作，只有这样，才能尽到妇女的责任，广大的妇女才能以战时的精神，战时的状态充实战时的生活，为抗战贡献自己的力量。这两个刊物就是陕西妇女的呼声，也代表着陕西妇女前进的信号。

第四章 陕西民众抗日武装力量

1938 年春，随着日寇炮击潼关，中共陕西省委发出《为保卫陕西宣言》，号召"动员组织武装千百万民众起来，进行保卫陕西的斗争"。中共陕西省委书记贾拓夫号召陕西每个共产党员，加紧学习军事，时刻准备上前线，"共产党员应当站在保卫陕西与保卫西北的斗争前线！为坚持长期的抗战并取得最后的胜利而奋斗到底！"中共各级组织积极组织和动员民众抗日力量，参加或配合国民党军队奔赴抗日前线与侵华日军浴血奋战，三秦子弟以血肉之躯，抗御了日军的西进锋芒。

第一节 陕甘宁边区抗日自卫军

陕甘宁边区的抗日自卫军，是由土地革命战争时期的赤卫军、少先队改编扩大而来。1937 年，日本发动全面侵华战争之后，抗日民族统一战线形成，国共两党实现了第二次合作，西北革命根据地改称陕甘宁边区。中共陕甘边区委员会根据形势发展的需要，于 8 月 25 日做出了《关于改造赤卫军的决定》，指出："过去在国内战争时代，赤卫军在粉碎敌人的围剿与武装包围苏区的斗争中，起了极其英勇的作用。……在目前抗战爆发，汉奸、土匪更加活跃的时期，为了把边区变成全国抗战动员的模范地区，以争取抗日战争的胜利，我们必须加强赤卫军的领导，发扬过去赤卫军英勇奋斗、不屈不挠的精神，以保卫边区的治安。同时，为了适应民主共和制度，赤卫军也有改造的必要。""为了适应抗战环境与民主制度，赤卫军改名为抗日自卫军。它是半军事性质的群众武装组织，它是保卫边区的武装力量，它是抗日的后备军，这是自卫军目前阶段的性质。"

《决定》对自卫军的编制规定了下列原则：

（1）为了便利集合起来，自卫军的编制应以地理的接近为原则，按照各地村庄的接近，采用"二二"至"四四"的制度编班、排、连。

（2）为了便利配合作战，并在自卫军中起模范作用，应有基干班、排、连的组成。

（3）妇女因生理关系与担任的工作不同，应单独编制，以便利工作和训练，只有大足与半大足的妇女可以参加，小足妇女拒绝参加。

（4）自卫军应以营为最高组织，直接归当地区政府管理军事工作的人员指挥与领导。

《决定》还对自卫军的任务、教育、训练及领导等做了规定。

1937 年 9 月，当八路军主力东渡黄河进入抗日前线后，边区政府为了保卫黄河千里河防、巩固抗日后方、保卫党中央，对自卫军进行了整顿、扩大与训练。边区每个青壮年都知道国家民族到了最危险的时候，决心把自己武装起来，纷纷要求参加自卫军。延安市，延长、延川等县的自卫军，就是在这期间迅速发展壮大起来的。1937 年 10 月 1 日，边区政府、边区保安司令部，根据边区党委《关于改造赤卫军的决定》，以命令形式颁布了《陕甘宁边区抗日自卫军组织条例》，对自卫军的性质、任务、自卫军队员的条件、自卫军的编制、武器配备、干部选任、自卫军的纪律及领导、指挥、训练等都做了明确的规定。《条例》规定：抗日自卫军系边区内半军事性质的群众抗日武装组织，同时是抗日的后备军。凡边区的劳动公民，自愿执行抗日自卫军的任务与遵守抗日自卫军的纪律，年龄在18岁以上45岁以下，身体强健者，均有加入抗日自卫军的光荣权利。

1938年，边区成立了民族革命战争战地总动员委员会，并以该会的名义颁布了《人民自卫队组织条例》，进一步明确了自卫军（队）的性质与任务。《条例》规定：在敌军后方战区和我军后方普遍组织不脱离生产的人民自卫队，凡年龄在18岁至50岁的人民没有疾病者，不分男女均得参加，以配合抗日军队作战，进行游击战争，侦察警戒，封锁消息，维持地方治安，镇压汉奸活动，捕捉敌探间谍，担任战勤任务，等等。同年3月，边区党委做出了《关于整理地方武装力量的新决定》，要求各级党组织把保安队、自卫军、少先队工作更加充实活跃起来。在同月由边区党委和边区政府联合发出的《告民众书》中提出："全边区人民都应该武装起来，把赤少队加强起来，武器配备起来，随调随动，发展广泛的民众游击战争，来配合政府军队抗战，来独立在敌人后方抗战，来坚持边区的抗战，来保卫西北，一直争取全国抗战的胜利。""全边区人民应该努力帮助政府军队组织担架队，运输队，缝纫队，洗衣队，看获（护）队，救获（护）队，慰劳队、锄奸队及修工事，……供给军队粮食及盘查，放哨，警戒，侦察，剿匪，锄奸等工作。"

根据上述文件精神，边区抗日自卫军经过整理和建设，取得了很大成绩。到1938年，自卫军除参军上前线的外，已由抗战前的9万多人发展到14万多人，其中，女自卫军由1万多人，激增至4万多人，基干自卫军21 803人。到1939年底，边区80%的壮丁参加了自卫军，人数达22.4万余人。其中基干自卫军3万人。基干自卫军的政治质量较高，绝大多数是工农分子，党员占14%。同时，自上而下建立了自卫军的指挥系统，村设班和排，乡设连，区设营，县和分区司令部设大队。自卫军营以上干部由边区保安司令部任免，连以下干部由民主方法选举产生，经县保安大队部审查委任。整个自卫军的领导、指挥、训练，统由边区保安司令部负责。1942年4月1日，边区政府又公布了《重新整理自卫军工作的决定》。22日，边区政府政务会议通过了《陕甘宁边区抗日自卫军组织条例》。规定自卫军为人民武装，不脱离生产，接受各级政府领导，军事指挥属于各级保安司令部。5月下旬，各分区、县根据《决定》和《条例》的精神开始整顿自卫军，同时，健全了各级人民武装委员会、大队部、营部、连部的组织。各地在整顿健全工作中形成党员带头参加自卫军、学习军事技术的热潮。

陕甘宁边区的自卫军建设，得到了中共中央政治局和中共中央西北局的大力支持。1941年5月1日，中共中央批准的《陕甘宁边区施政纲领》，提出要"加强抗日自卫军和少先队（民兵）的组织与训练，健全其领导系统"。1942年，中共中央西北局专门发出了关于《加强武装工作的决定》。《决定》指出："为着保卫边区，为着坚持抗战、坚持团结，必须紧急动员起来，准备着给任何破坏抗战团结，进攻边区的侵犯者予以有力的回击。这里首先最迫切而重要的任务，就在于立即有计划地加强地方武装的动员，必须清楚地认识地方人民武装乃是战胜任何敌人、保卫家乡必不可缺少的最基本的力量之一。没有地方武装，单凭主力军孤军作战，则任何战争的最后胜利都是不可能的。"《决定》对参加自卫军（队）、模范少先队人员的条件，组织编制、领导关系、武器配备、武器制造及经费的筹措，军事、政治训练等都做了原则规定。

1943年11月，中共中央西北局又下达了《关于整训自卫军的指示》，《指示》针对当时的形势，提出："为了保卫边区、保卫人民、以制止投降危险与分裂危机，则必须争取时间，加强整训边区广大人民自卫军，准备保卫自己家乡的自卫战争，粉碎可能爆发的国民党反动派的军事进攻，这是当前边区的一个重大任务。"当时自卫军建设中存在的组织上复杂不统一，有些地区自卫军竟有六种之多（普通、基干、模范、少队、模范少队、游击小组），而编制人数多少极不一致；政治质量还不很纯，甚至某些区、乡的自卫军干部中还混有政治上不清楚的分子；军事训练表现有老一套和形式主义的毛病，政治教育更加不够等问题。《指示》提出必须在今冬整理与训练中把它完全克服，并坚决努力达到全边区训练好 2.5 万个能够作战的地方自卫武装战士的要求。

《指示》还提出："为加强自卫军军事政治领导，必须健全自卫军领导机关。联防司令部专设管理自卫军的人民武装科，分区司令部同。县设大队部，设脱离生产的大队附（副）一人，县长兼大队长，县书记兼政委。区设脱离生产的自卫军副营长一人，区长兼营长，区书记兼政委。乡领导组织仍旧。"确定自卫军的干部采取超一级的委任制度，委任名单须提交自卫军大会通过。要求凡在边区保安司令部教导营受过训练的自卫军营连长，须尽可能仍做自卫军工作。"为便于加强训练，必须首先整理自卫军组织：今后各地自卫军应一律改编为基干、普通两种（取消其他模范、游击小组和少队等组织形式，唯边界地区之游击队和游击小组仍应继续存在）。

基干自卫军，每区可组织一个连，人数以 120 人至 150 人为限。参加条件应该是：（1）工人、雇、贫、中农及新富农。（2）年龄在 18 岁以上，30 岁以下的男子。（3）家庭两个劳动力以上者。除队员须适合上述条件外，其排、班组织应以便于集中为原则。要求基干自卫军经训练后，能够成为作战的现成地方游击队。凡抗日公民 16 岁以上、45 岁以下之男子一律参加普通自卫军，担负担架运输和后方勤务。《指示》还要求基干自卫军须做到每人有两个手榴弹，尽可能再有大刀或矛子一支，最好多配备土枪及少数步枪，并且学会使用。普通自卫军每家尽量做到有一件矛子或大刀，并配置担架运输工具。

陕甘宁边区的自卫军，根据《指示》精神，在认真进行组织整顿的基础上，加强了军政训练。从 1943 年起，边区自卫军每年冬季都进行一次冬训。训练的重点是基干自卫军，特别是边境地区及交通要道地区的基干自卫军。训练方法：营长连长由县大队部集中训练一个月至 40 天。

基干自卫军及普通自卫军干部由区上集中训练二十天至一个月。普通自卫军采取开大会形式，进行教育训练。训练内容：政治方面，一是进行启发教育，提高抗战斗争的热忱，坚定抗战胜利的信心；二是针对国民党破坏团结抗战，随时准备进攻边区的情况，进行阶级教育，提高对国民党的阶级仇恨，利用国民党准备进攻边区和破坏边区的具体事实及反特斗争的典型例子做教材进行教育，克服和平麻痹思想，保持高度警惕。军事教育以学习使用手中武器为中心，进行掷手榴弹、打枪、埋地雷、破路、袭击敌人和侦察通信等训练。分区司令部特别加强了基干自卫军造地雷和进行地雷战的训练。

自卫军除定期进行整训外，还通过参加运动会、军事检阅等活动，不断提高其军政素质。1938 年 5 月 30 日，延安县组织三千多名自卫军进行军事检阅。1939 年 10 月，千余名自卫军女战士，在"双十节"大会上进行了军事表演。根据边区妇联建立女自卫军模范班、排、连的决议，在直属县评选出八个模范班、一个模范连；各分区共评出三百一十九个模范班、四个模范排。1940 年五四青年节，自卫军参加了边区青救会举行的有正规军和其他群众组织参加的万人军事大检阅，周恩来、张闻天、王稼祥、任弼时等领导人检阅了武装力量，并给予了很高评价。1943 年为抵制国民党的第三次反共高潮，在金盆湾举行了自卫军军事大检阅。

第二节　渭南地区的抗日武装

抗日战争初期，日本侵略军节节逼近陕西，临近晋、豫、鄂战区的陕东南地区的战争威胁随时可能变为现实。1939 年 2 月，中共陕西省委在《目前陕西党的组织工作的几个问题》中指出，要"加强各级领导机关，准备进入战争环境""各地党都在积极准备武装力量，准备将来进入战区"。在中共陕西省委和各地党组织领导下，渭南、商洛、安康等地近战区采取各种形式，积极发展抗日武装力量，准备随时打击来犯的侵略者。渭南地区甚至组织多支武装力量，东渡黄河，入晋与日军战斗，为保卫陕西，为抗日战争的胜利做出了应有的贡献。

1938 年 2 月，日军侵入晋南，地处黄河西岸的韩城、合阳、平民（今大荔县平民乡）、潼关成为陕东的抗日前线。陕东的各级党组织广泛建立抗日统一战线，以各种方式积极进行抗日武装斗争。他们首先通过各种合法形式，诸如流动图书会、正规学校教育等，训练进步教师和学生，传授政治、军事课，进行军事训练，培训党员，形成抗日救亡武装斗争的骨干力量。1938 年春，国民党军一七七师内的中共地下组织通过统战关系，举办了沿河各县中学生军事训练班，二百多名中学生参加了学习。结业时，设立了沿河学生军训队同学联络处，促进抗日救亡运动。此外，陕东各地党组织采取不同形式，宣传动员民众支持抗战，组织武装。当地党组织指派共产党员联络各阶层爱国志士，先后开办了十多个书报社或书店，发行进步书刊，大部分书店和书报社经营书报数十种，有的日销量近千份，其中合阳、朝邑、韩城书店和书报社，多次将书报送往山西抗日前线。

在鼓动民众武装抗日激情的同时，中共地方组织积极组织民众抗日武装力量，积极准备开展游击战争。华县赤水三涨村党组织以共产党员为骨干，组织进步青年收集长短枪十余支，以村保警队名义，率先成立民众抗日武装。渭南县党组织协助县政府筹建的常备抗日义勇军壮丁队，共产党员宋蔚青任队长，迅速发展到一百五十余人、枪一百多支，由县城移驻河川望岗岭，挖战壕，修工事，准备建立抗日根据地，开展游击战争。在中共沿河党组织大力倡导和一七七师配合下，成立了合阳县抗日民众自卫队总指挥部，县长苏资琛兼任指挥，共产党员、一七七师参谋梁步六任副指挥，全县二十三个联保分别建立自卫队中队，总计约两万名队员。一批共产党员到各中队担任指导员，二尹联、共和联、如意联等五六个自卫中队，在共产党员带动下，先后随一七七师东渡黄河，在山西荣河、稷山等地奋勇杀敌，三名队员阵亡。

在中共富平县工委大力支持下，由共产党员师源、刘茂坤发起，组织六十余名爱国青年，成立富平县抗日义勇军，随国民党军第八十四师胡景翼营开赴抗日前线，与日军激战多次，十二名战士为国捐躯。中共蒲城县委以共产党员为核心，联络农村进步青年，组织特务队，进行操练，准备战时打游击。华县党组织积极协助县政府，组织起有四百五十余人参加的自卫军游击队，配发枪支一百五十多支，并在各乡建立警备队。中共韩城县委在民先队基础上组织义勇队，共产党员自己拿钱购买枪支弹药，并建立造枪所，制造枪械数十支，随时准备打击来犯之敌。朝邑、澄城县党组织以共产党员、民先队员为核心，购买、收集枪支，组织武装，依托黄龙山，准备进行抗日游击战争。此外，党组织还大力支持坚持抗战的县长的工作，配合他们组织抗日武装。

1937 年冬至 1938 年初，爱国志士崔孟博、吕向晨、苏资琛、张法杰、续俭等到陕东几个县担任县长。在中共渭华工委和爱国人士鼎力相助下，崔孟博主持成立了渭南县抗敌动员委员会，委任一批共产党员和进步人士担任县政府、动员委员会、民众教育馆、教育局及地方武装的要职，建立渭南抗日义勇军壮丁队。中共华县党组织与县长吕向晨精诚合作，动员群众建立抗日武装，配发枪支，清除匪患，与渭南、华阴、临潼建立军事联防，积极准备开展抗日游击战争。合阳县长苏资琛同中共沿河特委合作，以县政府名义举办各种训练班，培训出一大批抗日骨干，组织战时工作团、抗日宣传队、救国会、慰问队、募捐队、老人指导队、儿童队、妇女训练队等数十个抗日救亡团体，先后捕获汉奸、敌探数人。中共朝邑县委与县长张法杰、陕西警备第二旅建立统战关系，支持朝邑学生战时工作团，到各乡进行宣传，成立教育会，与社训队、各联保及地方武装建成抗日统一战线，迫使国民党县党部中的顽固分子多次让步。平民县县长续俭根据毛泽东"打日本，救中国"的指示，组织四十二名身强力壮、水性娴熟的青年，编为平民县渡河杀敌游击队，东渡黄河到山西永济县打游击，坚持四十七天，参加大小战斗数十次，十七人负伤，十二人壮烈牺牲。朝邑、合阳、平民等地群众多次向东岸抗日官兵送饭送菜，主动承担侦察、联络、通信等任务。有的驾起渔船，将抗日官兵连夜运送到敌后侦察。

第三节　陕南抗日游击队

1939 年 2 月，为了落实中共陕西省委"加强各级领导机关，准备进入战争环境"的要求，安康、商洛等地采取各种形式，积极联络发展壮大抗日游击队，安康诞生了中共西北特支领导的陕南人民抗日第一军，商洛也组建了抗日游击队。陕南民众抗日武装的发展壮大，为积蓄力量打击日本帝国主义做出了重要的贡献。

一、安康抗日游击队

抗日战争初期，安康地区已是面临鄂西北战区的近前方，根据中共陕西省委指示精神，安康地区党组织积极发展武装力量，准备一旦安康变为战区，在秦巴山区开展抗日游击活动，打击日本侵略者。1938 年秋，中共陕西省东南工作委员会书记王力得知陕南人民抗日第一军离开安康后，部分掉队战士和伤病员由沈继刚等人组织起来，仍在秦岭山区坚持游击活动，即派党员马应举与其联络，因沈部流动太快，没有成功。此时，王力在安康县恒口发展在乡军人李洪保等人入党，随后建立了恒口军人支部，支部书记鲁宗圣在岚皋、平利等县保安队中开展联络工作。

宁陕县四亩地，曾是红二十五军、红七十四师和陕南人民抗日第一军开展游击活动的地方，有部分伤病员和掉队人员，四亩地党支部联络了这部分红军战士，收集了少量枪支。四亩地区长、保安队长手中有一百五十多人和枪。党支部书记彭易乾利用亲属关系，计划将这支武装力量改造成为党领导的抗日武装。经反复做工作，未达目的。1939 年 8 月，省委派军事干部张子俊到岚皋县，经地委委员李开藩介绍打入佐龙联保处，争取联保的二十多人和枪，因引起敌人怀疑而未成功。旬阳县城附近有一批参加过国民党地方游杂部队的在乡军人，生活困难，不能安居，对国民党政府强烈不满。中共旬阳县工委同他们联系，准备在必要时建立抗日武装。

为了掌握这批武装力量，1939年7月，王力到旬阳检查工作后，特意带领工委委员李兆众到省委训练班学习，又送他到延安抗日军政大学学习军事。1940年2月，县工委增设军事委员，领导武装工作。1940年2月，在地委第二次会议上，专门做出"必要时在巴山深处建立武装根据地"的决议。上述这些计划和决议，大多未能实现，有的还遭到国民党顽固派的残暴镇压，但安康地区党组织为建立抗日武装进行了有益的尝试与准备。

陕南人民抗日第一军，是由中共西北特支领导的人民军队。九一八事变爆发后，在十七路军培训的何继周、沈启贤、徐海山、孟子明等怀着抗日救国的坚定信念，被分配到安康绥靖军一团当兵。他们在平利县秘密组织起"陕南抗日救国赤卫团"，发布抗日救国宣言，拥护中国共产党的抗日主张，盟誓要走红军之路。之后安康绥靖军一团改编为陕西警备第二旅第四团。

1935年12月11日夜，陕西警二旅四团九连官兵，在第二排排长何继周率领下，在长安县引驾回（今引镇）起义，宣布成立"陕南游击纵队"，何继周改名"何振亚"任纵队指挥，苗鸿鑫任大队长，下设三个中队。这支由一百多人组成的陕南游击纵队，在鄂豫陕革命根据地内的镇安、柞水、宁陕、石泉、汉阴、安康等地开展游击战争。三四个月后，这支自发起义的部队发展到五百多人。在敌人重兵反复围剿下，处境日趋险恶。1936年6月，中共西北特别支部派共产党员杨文贤（杨江）、杜瑜华和沈敏到达安康东镇，直接领导这支部队。决定以"西北各界救国会联合会"的名义，将陕南游击纵队组建为"陕南人民抗日第一军"，任命何振亚为军长，杨江为政治委员，杜瑜华为参谋长。8月13日，在镇安县紫荆乡刘家大院举行了陕南人民抗日第一军正式成立庆祝大会。

陕南人民抗日第一军在成立后的短短四个月中，由五百余人扩大到一千余人。部队在发展壮大过程中，多次遭到国民党部队重兵追剿，先后在石泉县的三官庙、太平寨、毛坝场，安康县的东镇、马坪，镇安县的杨泗庙、火石沟，洋县的周家坎、迷蜂岭，宁陕县的四亩地、海棠园等地与敌激烈战斗。一支队长刘炎德、少先队长杜超等壮烈牺牲。

西安事变后，陕南人民抗日第一军在甘肃庆阳驿马关编为红十五军团警卫团，何振亚任团长。1937年8月，又编为国民革命军第八路军一一五师三四四旅警卫营，何振亚任营长。随后从韩城县芝川镇渡过黄河到达山西境内，于沙河镇首战日军。9月，部队翻越五台山，穿过长城，参加平型关战斗。

经过多次与日军的残酷战斗，原陕南人民抗日第一军指战员，绝大部分血洒山西抗日疆场。当初一千余人的部队，七百多人为国捐躯。这支由陕南人民的子弟组成的英雄部队，在抗日战场上不畏强敌，前仆后继，为中华民族的解放事业做出了巨大贡献。

二、商洛抗日游击队

1937年11月，中共陕西省委派地方科科长的王柏栋回乡，任中共商洛地区工作委员会书记，领导商洛地区抗日救亡工作。王柏栋回到商洛后，以商县商洛镇、两岭村（今均属丹凤县）和龙驹寨（今丹凤县城）为工作基地开展工作。广泛团结进步青年，建立了中华民族解放先锋队等抗日救亡组织。组织民先队员等进步青年群众，深入山村，宣传演出，燃起抗日烈火。王柏栋还在工作中注重积极联合友军，团结各界人士，广泛建立抗日民族统一战线，组建并掌握抗日武装。丹凤民先队为反击日寇进攻，两次组织大规模的军事训练和演习。

1938年2月，王柏栋派民先队员王柏梁和抗日积极分子谢华、余谦等，去商南县大岭观联系由共产党员魏志毅掌握的国民党抗日游击支队和湖北省郧阳陶成林、河南省荆紫关雷会民等地方武装，筹建抗日游击纵队。后因湖北省第八行政督察区专员关麟书的破坏而未能成功。与此同时，他还先后通过信函、派人联络、亲自登门等办法，做商县商洛镇联保主任石振邦，寺坪（今属丹凤县）联常备队长杨培万，老君（今属丹凤县）

联保主任、常备队长张仰之，夜村地方武装头目刘松林等的工作，并结识了龙驹寨、商洛镇开明人士王佑卿、王建三、陈知礼及进步知识分子刘筱斋、宋昌艺，联合各方力量，形成抗日民族统一战线。商县（今商洛市商州区）杨家斜联队附吴子俊阻碍抗日，谢华、余谦组织武装，一举将其击毙。

但是，顽固派对抗日救亡工作竭力破坏。1938 年 3 月，商县第六、七区保安中队长冯麟生，诬指商洛镇联武装是"土匪"，唆使驻军收缴了该联一百一十多支枪，破坏民众抗日武装。商洛工委组织了一千多人参加的"商洛镇联民众请愿团"，打着横幅标语，到龙驹寨示威请愿。王柏栋等为代表据理揭露了冯麟生的阴谋，说服驻军如数归还了枪支。随后，王柏栋为了争取合法身份，掌握抗日武装，即担任了商洛镇联队附，并将共产党员彭一民、张银治等安排到该联常备队担任班长。1938 年 7 月 25 日，王柏栋不幸遭地方顽固势力暗杀。

王柏栋被暗杀后，中共陕西省委即派在省委学习结束的彭一民回商洛任中共商洛工委书记，继续开展统战与抗日武装工作。1938 年 10 月，国民党商洛当局顽固派又逮捕了来商洛视察工作的中共陕西省委巡视员赵希愚（即陈希，后经八路军驻西安办事处派员救出）。原在茶房联担任保甲队长的雷振杰在延安学习期间加入共产党，返回后积极从事抗日宣传和组织工作，常备队队长谢孝廉将其排挤出队，并多次密谋杀害。常备队副队长巩德芳、原护兵班班长薛兴军加入共产党后，亦被谢孝廉发现，谢提出要"清理内部"。中共商洛工委决定除掉这个反共顽固分子，掌握这支武装。工委成员雷振杰被迫离开常备队时，与巩德芳、薛兴军一起研究了计划，交巩、薛实施。1939 年 7 月 4 日，在共产党员的领导下，由茶房常备队爱国青年张德盛、周保娃、巩全林击毙了谢孝廉。这一震撼商洛山区的武装行动，主要领导人是巩德芳，薛兴军参与了领导工作，蔡兴运和陈效真等起了重要作用。击毙谢孝廉后，巩德芳将茶房常备队的爱国青年拉上山，组建起一支由中共商洛工委领导的抗日武装力量。

1939 年 1 月，国民党召开五届五中全会，制定了一套"溶共、防共、限共、反共"的反动政策，共产党组织及进步爱国人士受到严重威胁。

为了坚持抗日，打击阻碍抗日的顽固势力，1940 年 3 月新成立的中共商县县委决定由王连成亲自安排，彭一民积极协助，以巩德芳、薛兴军领导的武装力量为主，用武装击毙商县第六、七区保安中队长冯麟生。1940 年 6 月 23 日，王连成和巩德芳、薛兴军率二百余人，在商县茶房四方岭击毙了去商县参加"剿共"会议后返回龙驹寨的冯麟生，毙俘分队长以下三十余名，缴枪六十支。又一次打击了地方反共顽固派的嚣张气焰，大大鼓舞了军民抗日热情。后因该地反动顽固势力围剿、搜捕共产党员和抗日积极分子，中共商县县委根据上级指示精神，隐蔽疏散人员，实行异地领导。

1941 年 6 月，中共商县县委决定由分管军事的委员陈忠茂等返回商县建立抗日游击队。一个月后，抗日游击队成立，陈忠茂任队长，活动在商县、洛南、卢氏、山阳边境广大地区。此后，巩德芳、薛兴军等活动在丹江以北的商县涌峪、楸树坪（今均属丹凤县）一带，遭国民党正规军及地方武装八百余人的"围剿"。巩、薛率队迁回到商县留仙坪米家寨（今属丹凤县）利用有利地形，击毙了"剿共"总指挥刘兆玉及其以下三十余人。

1944 年 4 月，日军企图渡黄河西犯，陕西危急。中共关中地委派干部到商洛等地了解情况，找寻关系。5 月，国民党组织的河南战役失败，豫西失守，日本侵略军占领西峡，陕东南处于抗日前线。为了适应突发事变，增强人民抗日力量，商洛的党组织进一步加强了人民抗日武装的发展工作。截至1944 年11 月，商县、山阳共产党员掌握的武装人数三百多、枪二百多支，商县、镇安、柞水受共产党员影响的武装近三千人、枪两千多支。12 月，关中地委又派在耀县柳林镇担任"德记店"分店经理的共产党员李世华等回商县麻街，建立交通站，接待过往同志，多交朋友，发展抗日武装。1945 年 7 月，麻街交通站成立，王治邦为负责人。以后又成立了以李世华为书记，王治邦、赵文杰为委员的中共商县麻街支部。支部派党员打入国民党地方政府内部，进行地下工作，安全护送中共中央委员郑位三、陈少敏、汪锋等我党高级干部及工作人员二百多人次。

第四节　抗日少年先锋队

1932年，刘志丹、谢子长率红军陕甘游击队在陕甘边的照金地区活动时，中共中央在《关于陕甘边游击队的工作及创造陕甘边新苏区的决议》中指出："解除边区内一切反革命派的武装，广大的进行武装工人雇农贫农和中农。组织农民赤卫队与少年先锋队——这些队伍的任务是与苏区内部的反革命做斗争，保护苏区边界，参加一般的政治和组织工作，他们同时应该是补充红军的后备军。"据此精神，在照金芋园、高山槐一带建立了农民武装。6月上旬，陕甘游击队在宜川集义镇歼灭守镇民团一部后进入韩城，随即缴获长短枪多支。9月，陕甘游击队在农民武装的配合下，在照金、坟滩一举全歼同官（今铜川市）、富平、耀县三县民团三百余人，击毙民团头子党谢芳、柴志发，缴获大量武器弹药，使陕甘边为之震动。1933年3月中旬，陕甘游击队总指挥部在照金成立后，赤卫军和少先队等群众武装在各区、乡、村普遍建立起来。1934年11月，在南梁荔园堡召开的陕甘边工农兵代表大会上，选举成立了陕甘区赤卫军总指挥部，朱子清任总指挥，郑德明任副总指挥，梅生贵任参谋长，进一步加强了对赤少队的领导。

全面抗战开始后，陕甘宁边区在加强自卫军建设的同时，也加强了抗日少年先锋队的建设。先后颁发了《陕甘宁边区抗日少年先锋队组织条例》和《抗日少先队章程》。《条例》明确提出："少先队以加强青年军事训练，锻炼青年体格，发扬青年抗战积极性，武装青年，动员青年保卫边区，增加抗战力量为宗旨。""凡边区十四岁至二十三岁的男女青年，体格健壮并赞同本队宗旨，遵守本队纪律者，依照入队手续，均可加入本队为正式队员。"有"受本队军事与政治教育之权"和"参加保卫边区之各种工作，如维持治安，警备戒严、动员参战、执行一切工作决议"的义务。少先队按小队、中队、大队的方法组成。在一乡内集合各小队组成中队，在一区内集合各中队组成大队，各队选正、副队长领导。各级组织归各级青救会领导，边区青救会统一领导边区少先队的工作。《条例》规定，队员装备"由各个队员自备，每人最低限度必须备武器一件"。

从 1937 年 11 月起，持续地开展了整理少先队、创造模范少先队的活动，经常组织队员学习防空、防毒、队列、拼刺、射击、野外演习等知识。两年中建立少先队 2 478 个，共有队员 48 000 人。配备大刀、枪、长矛等武器 21 100 余件。两年中，给自卫军输送了 23 800 名队员。1939 年 5 月，成立了少先队边区总部，加强了对少先队的领导。

第五节　陕西平民县游击队

平民县在距黄河龙门一百余公里的西岸的蒲关地方，这里原属陕西省朝邑县管辖，1929 年冯玉祥督陕时，在这里新设县治，称平民县。平民县东隔黄河与山西省永济县城相望，最近处相距仅 2.5 公里。抗日战争初期，在平民县县长续俭的组织和发动下，募集百余名平民勇士，组成游击队渡河杀敌。

卢沟桥事变之后，日军在攻占北平、天津之后，一路攻城略地，华北大部沦陷。11 月 8 日，太原沦陷，继而晋南一线亦被日军占领。日军以太原为据点，分兵攻吉县、下同蒲，迫使阎锡山溃退克难坡。日军以重炮轰击黄河西岸，派飞机轰炸西安、咸阳，日军若再沿同蒲路南下，就可由永济越过黄河攻陕西潼关，直取平民、朝邑、渭南等县，陕西乃至整个大西北危在旦夕。

在陕西战事极为吃紧之际，国民党陕西省政府主席、爱国将领孙蔚如在我党抗日民族统一战线政策的影响下，在共产党人的帮助下，制定了在沿河地区组织民众开展游击战争的计划，委派一批坚定抗日人士到沿河各县担任县长，以动员民众，配合军队抗日救亡，时称这批县长为抗日县长。山西忻口人续俭（约斋）被派往平民县任县长。续俭是剖腹明志、力主抗战的续范亭将军的族弟，曾于1937年5月20日，奉陕西省政府之命，赴陕北考察财政。抵延安时，受到过毛泽东的接见。毛泽东当面勉励续俭"打日本，救中国"，使续俭深受鼓舞。

1938年2月27日，日军攻占永济后，在城门楼西面，安装了五六门山炮，日夜向平民县境内轰击，屋宇被摧毁，民众死伤重。到任后，续俭一面将平民县面临的危急情况呈报国民党军事委员会西安行营和陕西省政府，一面只身走遍全县各乡，每到一处，动员人民群众参加抗日，卫国保家。在一个月时间内，就组织起了由四十二人组成的"平民县渡河杀敌游击队"（又名华北挺进第一队），后编入十七路军孔从洲的警备第二旅，为警二旅的游击第二支队，队长王子敬。

1938年4月20日清晨，这支经短训的游击队，先期由靖安村渡河杀敌。行前，续俭站立队前，以洪亮的声音带领宣誓："为国家争自由，为民族争生存。为子子孙孙不做亡国奴，此次渡河，之死靡他。"永济人民听说是帮他们打日本的，争相欢迎，热血男儿纷纷要求加入，数日之内，连同平民来的十几名志愿者，竟扩编到五六百人。随后成立三个中队，第一中队长王和清，第二中队长张根山，第三中队长赵子芳。支队部之组织，除王子敬担任支队长外，尚有参谋长裴明书，政治处主任展贯三，政治指导员张上文、展清梅、高世英，副官郝俊德、吕子和，书记官周希颐及军需、军医、看护、传达、司号、炊事、饲养等官兵数十人。

续俭在组建部队的同时，又邀请爱国绅士和人民，深入乡村宣传抗日救亡，时值收麦时节，他让队兵二三百人，下乡帮助群众龙口夺食。支队所到之处，受到劳苦群众的拥戴，并自动组织武装，协助作战，此种情况蔚然成风。5月9日，游击一中队在赵伊镇破坏日军铁路交通。敌以骑兵百余人，昼夜监视，修复后，又被他们破坏。先后三次，使敌异常苦恼。5月10日，游击队主力埋伏在永济东二十公里处的柏王庙和赵伊镇汽车站，专等日军运兵汽车通过。当满载敌兵的汽车到来时，伏兵立即杀出，以步枪、机枪和手榴弹向敌扫射，击毁汽车一辆，致其死伤30 余名。摸不清情况的敌军，以为遇上了大部队，即由永济、虞乡调大批人马增援，待援兵到达时，游击队已撤入山中。5 月 13 日，一七七师两个旅渡过黄河，到达游击支队开辟的根据地——水峪口、太峪口、虎头山一带驻扎。5 月 19 日晚，游击队破坏了永济县赵伊镇东西两边的铁路和电线。次日，敌派大车 20 余辆，步炮兵百余人，强行修复了上述交通。是日晚，平民县游击支队配合一七七师一部又将其破坏。至此永济与虞乡县之间七八十里之铁路、电线完全破坏。游击队频频出击，敌龟缩首尾，不敢离城外出。5 月 28 日傍晚，游击一、二、三中队与敌在仁阳村铁道旁相遇，激战通夜，使敌伤亡惨重，给养断绝，弃城远逃。5 月 29 日 12 时，平民县游击支队攻入县城，收复永济，缴获敌曲射炮 1 门、平射炮弹 30 发、三八式重机枪 1 挺、六五步枪子弹 500 发、九四式炮榴弹引线头 500 发、催泪瓦斯 16 筒以及其他战利品共四大车。此外还活捉伪公安局长庞凤德，查获敌刺探我方军情的汉奸 10 余名，就近交与一七七师处理。当日下午 5 时，永济县县长王志彬带该县游击队 60 余人进入城内，秩序完全恢复。次日晨，警二旅派一名团长及一七七师一个营相继入城。虞乡、临晋两县长亦赶至永济，共同祝贺胜利。续俭即将游击支队 400 余名永济籍队员，移交王志彬县长统领；阵亡 11 名平民县队员忠骨就地掩埋；17 名伤员由孔从洲旅长分送各后方医院治疗。4 车战利品用木船运抵黄河西岸，送交警二旅孔从洲收存。6 月 3 日，续俭将游击队勇士带回了平民县。

6 月 15 日，平民县政府召集全体游击队队员庆功表彰。续俭发表讲话："缅怀死者之壮烈为公，和生者之奋勇为国，思绪万千，不禁泪下，乃发给慰劳品和安家费，令其各归乡里，各安生业，听候再度召集，为国效力。"言及队员奋勇杀敌，死者壮烈殉国时，全场为之动容。

7 月 1 日，续俭专程前往西安七贤庄八路军办事处，面谒中国共产党代表林伯渠，报告了平民县抗日勇士渡河杀敌经过。林伯渠对续当面予以嘉奖，并对抗战的形势及前途发表了看法，使续倍受鼓舞。7 月 7 日，值抗日战争进行一周年之际，平民县各界人士倡议集资勒石，在县城内修建了"平民县渡河壮士纪念碑"，续俭为之撰写碑文。碑文称："我平民县爱国男儿，求仁取义，赴汤蹈火；王大队附子敬亲身指挥，誓死杀敌；孔旅长从洲热血鼓荡，努力赞助；并配合我渡河大军共成之义举也。民族复兴，予斯卜之，今抗战一周年，敌已疲于奔命，我则再接再厉、愈战愈强，最后胜利固已非我莫属。"

平民渡河游击队此次作战历时四十七天，足迹遍及黄河东岸山西永济至虞乡一带的广大乡镇，历经大小战斗数十次，不仅给日军以重大杀伤，而且在平民、永济人民的心中，立下了历史的丰碑。事后，国民政府行政院服务团第一小组对平民县勇士渡河抗日一事进行了实地考察，编成《陕西平民县义勇壮丁渡河游击事略》一书。时任国民政府主席的林森曾书以"忠勇可风"四个大字予以表彰。

第六节　陕西国民兵团的组建

抗日战争爆发后，国民政府对民众训练工作进行了诸多改革，颁布义勇壮丁队管理规则，本省各县将已训壮丁编成义勇壮丁总队，并制定了战时服役办法。1939 年 10 月，军管区奉国民政府军政部令，将以前各县社训、义壮组织一律取消，改设国民兵团，负责国民兵训练、守卫地方，组织和动员群众。1940 年陕西省组建国民兵团后，对民众的抗日军事动员进入了新阶段。

一、兵役管区的成立

兵役管区是国民政府军事委员会设置在地方的兵役机构，掌理本管区兵役行政、国民兵训练及兵员征集、复员等事宜。兵役管区依国防情势、人口密度、兵员多少及交通状况而设置，分为军管区、师管区、团管区三级。军管区设在省上，军管区司令部直隶于国民政府军政部（1945 年 3 月改隶兵役部，1946 年 5 月改隶国防部），其业务受中央军事委员会、军令部、军训部、政治部和行政院、内务部、教育部指导，并受省政府监督协助；师管区在省内分片划定，设师管区司令部，直隶于国民政府军政部（后改隶兵役部、国防部），受军管区司令部监督指导；团管区在数县范围内划定，设团管区司令部，隶属于师管区司令部。各县设兵役科（后改为军事科）和国民兵团，分理征兵和国民兵训练。

（一）军管区

根据国民政府军政部命令，1937 年 6 月，陕西成立师管区筹备处，10 月初正式成立陕西省兵役管区司令部。1938 年元月，省兵役管区与省国民军事训练委员会合并，改组为陕西省军管区司令部。军管区司令由省政府主席兼任，设副司令一人实际负责，设参谋长及若干参谋人员，综理全省征集事务。军管区初设时编制较小，至1941年设征募处、编练处、总务科、经理科、政治部等。此后，军管区司令部经多次改编，渐趋完善。1949 年，陕西停止正常征兵，军管区撤销，其人员、业务并入省保安司令部，并在该部设兵役处，办理兵役事务。军管区受国民政府军政部（后为兵役署、国防部）和省政府双重领导，人事、经费均由省上负担。

（二）师、团管区

陕西省军管区司令部成立后，随即成立了关中、陕南两个师管区，陕北因毗邻陕甘宁边区而未设立师管区。关中师管区辖长安、渭南、蒲城、凤翔四个团管区；陕北的兵役事务，一、二区各县由专员承办，三、七区设洛川、彬县两个团管区，归关中师管区管辖。1940 年 9 月，各团管区划配各作战军征补训区。1941 年春，国民政府军政部兵役署又将陕西划为五个师管区，按人口和行政区划分为西安、同州（今大荔）、凤翔、汉中、兴安（今安康）师管区。6 月，按新设师管区，重新划分了各军征补训区域。其后，为提高公文往返及行政效率，国民政府通令将团管区撤销，扩充师管区，原团管区司令改配师管区副司令，管区体制由三级改为二级。1943 年，又改设为长咸、凤彬、华潼、汉中、安石五个师管区。1946 年以后，又恢复了师、团管区体制，设陕北、陕南两个师管区。

（三）县（市）兵役科

为适应征兵制需要，1938年底，在全省国统区的77个县，先后成立兵役科。1940年4月，各县兵役科裁撤，例行业务由民政科兼理。11月实行新县制，兵役科改为军事科，主办征兵。根据规定，五、六等县不设军事科，兵役业务由民政科办理。但因本省五、六等县征兵事务仍重大，故请准军政部于汧阳（今千阳县）、永寿、麟游、石泉、紫阳、白河、商南、潼关、平民（今大荔县东）、凤县、同官（今铜川市）、中部（今黄陵县）、留坝、宁陕、镇巴、平利、岚皋、山阳、柞水等19个县国民兵团增设专任团附一员，负责征拨事宜。国民兵团缩编后，潼关、平民、中部、凤县、留坝、平利、岚皋、宁陕、镇巴、山阳、柞水11县国民兵团裁撤，又在上述各县成立军事科。1944年，国民政府行政院颁布裁科并团办法后，除部分县留科去团外，余皆裁科并团。1945年10月，奉国民政府中央军事委员会电令，撤销县国民兵团，恢复军事科，由军事科主管征兵和军训业务。军事科内设编练股、征募股。编练股主管国民兵训练及退役军官登记等事宜，征募股主管兵员征募、壮丁身家调查、马粮补给及抚恤。

二、国民兵团的组建

1935年，陕西成立国民军事训练委员会，首先在高级中学开展军训，继而推广于社会。次年施行的《兵役法》规定，年满18岁至45岁之男子，不服常备兵役时服国民兵役，平时受规定之军训，战时由政府征集之。为适应这一要求，国民政府中央军事委员会与行政院颁布了《社会军事训练实施纲要》，普遍施行社会军训。

1935年，高中及同等以上学校军训在全省普遍展开。1936年实施军训的学校有专科1所、高中3所，学生216名；1937年有专科2所、高中9所，学生999名；1938年有专科2所、高中14所，学生2633名。1944年8月，奉令停止专科以上学校军训，此后，学生军训仅在高中及同等学校中进行。从1944年至1947年，各校共训学生54806名，其中1944年13085人，1945年12970人，1946年14556人，1947年14195人。

学生军训起初由中央军事委员会训练总监部直接管理,陕西由中等以上学校军事训练委员会具体负责。1933年以后,先后归入省国民军事训练委员会和军管区负责。《兵役法》施行后,各军训学校成立军事训练团队,具体承办训练事宜,一般数校合编1个军训团,团下设中队、小队。专科以上学校每校编1个军训队,队下设中队、区队、分队,各校校长兼任团(队)长,军事教官任团(队)附。全省高中以上学校军训主要采取在校训练的方法,每周进行2~4小时。1934年,本省按照国民政府训练总监部规定,将学校军训分为平时训练和集中训练两种,平时训练以校为单位实施,集中训练由省国民军事训练委员会将学生集中到省城组织实施。中等学校学生集训三个月,专科以上学校学生集训两个月。按照训练总监部和教育部颁布的学校军事教育方案,高中及同等学校设学科、术科、野外演习三大科目。专科以上学校与此相同,但具体内容和要求较中等学校高。各级学校军事教育均属国民兵教育,初级中学军事教育与国民兵基本教育相当,高级中学与国民兵正规教育相当,大学及专科学校主要是复习高中所受教育,使其具有备役候补军官佐的考试程度。1940年以后,陕西又明确规定,高中及同等学校学生授以预备军士教育,专科以上学校授以备役候补军官佐教育,从而把学生军训纳入培养、储备、补充军队初级干部的轨道。

除了学生军训外,陕西各县市训练国民兵的组织还有社会军事训练总队和义勇壮丁总队。1936年10月,国民政府决定在各县市对民众开展社会军事训练。1937年5月,陕西省正式筹办社会军事训练,同年9月成立陕西省社会军事训练干部训练班,招收督练员115名,分队长991名。培训期原定六个月,后因战争激烈,缩短为三个月,至11月毕业。同时,为提高社训干部素质,培养社训干部骨干,省政府还派遣教官、督练员赴武汉受训。受训干部结业后回到各县,纷纷开展社训工作。陕西各县市分期组织实施社训,共举办三期。第一期的受训地区为西安市、长安县等49个市、县,训练至1938年1月;第二期为陇县等34个县,于9月底完成;第三期为彬县等八个县,于1939年3月结束训练。全省除陕甘宁边区所属各县外，先后有 92 个县（市）成立社训总队。至 1939 年，共训练壮丁 672 910 名，公务员 7 134 名，少年团 21 703 名，妇女队 8 229 名。

社训以县市为组织单位，以区、乡镇为教育单位。县政府设立社训总队，区、乡设区队、乡队。各地社训对象主要是符合服国民兵役的年满 18 岁至 45 岁的男子，部分社训还组织开展了对公务员、妇女队、少年团的训练。社训初期教授内容以军事为主，政治为辅。军事训练大纲与新兵教育内容相同，要完成学兵教练到连教练的训练任务。训练内容主要包括：学习时事政策；宣传日寇侵华罪行；国民兵是中华民国国民对国家应尽的义务；军事知识基本训练；做好准备随时应征入伍，参加抗战。在训练时间方面，社训工作与农业生产相配合，夏收秋播等农忙时期停止训练，平时每周训练 2 ~ 4 小时，每期训练 120 小时，训练结束时发给证明。

1938 年 5 月，陕西省军管区通令各县编组义勇壮丁队，将其作为国民兵的编练机构，规定凡受训国民兵均需参加，至退役为止。全省实施社训的县市大部分都先后成立了义勇壮丁总队。各县的义勇壮丁总队与县兵役科合并编组，由县长任总队长，县兵役科科长任副总队长，以地方警察局长或警佐兼管理主任，训练教官兼任教育主任，干事由科员兼任。同时，各县将受社会军事教育的壮丁编入义勇壮丁总队，总队下设义勇壮丁常备队、义勇壮丁队。义壮常备队是由各县义勇壮丁队中，选年满 18 岁至 30 岁的壮丁编组而成，平时军训，战时入伍。一般训练六个月，征训时为三个月。陕西全省在 1938 年先后成立了 147 个常备队，至 1939 年 7 月增编为 216 个队，每队 148 人，全省共有义勇壮丁常备队成员 31 968 人。1940 年，各县市成立国民兵团后，常备队改归国民兵团，队数减少，共有 103 个中队、分队。义勇壮丁队也列入地区编组，编为区、乡、保队。

在兵员征补方面，抗战开始后，陕西省的兵役工作统一由省军管区负责。1938 年 1 月，省兵役管区与省国民军事训练委员会合并，改组为陕西省军管区司令部。军管区下辖关中、陕南两个师管区（陕北未设师管区）。关中师管区下设长安、渭南、蒲城、凤翔四个团管区。陕南师管区下辖南郑、石泉、商县、安康四个团管区。陕北的兵役事务，第一、二行政区所属各县由专员承办，第三、七行政区设洛川、彬县两个团管区，归关中师管区管辖。1941年，鉴于兵员补充日益紧急，管区三级制机构重叠，影响行政效率，军委会通令将团管区一级裁撤，改为军、师管区两级制。同年9月，重新划分师管区，改设为长咸、凤彬、华潼、汉中、安石五个师管区，分管下属各县役政事务。各县设兵役科（后改为军事科）主办征兵事宜。

陕西省自1937年10月始实施征兵，至1940年，全省征兵数额共计52 7781名。1938年，军管区及各级兵役管区组建后，征兵制度逐渐步入正轨，全年征兵11 2372人。这些兵员都被送往前线各部队，参加抗战。

1940年春，陕西省各县市撤销社会军事训练、义勇壮丁组织，改设国民兵团。除了陕甘宁边区所属各县外，全省81县（市）先后成立国民兵团。国民兵团隶属于团管区司令部，按行政区划编为区队、乡（镇）队、保队、甲班，又按役期年次编成18岁至45岁各年队，根据不同编队，实行普训和集训。团管区撤销后，直接隶属于师管区。国民兵团团长由各县县长兼任，设中校副团长1名、少校团附1名，中尉书记和准尉书记各1名，上尉副官1名，中、上尉督员4至6名，中、少尉事务员2名，传达兵5人，炊事兵1人。1943年，陕西各县兵役科撤销，征兵业务划归国民兵团办理，国民兵团增设少校征拨团附1名。团部内设政治指导室，下设常备队、自卫队、后备队、预备队、备役干部会。常备队按各县每月征兵数额编成，作为备役候补。自卫队由已受训的国民兵组成，专门负责地方警卫。后备队主要负责组织国民兵集合训练，每区每期编成中队在乡（镇）巡回训练。预备队按地区编组，以备地方服务。备役干部会办理备役干部调查、登记、召集演练、转移服役等事务。国民兵以年满18岁至35岁编为甲级壮丁（征服现役用），以年满36岁至45岁为乙级壮丁（征调战时勤务用）。

国民兵团的训练分为普通训练与集合训练两种。普训以乡（镇）为单位组织实施，凡未接受社会军事训练的壮丁，不分年次，一律采取集中不在营的方式召集训练，每期两个月，训练180小时后即算完成国民兵基本教育。集训在常备队及后备队实施。常备队是根据征集对象，召集在营编队训练，经一个月训练后，拨补部队或师管区补充团队。后备队为召集年满19岁至20岁两个年次的国民兵，分期集中在营编队训练，每期两个月，施以国民兵基本教育。1940年至1946年，全省共集训国民兵24 0708人，普训国民兵1 515 252人（见下表）。

1940 年 ~ 1946 年陕西国民兵训练统计表

年度	训练人数		
	合计	集训	普训
1940	199 397	44 705	154 692
1941	397 712	84 900	312 812
1942	239 022	——	239 022
1943	292 166	——	292 166
1944	295 504	29 340	266 164
1945	202 897	55 138	147 759
1946	129 262	26 625	102 637
合计	1 755 960	240 708	1 515 252

抗战期间陕西全省国民兵团共编成乡镇队612个，保队4 869个，甲班99 379个，训练国民兵781 635名。各县国民兵团预备队共编组1 192个警备班、603个侦察班、588个交通班、551个通讯班、646个运输班、628个工务班、450个消防班、514个救护班，在编队兵总数14 9468人。各县市国民兵团共编自卫队73个，1944年将第一期实施新县制的长安、咸阳等23县自卫队改编为乡村警察。韩城、商南等29个停办国民兵团的县份，其自卫队改由县政府指挥。户县、蓝田等21县自卫队仍由国民兵团管理。

　　国民政府建立国民兵团的主要目的在于最大限度地、有效地组织、训练、动员广大基层群众。从陕西国民兵团的组训情况来看，国民兵团制度使国民兵的训练、征集、补充三者有机结合起来，为军队持续提供训练有素的兵员，确保了抗战的最终胜利。抗战期间，国民兵团在组织、训练民众等方面都取得了一定成效。国民兵团制度的实施，不仅使民众具有了一定的军事技能，提高了国民兵素质，为军队提供了充足的兵员，而且在基层管理、抗战动员、防空警备、兵役宣传等方面起到了不可忽视的作用。

第五章　陕西民众的抗日活动

全国性抗战爆发之后，1937 年 7 月 12 日，中共陕西省委在《关于日本进攻平津与党的任务及工作的指示》中指出，"必须抓紧卢沟桥事件及其发展的形势，在广大群众中进行广泛与深入的抗战宣传鼓动"，把"一切可能利用的宣传工具及方式，都拿到我们手中，或在我们影响之下，为抗战而宣传鼓动，这样去提高广大群众抗日情绪及斗争勇气"。在此情况下，陕西全省人民掀起抗日救亡活动的高潮。陕西妇女纷纷参加抗日团体，积极支前，全省学生也行动起来做救亡的先锋，西北工合运动也大力开展，延安青年全面参军参战，极大振奋了陕西人民的抗日热情和抗日志气。

第一节　陕西民众的抗日救亡宣传

为了发挥共产党员在抗日战争中的先锋作用，陕西省委指示各级党组织，推动和依靠救亡团体和广大群众力量，进行援助华北与二十九军抗战的示威运动，成立抗日援冀委员会。用团体和人民的名义电请二十九军坚决抗战与保卫华北。在抗战宣传与援助二十九军的运动中，组织抗日民众是中心任务。在省委的号召与领导下，陕西人民的抗日热情极为高涨。各地群众相继发动了"捐献一日所得运动""募集钢丝麻袋运动"。各界人民的抗日救国团体纷纷成立，展开各种宣传活动，发动了规模空前的反侵略宣传周，抗日救亡运动逐步深入，并由中心城市逐渐发展到广大农村。

为了使抗日救亡运动深入持久地开展下去，1937年冬至1938年春，陕西省委通过西安学生联合会、西北各界救国联合会、民先队西安队部和西北队部、东北民众救亡会等群众团体，先后三次发动西安学生组成一百五十多个工作团、队，分赴关中各县进行抗日宣传活动。他们在各地召开抗敌大会、农民大会、讲演会、座谈会，并用散发张贴标语、传单、漫画和组织街头演唱等形式，向广大群众宣传抗战形势、共产党的抗日民族统一战线政策、日寇的侵略暴行以及防空、防毒、救护常识，号召人民起来参加抗战，捐献钱物，慰劳抗日将士等。在西安学生抗日救亡运动的影响下，蒲城中学、韩城中学、合阳中学、华县咸林中学、渭南赤水职校、凤翔师范学校、三原三中、三原女中等学校，也组织工作团，深入农村，开展救亡宣传活动。据不完全统计，至1938年，在党领导下建立的较大抗日救亡团体就有十五个，人数近四万。

1938年春，日寇侵占晋南的风陵渡，炮击潼关河防阵地。为加强抗日力量的团结，共赴国难，省委以陕西妇女慰劳会的名义发起组织西北青救会、平津同学会、西安抗敌协会总会等二十多个救亡团体，先后赴黄河沿线进行抗战宣传，动员民众武装保卫陕西，保卫西北。1938年3月8日，中共陕西省委发出《为保卫陕西宣言》，并以贾拓夫、欧阳钦、张德生、汪锋、赵伯平等人的名义发表《我们对于第三期抗战中保卫陕西与保卫西北的意见》，指出必须动员全陕西一切武力、人力、物力、智力，才能有胜利的希望。在统一的计划之下，不分男女老幼，普遍组织起来，到军队去，到前线去！在中共各级组织帮助和影响下，韩城、渭南、合阳、富平、华县、安康、商洛、高陵等地先后组织了游击队和义勇队、自卫队，大荔、朝邑、平民、澄城等地对中学生进行军训，随时准备投入保卫陕西的战斗。

党组织不仅在青年学生中进行了大量工作，而且在工人、妇女中也进行了工作。如建立工人识字班、读书会，成立民族先锋队、抗敌后援会、工人剧团，还成立邮工工会等，提高了工人觉悟和斗争热情。在妇女工作中，深入农村，办夜校、识字班，组织妇女参加救亡活动，进行募捐及救护伤兵等，还出版妇女刊物，尽力发挥妇女在抗战中的力量。1939年至1941年，中共党组织在宝鸡马营镇鸡峰地区十八个村庄和一些学校办起了妇女识字班和夜校，教妇女识字，唱抗日歌曲，给学员讲中国共产党的抗日政策和主张，提高妇女的政治觉悟。

在抗日救亡活动中，教育界的群众团体，还有"西北教育界抗日救国大同盟"（简称"教盟"）和"西安中等学校教职员联合会"（简称"教联"）。这两个组织，得到中共地下组织的支持，有不少地下党员参加。其中起主要作用的骨干活动分子有杨明轩、李寿亭、何寓础、武伯伦、车向忱、张耀斗、张寒晖、余达夫、李敷仁等。两组织不仅在西安各校进行抗日进步活动，而且扩展到三原、渭南、华县、凤翔等地的学校。

此外，中共地下组织充分利用抗日运动高涨的各种有利条件，在国民党统治区出版报刊进行宣传工作。省委出版的报刊有《西北三日刊》《西北战线》等。其中心内容是：宣传党的抗战主张，批评国民党对抗日救亡运动的统治政策，动员人民群众起来支援和参加抗战。在群众中产生了深远影响，对抗日群众运动起了重要指导作用。1938年1月，省委机关刊物《西北》在西安公开出版发行，毛泽东题写刊名，主编李初梨。《西北》先为周刊，后改为不定期。主要刊登中共中央及省委负责人撰写的文章，宣传全面抗战路线和各项具体政策，揭露和抨击国民党破坏国共合作，压制群众救亡运动的错误行径，反映陕西各地救亡运动的消息、经验及国共两党的重大活动。

在中国共产党的领导与影响下的报刊，有《老百姓报》《西北文化日报》《工商日报》《学生呼声》《国风》《大团结》《西京民报》《救亡周刊》《西北妇女》《抗敌妇女》《东北》和《西北大众》等二十多种，还有群众抗日团体出刊的进步墙报等。由党组织和党员主办的书店有骊山书店、生活书店、养正书店等十一家。地方党组织有些领导人把书店作为活动据点。临潼县委书记刘庚为了便于活动，扩大宣传，专门开设了骊山书店。华县的王立人、合阳的李云（管建勋）、凤翔的王田夫等，都曾以书店为掩护进行活动。党组织出版的党内教育材料有《怎样做宣传工作》《政治常识》《党的建设》等十多种。这些工作对于团结人民，教育人民，宣传抗战和扩大抗日民族统一战线做出了重大贡献。

第二节　陕西妇女的抗日活动

日本的侵略，民族的危机，使得陕西的广大妇女一步一步地觉醒，她们始终与祖国同呼吸共命运。她们既参与反帝反封建的政治斗争，又投身到抵御外侮的军事斗争中，她们以自己的行动表现出民族情绪的存在和力量。抗日战争期间，陕西各界妇女实行了大规模的总动员。女界的抗战活动涉及很广泛，有的直接参军、参战，有的参加妇女慰劳会、工合办事处、基督教女青年会等积极支前，为抗战胜利做出了应有的贡献。

一、陕西妇女慰劳会的活动

1937年8月16日，中国妇女慰劳自卫抗战将士会陕西分会（简称妇慰会）在西安成立。妇慰会成立以后，在会内党、团组织的领导下，认真执行中国共产党坚决抗战和巩固扩大统一战线的方针，不到两年的时间里发动组织各界各阶层妇女做了大量的工作。

（一）组织妇女活动

1.建立支会。省妇慰会成立后，给各县发通知寄章程，促使全省三十七县成立了支会。西安建立支会的学校有二十二个。

2.成立姊妹团。妇慰会直接成立的妇女组织，主要成员是夏家什字一条街上的青年妇女，共有八十个人左右。活动除参加慰劳、募捐、宣传、唱歌、演戏、为伤兵服务外，还组织了歌咏队和服务队。

3.组织识字班。主要对象是农村妇女和城市家庭妇女。除教识字外，还教唱救亡歌曲，讲授抗日道理和如何争取妇女解放的问题。识字班分布很广，有的在大杂院，也有的在收容所，还有的在郊区，如西安北郊大白杨、石路坊和东郊的灞桥。

4.举办妇女游艺晚会。曾在夏家什字的大院里办过几次，内容除游艺节目外，还有抗日形势报告。因内容吸引人，男同胞也参加，报社记者也赶来采访。在二中召开时，竟有一千多名妇女参加。晚会除时事报告外，还有来自北平的女学生做的沦陷区情况报告。

此外，妇慰会还接待、介绍一批批进步女青年学生到八路军驻西安办事处，转赴延安或安吴青训班。

（二）宣传教育

创办会刊《西北妇女》。主要内容：一是报道抗战形势、时事和评论，二是宣传妇女救亡动态和妇女抗日救亡工作的作用。同时编写《妇女抗战壁报》六十期，每期4张；《杀敌壁报》六十余期，每期4张；编印小型宣传品及各种传单二十余种，共约两万份；还用漫画、连环画等形式宣传。

在电台创办专题广播。每周一次，1938年4月至9月共十六次。内容为保育儿童、优待抗属、动员家庭妇女、陕西妇女大团结、第三期抗战中陕西妇女的任务等。参加人员有李馥清、陈建晨、郑德芳、夏英哲、王明霄、韩钟秀、马英、林立、曹冠群、夏端等。

召开妇女座谈会。与妇女抗敌后援会和青年会联合主办。主题内容有《民族解放与妇女解放》《怎样肃清汉奸》《怎样动员农村妇女、家庭妇女、难民妇女》以及抗战形势与国际问题。

组织宣传队。利用各种纪念日外出宣传。内容有演讲、唱救亡歌曲、演戏。宣传队所到之处是人山人海，有一次因为节目吸引群众，戏班都停锣不唱了。

培训妇女干部。妇慰会共办三期妇女干部训练班。19个县支会也培训了妇女干部。曾请安吴青训班的吴仲廉做指导员，请张琴秋讲妇运史，还请八路军办事处的同志讲游击战争问题。具体讲课内容有三民主义、民族解放与妇女解放、军事常识、救护常识等。训练班还发展了中国共产党党员，学员回到县上后，都起到了骨干作用。

（三）支援前线

组织义演义卖。据1937年9月至1938年7月底统计，14个县支会募集缝制了大量的衣被鞋袜，募集现金5 000元、金银器100余件，缝制棉被10万条。在募捐工作中，妇女慰劳会十分注重上层人士的作用。征募科副科长秦琳就募捐请求杜斌丞秘书长的帮助，杜斌丞说："这项工作非常好，国难当头，每一个中国人都应为抗日贡献力量。"随即执笔写下了一批西安中上层人士的名单,让秦琳直接去募捐。杜斌丞鼓励说："抗日救亡，人人有责，你不要胆怯，要理直气壮，就说是我让你去的。"在杜斌丞的支持下，征募科募捐到一大批银圆和金银首饰，她们利用这笔款项为前方将士制作了被服发往前线。

1938年7月，西安举行了隆重的抗战周年纪念活动，同时举行献金运动，为抗日将士募捐。妇女慰劳会在南院门献金台进行宣传和服务。她们从早到晚，不辞辛苦，站了一天，小腿浮肿，声音嘶哑，仍然慷慨激昂地演说，其精神打动了过往的民众，纷纷捐款，时间也比预期延长了九天。

劳作科组织家庭妇女和难民用募捐的钱为前方将士和后方伤员做服装、被褥。用997.2元做成1 175件棉背心，用97.7元钱做成伤兵医院急需的棉被50床。还为难民募集了大量的衣、被、鞋袜。

除参加各救亡团体的慰劳活动外，还联合平津同学会、东北救亡总会西安分会等组织几路慰劳队，去黄河沿岸和中条山慰劳抗日军队。

主动参加接待伤兵工作。从1937年10月开始，大批伤兵从前线来到西安，由于当局事先未做准备，接待伤兵工作问题很多。妇慰会和其他救亡团体立即帮助解决困难。妇慰会给送去面包、饼干，为伤员募集衣被鞋袜，并组织各校女中学生为伤员洗伤、换药、送饭、送水。

组织难民妇女缝洗队、姊妹团和各种服务队，每日为伤员喂饭、换药、读报、写信、换洗缝补衣服。歌咏队去病房为伤兵演唱和教唱救国歌曲。宣传科将壁报办在伤兵医院。过路的伤兵也给予慰劳。

举办伤兵识字班、游艺会，提高他们的民族意识和必胜的信心。给伤愈归队的战士赠送"再接再厉"的纪念章。仅1938年5月至9月就赠出了五千余枚。

为朱德总司令献旗。1938年秋，朱德总司令从前线回延安路过西安，住在八路军办事处。韩钟秀、林立代表妇慰会和其他救亡团体一起去七贤庄为朱总司令献旗。朱德热情接待了大家，介绍了八路军在敌后打击日本侵略者的情况，勉励大家要发动组织群众，担负起抗日救亡的艰巨光荣的任务。朱德还询问了妇慰会的工作情况，并给以鼓励。群众团体负责人给朱德献上一面绣着"为国干城"的锦旗，表达了对朱总司令的崇敬。

二、中国共产党石桥妇女支部的活动

石桥位于三原、富平两县交界的咸榆公路边上，是西安通往延安的必经之地。今名光武村。

1936年12月后，革命形势好转，各地中国共产党组织开始恢复活动。为扩大党组织，壮大党的力量，三原县委派女党员陈玉秀到石桥开展党的工作。1937年初，陈玉秀在石桥首先发展了朱美仁、吴彩银、席玉珍等人入党。3月，在石桥朱美仁家成立了石桥妇女支部，书记是朱美仁，组织委员是席玉珍，宣传委员为吴彩银。

石桥妇女支部成立以后，积极带领妇女开展活动，发展党的组织，在斗争中又先后吸收了妇女积极分子张凤英等四人入党。组织妇女学习文化，宣传党的抗日主张，拥军支前，为游击队站岗放哨，安排食宿，护送党的地下工作人员和全国各地进步青年北上延安。

七七事变后，日本帝国主义向中国发动了大规模的进攻，全国人民要求抗日的呼声强烈。为了实现党提出的"团结一致抗日"的主张，石桥妇女支部带领广大妇女群众先后在当地成立了妇救会、抗日救国会和抗敌后援会等组织，动员和组织妇女开展抗日救亡运动。她们通过办识字班，编诗歌、快板、顺口溜，画漫画，刷写标语、口号等形式，开展抗日宣传活动。同时，送子当兵、送郎参军，为抗日前线募捐棉背心、军鞋数百件。1947 年，石桥妇女支部一次护送五十多名青年北上延安参加革命。

石桥妇女支部结合妇女的特点，把反对封建礼教、提倡男女平等、婚姻自由、放足剪发、争取妇女解放作为一项大事来抓。先后办起了妇女识字班、女子义务学校，组织妇女学习文化，宣传妇女的未来和妇女的社会地位。同时，移风易俗，婚事新办，为青年举行新式婚礼，鼓励寡妇改嫁，又注意解决妇女在婚姻、家务等方面的实际问题，维护妇女的切身利益。

妇女支部成立以后，注意加强对党员的培养和教育，提高党员的阶级觉悟。组织妇女群众学习文化，学习党的抗日主张、党的知识，选送优秀党员和妇女积极分子去延安中央党校和武字区女子义务学校学习。

石桥妇女支部活动一直坚持到 1950 年才宣告结束。

三、中国工合西北办事处妇女部领导的活动

1939 年，日军向武汉方面大举进犯，大批难民流亡到宝鸡。西北工合（中国工业合作协会分支机构）妇女部组织难民围绕生产自救、供应战时军需民用开展了一系列活动。

（一）教育活动

宝鸡十里铺、罗家堎等村是工合运动的据点，妇女工作部成立初期，先后在这两处成立儿童识字班，招收十二人。又在碛石村、姜城堡及城内设立了工合小学三处，都是男女兼收。在贾村塬、永清堡、罗家堎、长寿山、益门等地办妇女识字班十二个，参加学习的妇女二百五十余名。

课程有国语、算术、珠算、唱歌，尤其是注重用讲故事的方式给女学生以思想启迪。还有流动妇女识字班多处，即工作人员进行家庭拜访时，临时集合三至五人上课。

1940 年创办了宝鸡工合小学，招生一百四十六名，其中女学生六十二名。1940 年 4 月，创办了妇女职业训练班，有学员二十二名，多系初中程度，学习时间六个月。开设国文、珠算、会计、常识、唱歌、漂染、纺织等课程。1941 年 5 月 5 日创立了女子职业学校，有学生四十余名，办学一年，学校注重知识的提高、身体的锻炼、技能的学习和道德的修养。

（二）社会活动

1941 年三八妇女节，西北工合妇女工作部在宝鸡召开纪念大会，参加的女工、农妇千余名。会上妇女部负责人介绍了三八节来历、妇女运动与工合运动的关系，总结了一年来妇女工作的进步和发展。《西北工合》专刊登载了喻林炎写的《纪念三八节说到妇女问题》、方愉之写的《纪念三八节想到的两件事》、张琳写的《妇女问题的发生及其他》、刘克顿写的《三八与西北妇女》等文章，宣传妇女解放、男女平等、抗日救国及动员妇女学习文化技术，参加劳动生产，劝导妇女放足、求学，提倡婚姻自由等。

玉涧堡工合新村的妇女工作很活跃。这个村东靠义民村，有难胞妇女儿童二百余名；北靠长寿山，有荣誉军人教养院，内有残废军人三百余人。妇女部帮助这些人恢复健康，接受教育，并逐渐走上发展生产的道路，办起了妇女识字班、工合小学、妇女缝纫生产合作社、纺毛站、妇女俱乐部、训练班等。当地农民有四百余户参加纺毛生产，日纺毛线千余斤。

西北工合还在凤翔、陇县和凤县双石铺设立了事务所，各事务所设有妇女股，负责妇女工作。双石铺妇女股在妇女部的协助下办起了妇女班、妇女纺织合作社、妇女俱乐部、纺织训练班、工合小学和附属幼稚园。

（三）共产党员在工合

中共上级党组织先后派地下女党员李芝琳、柳文、方纪、芦义珍、章若雾等来宝鸡工合开展秘密工作。柳文曾任工合宝鸡事务所党小组长，李芝琳任永清堡纺织合作社指导员，方纪任工合事务所妇女部秘书，林颖任毛纺站党小组长兼农村党支部书记，她们经常下乡动员农村妇女纺毛线。李芝琳和林颖背上羊毛，带上秤，挨家宣传动员，永清堡一带有几千名农妇、难民参加了纺毛线。当时，中国工合总会与国民党军需处两次签订了一百万条军用毛毯合同，而西北工合就完成了八十万条。同时，鼓励工人加班加点，为八路军、新四军生产了成批军毯。方纪、林颖经常带领学生、工人深入农村、街镇，开展抗日救亡宣传，挂出抗日战争形势图，给群众讲解。演出《放下你的鞭子》《松花江上》《游击队员之歌》《救国军歌》等。永清堡被称为"小抗大"，她们在这里办起了妇女识字班，组织农民学习文化，开展抗日宣传和党的基本知识教育，物色培训党员对象，到 1940 年共发展党员十多名，其中女党员有李秀珍、赵改梅、蔡明香、傅春晴等。支部坚持给党员上党课，林颖根据中共宝鸡地下县委的指示，给党员宣读了陈云的《论支部》等党内书刊。支部还编写党课教材，复写后用针缝好，人手一册，夜深人静时在党员家里集体学习。有时利用雨天，大家围在一起边剥苞谷棒边讲解、讨论。她们还给省委在这里物色了一个交通员叫乔正银，夫妻二人都是党员，地下县委书记曾派乔到边区跑了两次。林颖在工合举办的作文考试中，写了《如何动员农妇为抗日将士纺羊毛织军毯》的文章，在《西北工合》上刊出，受到表扬奖励。1941 年 3 月，林颖身份暴露，组织送她进了边区。

1942 年以后，国民党加紧反共，西北工合先后有十八名妇女工作人员被捕。同年 12 月底，国民党军、宪、警包围了工合办事处、妇女部和小学，大肆搜查，掠去文件、信札、书刊杂志，捕去妇女部会计董平。在国民党的压制破坏下，工合先后遭受两次大逮捕，日渐衰落。

四、基督教女青年会全国协会战时工作部的活动

1937 年七七卢沟桥事变爆发后，大批难民拥入西安。基督教女青年会全国协会战时工作部开办了难民职业介绍所、难民识字班、难民诊所、

纺织班、缝纫班等，为难民们解决了实际困难。1939 年 5 月 20 日，在基督教女青年会全国协会战时工作部的基础上成立了西安市基督教女青年会。它的性质是一个不以传教为目的，不以盈利为目的的社会服务公益机构。其宗旨为："本基督精神，促进妇女德智体群四育之发展，培养高尚健全之人格，团契之精神，服务社会，造福人群。"其会训为："尔识真理，真理释尔。"

战时工作部在卢沟桥事变后开办了难民职业介绍所、难民识字班、难民诊所、纺织班、缝纫班等，为难民解决实际困难。丁玲领导的西北战地服务团驻西安期间，给了基督教女青年会全国协会战时工作部以最大的支持和帮助。在丁玲参与和帮助下，工作部把宣传抗日拥军、优属、支前作为中心工作。

基督教女青年会全国战时工作部还会同其他四个妇女团体联合组织难童救济委员会，救济难童。

首先重点做好出征抗日军人家属的优抚工作，对出征军人家属进行登记，发放优属证两千五百余份。优属证的作用是儿童上学、看电影、洗浴等均免费，并向社会募捐三千余元，用多种形式救济抗属。如扶持抗属生产自救，发给无息贷款；给入学儿童发放助学金；凭证登记的抗属可优先入被服厂做工。

成立西北合唱团，排练演唱抗日歌曲，与其他爱国团体联合举办音乐会，组织抗日救亡慰问演出。

举办时事报告会、座谈会，邀请爱国名人做抗日演讲，一般每周一次，有新鲜消息一周开两次，抗日军人家属积极参加，会开得很热烈。配合抗战时局需要，发动西安市民给出征将士写慰问信。和西安十团体联合组成慰问团奔赴河防前线，给抗日将士发放慰问品和慰问金。协助来自香港、澳门、厦门的女学生奔赴延安（她们持有原籍女青年会介绍信），等等。此时，中共地下党员杨玉珊、彭毓泰、秦熙垣等经常来工作部协助工作。由于工作部的工作生动活跃，报纸经常报道，工作部负责人成翠萝也经常应电台之邀发表抗日演说和定期专栏宣传。

五、各地女学生的抗日救亡活动

（一）西安

1935年12月14日，西安各校学生通电否认华北伪自治，声援北平学生一二·九抗日爱国运动。24日，西安各校学生和教职员向国民政府、行政院、冀察政务委员会和北平学生发出通电，请求政府锄奸救国，维护并领导学生运动，释放被捕学生，保护爱国运动，表示誓做北平学生的后盾。25日，西安各校四千多名学生在西安二中操场集会，会后举行游行请愿。1936年11月7日，西安各校五千名学生冲破军警包围，轰走了破坏悼念鲁迅活动的省会警察局长和国民党省党部书记长，和各界群众在革命公园召开追悼鲁迅大会。西安学联组织援绥募捐活动，男女学生组成宣传队、募捐队，在街头控诉日军罪行，动员民众，慷慨捐献，并携带捐款和慰问品赴绥慰劳抗日将士。

西安事变后，西安学生开展慰问红军、为红军筹集粮款、动员青年参加红军活动。

抗日战争爆发后，由西安掀起一个大规模的抗战宣传、教育、组织、动员民众运动，并推向全省，由学生发展到全省民众。从1937年11月起，西安学生分会先后分四批组织了六十五个农村工作团，深入关中、陕南各县，运用讲演、座谈、演出等多种形式，宣传中国共产党的抗日路线、政策。1938年1月，组织了七十多个寒假工作团，到陕北、关中、陕南以及河南、山西战区，进行民众抗战的宣传、动员、组织工作。10月，几千名伤兵从前线运到西安，国民党陕西当局无人过问，西安学生分会动员全市学生连夜抬送安置，长时间护理、慰劳。

（二）安康

九一八事变以后，抗日救亡活动迅速波及秦巴山区的安康地区，安康仅有的两所中等学校——兴安师范和安康中学成为该地区抗日救亡活动的中心。

1936年10月19日，兴安师范徐振华等老师发起召开"伟大文学家鲁迅追悼会"，借机宣传抗日。西安事变后，教师们公开在课堂上介绍张学良、杨虎城将军的八大主张，进一步激发了学生的抗日救亡热情。反对卖国、追随光明、要求抗日、反对内战的呼声日益高涨。两校各种进步社团相继成立，如社会科学研究会、文艺研究会、各县旅安学生同乡会。女学生非常活跃，她们办壁报，举行演讲竞赛，进行抗日宣传。经老师介绍，蔡启芝（王康）等女同学阅读《苏区文艺》《新华日报》《大众哲学》等进步书刊。1937年"红五月"里，兴安师范学生自治会联合附近学校，走出校门进行宣传。学生们讲演、散发传单、张贴标语、演戏唱歌。五卅惨案纪念日里，组织游行。游行队伍沿路高呼"打倒日本帝国主义""我们不做亡国奴""停止内战，一致抗日"等口号，把传单、标语贴到专署和国民党县党部门前。宣传队演唱《松花江上》等歌曲，表演《放下你的鞭子》等话剧。有的学生做慷慨激昂的演讲。正当抗日救亡活动轰轰烈烈开展的时候，国民党县党部下令禁止学生活动。5月31日清晨，驻军国民党四十四师政训处长率一连军队突然包围兴安师范，召集全校师生训话，并搜查男女学生宿舍，焚毁进步书刊，当即逮捕了五名学生和两名老师，接着又在安康中学逮捕了两名老师。各校学生为被捕的师生开展募捐活动，成群结队地前往监狱慰问，呼吁各界人士营救。

抗日战争爆发后，兴安师范学生纷纷组成返乡工作团，利用寒假到各县城宣传。其中岚皋旅安同学会组织的返乡演讲团，由娄文静领队，蔡启芝、娄学谦、程云等为团员，沿小河而上到乡间宣传。1938年春，中华民族解放先锋队（简称民先队）在兴安师范建立，当时该校有两支，其中一支首先发展的队员中有女同学徐秀云、蔡启芝等。不久，安康民先队部成立，经过发展，全区共有民先队员一百五十余人，其中女队员约占百分之三十五。抗战初期，安康地下党女党员约二十人，大都以民先队员身份公开或半公开进行抗日救亡宣传活动。各校民先队组织的活动多种多样，组织宣传队、歌咏队，每周到校外宣传，演唱抗日歌曲、戏剧，散发传单、办小报，如兴安师范的《火炬》《燎火》，安康中学的《战争与学习》。

1938年7月，中共陕东南工委和民先队组织一批民先队员奔赴延安，其中有女队员徐秀云、蔡启芝、夏玉莲等。

（三）咸阳

1936 年 12 月 12 日西安事变以后，礼泉、咸阳、长武、永寿等县旅省学生，在中华民族解放先锋队西安队部和学生救国会的组织下，纷纷返回本县开展宣传活动。他们用连环画、标语等形式宣传张学良、杨虎城的抗日八大主张，召开群众大会，组织农民抗日救国会，推销《解放》《西北》《民先队手册》和毛泽东的《论持久战》等书刊。西北农林专科学校组织了慰问团，前往三原、泾阳红军驻地慰问，聆听贺龙等指挥员讲述红军战绩，不少同学当即要求参加红军。

1937 年 7 月，三原武字区开办的妇女识字班、女子义务学校，教妇女学文化，讲解抗日主张、方针政策，从中发现、培养骨干，发展了一批女党员。

三原女子中学学生利用课余时间，组织二三人的宣传小组，深入家户院落，读报讲时事，募捐军鞋、寒衣，动员适龄青年参军，动员能走出家门、店门的家庭妇女和商店学徒学习抗日救亡的文章，教唱救亡的歌曲，组织扫盲班、识字班。发动居民、学生、工商各界及农民为抗日救亡捐献衣、物、钱，开展"一日一分"运动（即每个学生一日节约一分钱的捐献运动），到伤兵营为伤病员换药、洗衣、读报、代写家信，教难民识字、读报，帮助安排生活。欢送孔从洲、赵寿山等带领十七路军奔赴抗日前线，接待宁波等地的流亡剧团，共同排练表演节目。

（四）宝鸡

1938 年 2 月，岐山县旅省同学寒假工作团三十余人返回岐山，其中有西安女师学生阎淑琴、王花如等。男女同学打着旗子，带着宣传、表演用具，到青化、益店、蔡家坡、高店、枣林、罗局等乡镇进行抗日救亡宣传。每日出抗战简报，印发小型抗日宣传品，张贴抗日标语，教唱抗日歌曲。

宝鸡县马营小学五、六年级学生组成宣传队、歌咏队，在集日、庙会时，到马营街上、戚家崖、永清堡、凉泉等地演出街头剧。永清堡毛纺站女共产党员配合学校表演抗日剧目，演出一结束，群众纷纷为前方抗日将士赠衣物、现金。

1939年至1941年，中共党组织在鸡峰地区十八个村庄和一些学校办起了妇女识字班和夜校，教妇女识字，唱抗日歌曲，针对国民党的反动宣传，给学员讲中国共产党的抗日政策和主张，提高妇女的政治觉悟，发展了一批女学员，于1940年秋建立了以妇女为主的党支部。

第三节　陕西学生的抗日活动

1931年9月18日，日本占领中国东北三省。蒋介石政府奉行不抵抗政策，激起了全国人民的无比义愤，以青年学生为先锋的人民抗日救亡运动迅速在全国形成高潮。素有反帝反封建光荣传统的陕西青年学生也不甘落后，在中共陕西省委和共青团西安市委的组织和领导下，积极投身抗日救亡运动。

一、西北救亡的先锋

九一八事变后，陕西学生的抗战救亡文化活动得到迅速发展。共青团西安市委以西安各中等学校为基础，通过各校团支部发动学生迅速成立了各校学生反日救国会，并于9月底成立了陕西省学生抗日救国总会，还在私立乐育中学举办现代文化补习学校，培训学生骨干。以西北文化日报记者和乐育中学教师身份做掩护的团市委书记陈浅伦，亲自起草抗日宣言、告民众书，组织抗日集会和游行请愿斗争。以西安为中心的陕西青年抗日救亡运动迅速走向高潮。

9月27日，西安六七万人举行反日救国大会，并游行示威，要求国民政府立即对日宣战。10月3日，西安各校教职员工百余人召开会议，要求惩办贻误外交的王正廷及东北的军事将领。各县也先后召开反日救国大会，一致发出对日经济绝交实行宣战的呼吁，并成立了反日救国会和宣传队，组织铁血团、牺牲团、义勇军和敢死队等武装，准备开赴前线抗日。10月7日至8日，陕西学生反日救国会派代表赴国民党陕西省政府请愿，要求恢复民众运动和青年运动，给学生配发武器进行军事训练，以便对日作战。10月15日，为了抵制日货，陕西反日救国会派出检查队协同工商界爱国人士，对日货进行检查，并电告津沪阻止输入日货。10月22日，陕西教育界反日救国会召开联席会议，决定改反日救国会为抗日救国会，每校选教职员学生代表各一人，赴北京参加11月1日全国抗日救国会议。10月27日，西安教职员、学生组成两个宣传队，分赴兴平、扶风、武功、宝鸡、乾县、彬县、长武等地进行抗日救亡宣传活动。12月10日，陕西学生抗日救国总会组织西安五千多名学生在北大街体育场集会，声讨国民政府逮捕北京大学南下请愿学生、镇压学生的罪行，要求国民政府释放被捕学生，督促蒋介石立即北上抗日，并撤回驻日公使，与日绝交。

1935年华北事变以后，西安各校学生通电否认华北伪自治，声援一二·九抗日爱国运动。

1936年初，中共陕西临时省委通过各种渠道向学生传播中共中央瓦窑堡会议精神，并指派姚权负责西安学生运动，在进步学生中秘密开展建党工作。接着，中共西北特支在西安成立，北平学联和东北大学学生救亡代表宋黎等人应张学良邀请来西安，向东北军和西北军将领及西安学生介绍北平一二·九运动，宣传团结抗日救亡，西安学生从中受到很大鼓舞。不久，又有北平部分学生党员、民先队员随东北大学工学院一同来到西安，进一步壮大了西安学生抗日救亡运动的力量。

1936年，西安二中的张寒晖创作了著名的抗战歌曲《松花江上》，反映了东北军士兵和东北流亡学生思念故土、思念家乡父老以及抗日救亡、打回东北去的思想。歌中唱道：

"我的家在东北松花江上，那里有森林煤矿，
还有那满山遍野的大豆高粱。
我的家在东北松花江上，那里有我的同胞，还有那衰老的爹娘。

九一八，九一八，从那个悲惨的时候，

脱离了我的家乡，抛弃那无尽的宝藏，

流浪！流浪！整日价在关内，流浪！

哪年，哪月，才能够回到我那可爱的故乡？

哪年，哪月，才能够收回那无尽的宝藏？

爹娘啊，爹娘啊。什么时候，才能欢聚一堂？"

歌曲真切感人，在声泪俱下的悲痛中，蕴藏着要求起来抗争的力量。西安事变爆发前后，西安全城到处可以听到《松花江上》的歌声，并迅速传遍全国，起到了唤醒民众团结抗日的作用。

西安事变以后，礼泉、咸阳、长武、永寿等县旅省学生，在中华民族解放先锋队西安队部和学生救国会的组织下，纷纷返回本县开展宣传活动。他们用连环画、标语等形式宣传张学良、杨虎城的抗日八大主张，召开群众大会，组织农民抗日救国会，推销《解放》《西北》《民先队手册》和毛泽东的《论持久战》等书刊。西北农林专科学校组织了慰问团，前往三原、泾阳红军驻地慰问，聆听贺龙等指挥员讲述红军战绩，不少同学当即要求参加红军。

对于全省学生的爱国行动，中共陕西省委及时给予了"西北救亡运动中有力的支柱"的赞扬和鼓励。

为进一步统一和发展陕西学生运动，西安学联发起筹备并于1937年1月11日成立了陕西省学生救国联合会，统一了关中、陕南各县的学生救亡团体。1937年3月，中共陕西省委成立了中共陕西省委西安学生工作委员会（简称西安学委），直接领导西安学运，联系指导各县学生救亡工作。4月初，陕西省委又制定了《陕西省委关于目前学生运动提纲》，提出陕西学生运动的方针是"青年的民主的抗日的统一战线"，要求善于运用各种公开合法的形式开展工作，用统一战线的方式团结争取中间和后进青年，建立健全各种青年团体中的党组织。西安学委在学联和民先中建立了党团，又相继在十多个学校建立了党的支部。这样，西安的学生救亡运动便在党的直接组织和领导下健康发展。同年4月中旬，西安、三原等地青年团体派出蒲望文、何贵生、郭蔚林、宋继唐、杨文元、樊一鸣、李艳辉、赵延平、苏汶等二十五人组成的代表团到延安参加西北青年救国代表大会，周恩来在大会演讲中高度赞扬了西安青年拥护和平的奋斗精神，毛泽东也单独接见并以中央书记处的名义宴请了代表团全体成员。

1937年7月13日，西安学联针对卢沟桥事变发出了《告各界同胞书》。7月14日，西安学联、民先西安队部、西北文艺青年协会、西安新文字促进会、西北妇女救国会、西北各界救国联合会青年部等青年团体负责人，在西北各界救国会驻地举行紧急联席会议，商讨陕西青年学生推动和扩大抗日救亡运动的具体措施。7月15日，民先西安队部和西安学联分别发表《为日寇进攻华北宣言》和致南京政府及宋哲元电，表示誓死保卫国土完整，武装保卫华北，恢复东北失地，要求南京政府和蒋介石对日作战，支援二十九军英勇抗战。

二、唤醒民众，支援抗战

1931年九一八事变后，陕西国统区的青年学生，在不断同国民党顽固派压制抗日救亡的斗争中，争得了抗日民主权利，大规模的抗战宣传、教育、组织、动员群众的运动，迅速由西安推向全省，由省城波及农村、战区。西安各校青年学生发起组织西安血花剧团，主要负责人和演员有周伯涛、侯鸾翔、涂逢遇、李志仁等，后与从河南来陕的国魂剧社联合演出《一片爱国心》。西安民教馆的职员也演出了《九一八事变》《济南惨案》《高丽亡国惨》等话剧，宣传抗日救亡。

1937年七七事变爆发，西安各校师生纷纷组织抗日宣传队到群众中演出。聂景德和惠贵迪组成西北旅行剧团，赴三原、云阳、朝邑、韩城等地巡回公演。西安实验话剧团演出阿英的《春风秋雨》。同年秋，上海救亡演剧一队和五队先后演出话剧《血祭上海》《放下你的鞭子》等。西京铁血剧团在易俗社剧场演出陈白尘的《卢沟桥之战》和熊佛西的《无名小卒》，一日三场，夜以继日，观众起立振臂高呼"打倒日本帝国主义！"演出揭露日本帝国主义在天津勾结汉奸秘密屠杀中国工人罪行的话剧《黑地狱》。

1937 年 8 月下旬到 9 月上旬，八路军沿泾阳、富平、蒲城、同官（今铜川）、合阳、澄城、韩城一带东渡抗日，沿途各县青年学生和群众一起，热烈欢送八路军出征，举行军民联欢大会，慰问演出，许多青年学生当即投笔从戎，踊跃出征。从 10 月开始，大批伤员不断从前方战场运到西安。西安学生分会和省妇女慰劳会及时开展了救护、慰问伤员活动。第一批几千名伤员运到西安时，西安学生分会发动距车站较近的省立二中、女师、女中连夜抬运、安置伤员。由于国民党陕西当局对伤员救护工作漠不关心，推诿躲避，同学们便把一百多名伤员抬到了国民党陕西省党部示威。迫使省党部下令各医院、影剧院接待安置伤员，继而又建立了兵站和伤兵医院。为了使伤员早日康复重上前线，西安各校的女学生们组织起许多服务队、慰劳队、洗衣队、歌咏队，夜以继日地分别到各医院给伤员喂饭、喂水、换药、擦洗伤口，读报写信，换洗缝补衣服，编写杀敌壁报，演唱和教唱救亡歌曲，时间长达三四个月之久。女师和女中的学生不仅走上街头为伤员募捐，而且亲自动手为伤员缝制了一千多件棉背心。省妇女慰劳会还特制了"再接再厉"纪念章分别赠送给每一个重上战场的战士。10 月中旬，陕西省抗敌后援会组织了九个民众运动视察宣传队，吸收共产党员和民先队员、学生参加，到关中、陕南各地视察民众运动。中共陕西省委和西安学委认为这是发展统一战线、宣传抗日的有利机会，遂通过西安学生分会和民先西安队部选派了一批学生党员和进步学生参加了这一发动群众的工作。与此同时，西安学委、西安学生分会、民先西安队部，以及各校党支部、学生支会，为学生下乡宣传活动做了许多深入细致的准备工作。同时，督促省抗敌后援会给工作团所到之地的国民党当局写介绍信，要求负责解决困难，发给十至三十元经费。还通过西安师范学生支会组织了农村工作实验团，到长安农村实习一周，摸索和总结了五条经验，进一步提高了西安学生到农村去的信心。

11 月初，在中共陕西省委和八路军驻西安办事处的支持下，西安广仁医院、同仁医院、培华中学的十四名青年医生、护士和学生，在同仁医院院长罗锦文带领下，组成西北青年抗日前线救护队，奔赴山西抗日前线，进行战地救护。从平津三校迁来西安组成的西安临时大学（今西北大学前身）的师生饱尝沦陷之苦，抗日热情极高，他们组成"西安临大战地服务团"，前往潼关、华阴、朝邑、大荔等地开展救亡活动。学校的"民先队"还多次与西安"民先队"联合行动，进行游击战演习，请八路军驻西安办事处派员前来指导，许多人经过训练，先后奔赴第二战区和陕甘宁边区。

为组织和动员农民参加抗日救国斗争，中共陕西省委和西安学委通过西安学生分会和民先西安队部选派一批党员学生和进步学生参加民众运动视察宣传队。从1937年11月到1938年春，全省学生先后多次大规模组织农村工作团、寒假工作团、战时工作团等等，深入农村、战区开展抗日宣传救亡工作。1937年11月，西安学生以民先队为骨干，先后分四批组织了六十五个农村工作团，深入关中、陕南各县，运用集会、讲演、座谈、访问、歌咏、演出、漫画、戏剧等多种形式，宣传中国共产党的抗日路线、抗战形势和救护知识，帮助建立各种救亡团体，培养发展学生和教师中的优秀分子入党。同时，西安学生分会、西北文艺青年协会、平津同学会、省妇女慰劳会、新文字促进会还组织剧团、文艺宣传队到各地农村巡回宣传演出。汉中、凤翔、扶风、武功、眉县、三原、泾阳、合阳、潼关、华县、华阴、蒲城、韩城、渭南等县的中小学生，也受到影响深入农村开展宣传组织工作。12月下旬，八路军副总司令彭德怀从前线回延安途经西安，在西安师范操场向西安学生做了《目前抗战形势与今后任务》的报告，使西安学生倍受鼓舞。这时省委在云阳召开第一次扩大会议，高度赞扬青年学生已把青年运动从西安扩大到外县，从城市发展到农村，再次号召青年学生在寒假期间，采用回乡工作团、寒假工作团等方式，经过合法的手续，取得国民党各级抗敌后援会的支持，到农村开展抗日救亡工作。于是全省学生在1938年寒假再次掀起了到农村和战区工作的热潮。

1938年1月，西安学生组织了七十多个寒假工作团、回乡工作团和流动宣传队，用省抗敌后援会的名义到关中、陕南以及河南、山西战区，进行民众抗战的宣传、动员、组织活动。工作团和宣传队十分注意同当地国民党党政机关改善关系，取得合作。派到合阳的工作团通过统战关系，给每个联保派了一名学生指导员协助工作。汉中同学会、民先队和西北联合大学学生组织的农村工作团、宣传队、歌咏队、剧团，遍布汉中各县开展了长达三个月的宣传活动，迅速推动了汉中地区救亡运动的高涨。武功西北农林专科学校民先队组织的三个宣传团，先后深入关中近十县唤醒民众抗日。凤翔师范学生支会多次组织工作团、宣传队到西府各县农村通过办夜校、出壁报、演节目、座谈访问等形式进行宣传。此外，三原各校，蒲城、韩城、合阳、华县等中学也分别组织了工作团到农村宣传、组织群众抗日。参加工作团的学生们在各地农村，白天广泛和各界进行联系，深入农民、商人、教师、妇女、青少年、难民之中调查访问，召开大会宣传演讲，教唱救亡歌曲，帮助训练壮丁，组织各种抗日救亡团体。他们和农民建立了深厚的感情，学会了热心为群众服务、耐心说服工作对象、虚心接受批评意见等工作方式、方法。不仅唤醒了陕西民众，成为"救亡运动的骨干与坚强的推动力量"，而且是中共向工农发展的启蒙者、传播者，学生党员成为抗战初期陕西国统区多数县重建党组织的领导者。

1938 年 2 月，岐山县旅省同学寒假工作团三十余人返回岐山进行抗日救亡宣传。他们每日出抗战简报，印发小型抗日宣传品，张贴抗日标语，教唱抗日歌曲。宝鸡县马营小学五、六年级学生组成宣传队、歌咏队，在集日、庙会时，到马营街上、戚家崖、永清堡、凉泉等地演出街头剧。

1938 年春，日军炮轰黄河河防阵地，中共陕西省委号召全陕军民奋起保卫陕西，号召青年学生武装起来参加战争和军队。陕西青年学生响应省委号召，率先行动。东府党组织通过统战关系，以国军一七七师名义在合阳举办了沿河七县学生军训大队，二百余学生踊跃参加，积极准备迎接战争。民先西安队部相继动员了三百多名队员到前线参军参战，还在城南举行了四五千人的军事演习。西安学生分会和平津同学会、省妇女慰劳会、西安妇女抗救分会、东北救亡总会以及国民党领导的西北青年抗敌协会，共同组织了沿河慰劳团，到陕西东部沿黄河一带各县国民党驻地宣传慰问，先后慰劳了华阴樊崧甫部驻军、潼关二十八师董钊部、大荔新八军黄杰部、朝邑警备旅孔从洲部，最后到合阳慰劳李兴中的一七七师和由山西前线运回来的伤员和部队。其间，蒲城中学、韩城中学、华县咸林中学、三原三中、三原女子中学、渭南赤水职校、凤翔师范学校等学校，也组成工作队，深入农村，开展抗日救亡宣传活动。合阳组建了以青年学生为主体、以共产党员和民先队员为骨干的两万多人的抗日民众自卫队。户县青救会改造、争取了土匪武装"白带子会"，收缴了地主枪支，成立了一支武装游击队。商县中小学先后有三批学生奔向抗日前线。

与此同时，中共陕西省委再次要求西安学生组织战时工作团到西安以东各县组织动员武装群众。省委书记贾拓夫专门在省委机关刊物《西北》上撰写了《学生战时工作团应该怎样工作》一文指导这一活动，强调指出"战时工作团是教育锻炼青年的学校，战时工作团水平要提高一步，不仅宣传，而且组织、武装民众，必要时把工作团变为游击队，开展抗日游击战争"。于是，西安学生分会一面冲破国民党陕西省党部的干扰阻挠，一面争取与省抗敌后援会合作，先后组织了有五百余人参加的十九个战时工作团，奔赴华阴、潼关、合阳、朝邑、华县、大荔、韩城、澄城、富平、渭南、高陵、临潼等县，时间长达一个多月。

1938 年 10 月，在山西抗日战场上抗敌负伤的数千名伤病员运抵西安火车站，西安学生分会和"民先队"发动全市学生到火车站连夜将伤病员抬往医院，组织人员到医院为负伤战士服务，并上街为伤病员募捐衣物，女学生为伤兵缝制棉衣近千件。

在青年学生抗日救亡活动的推动和影响下，陕西各地工人、农民、知识分子、市民也纷纷行动起来，广泛开展募捐、义卖、慰劳等活动，各种形式的抗日救国会、抗敌后援会、抗敌宣传团、民众救国团、募捐会、妇救会、抗敌图书会、冷娃团遍及全省各地。1937 年 9 月 18 日，西安各界群众在革命公园隆重集会，纪念九一八事变六周年，工人、农民、市民、学生及政府机关人员六万余人臂戴黑纱，以志悲悼抗日阵亡将士。会后，举行了声势浩大的示威游行，沿途高呼口号，高唱抗战歌曲，群情激奋，斗志昂扬，充分表达了三秦儿女抗战的坚强意志。10月，西安大华纱厂、华丰面粉厂、咸丰面粉厂等厂工人及蓝田、户县、三原、长安等县民众也举行游行。同时，全省各地的抗日募捐活动也搞得热火朝天。在西安，各界民众开展了空前的"捐献一日所得运动"，将捐献的钱、物全部运往抗日前线。在咸阳，各县民众有钱出钱、有物捐物，为前方将士募集了大量现金和生活用品。仅咸阳一日就募得数千元，一个村捐得的棉花堆放了一大教室。地处秦巴山区的汉中各界民众也不甘落后，掀起空前的后援募捐活动。南郑县中山女中的教师、女学生自动组织起来，为前线官兵缝制寒衣，做布鞋。陕西黎坪垦殖管理局局长安汉，除负责安置沦陷区流亡来的三万难民外，还为抗日捐献了一架飞机。

三、反对国民党解散救亡团体

1937年6月15日，国民党省党部恢复办公，逐步限制、取消青年学生的抗日民主自由权利。共产党所领导的西北各界救国联合会、西安学生救国联合会、陕西省青年救国联合会、西安市各界救国会等十四个抗日救亡群众团体即于16日书面请求其领导，要求参加更广泛的抗日救亡活动。国民党陕西省党部提出组织抗敌后援会，中共陕西省委即于7月19日致函表示赞同。为了开放民众运动，增强抗日力量，省委还向国民党省党部提出六项建议，促使进一步扩大抗日救亡活动。

但是，国民党陕西省党部坚持蒋介石片面抗战的路线，从开始恢复组织就对共产党及其领导下的抗日救亡群众团体采取了敌视、限制、打击、取缔的方针。又以"统一指挥，整齐步伐，合一意志"为名，公然侵犯陕西青年学生和人民的抗日救国权利。

1937年8月24日，国民党陕西省党部在《西京日报》刊登了取缔西救、学联等抗日救亡团体的十八号通告，诬蔑省学联、西安学联、西北各界救国联合会等十四个救亡团体是非法团体，强令克日取缔。

省党部的通告震惊了爱国青年和社会各界。被下令解散的十四个团体立即于28日联合发表《致国民党陕西省党部的一封公开信》，申述"救亡团体乃群众爱国热忱所结成，救亡运动不能靠一个形式和一个名称把民众动员组织起来，在当前民族危机严重关头，亟应加倍努力群众动员工作，省党部加救亡团体以罪名，陷救亡群众于法网，实为自抛其卵、自覆其巢的反动政策耳"。中共陕西省委从民族利益出发，立即于9月1日向省党部、西救、学联发出快邮代电，义正词严地指出：在亡国灭种大祸来临之紧急关头，省党部取缔十四救亡团体，实足以帮助敌人对华之侵略。省党部和省政府应给人民抗日救国之民主自由，应允许西救、学联加入抗敌后援会，抗敌后援会应即行改组，以容纳各界救国之人才，共同组成救亡统一战线。接着省委于9月13日专门就巩固扩大学联问题，给中共西安学委发出指示信，要求以巩固扩大学生的力量、团结平津流亡学生、加强与外县学生的联系、形成全陕学生统一救亡组织为方针，学联既不能解散，也不能分裂，改名称必须在抗敌后援会改组条件下来考虑。如省党部不顾一切地压迫学联解散，就必须在统一战线原则下发动学生用请愿、示威、罢课等方式坚决反抗。随着斗争的深入，9月18日，省委再次指示西安学委、西安学联可以改名为抗敌后援会做让步，以换取学生救亡组织的合法存在。

省学联和西安学联等青年救亡团体，按照中共陕西省委的指示，坚持全省学生必须有总的独立组织的正义要求，同省党部据理力争。通过谈判、斗争和必要的让步，在省抗敌后援会实行改组的条件下，省学联停止了活动，西安学联改名为陕西省抗敌后援会西安学生分会，继续成为包括西安大中小学全体学生在内的、名义上由国民党领导、实际上只接受共产党领导的西安学生统一战线组织；各县学生救国会也相继改名为合法的县抗敌后援会学生分会。

陕西学生通过斗争取得了合法的抗日救亡组织的地位，但是，国民党陕西当局依然极力压制和阻挠学生参加抗日救亡工作，设置重重障碍，加重学习负担，不准学生上街募捐、演剧，不让学生下乡宣传。而官办的省抗敌后援会对抗日救亡工作亦是包而不办，成了群众的尾巴。针对国民党顽固派的倒行逆施，中共陕西省委于 1937 年 10 月 10 日致书国民党省党部，"坚持要求省党部立刻自我批评，改变自己过去对民众运动的种种错误政策，立刻开放民众运动，给民众救国抗战的民主自由""彻底实现陕西民众救亡统一战线"。10 月 19 日，西安学生一万多人在易俗社广场召开大会纪念鲁迅逝世一周年。参加大会的群众一致高呼"开放民众运动！""改组抗敌后援会！""实施国难教育"等口号，高唱救亡歌曲。国民党陕西省党部郭紫峻、国民党军事委员会委员长西安行营任觉伍和十几个带枪的侦探也来到会场，准备进行破坏。但因群情激昂，郭紫峻和任觉伍无机可乘，在开会前都溜走了。会上代表纷纷发言，严厉谴责国民党压制民运的错误政策，得到广大群众的热烈欢迎。最后大会一致通过提案，选出总指挥，整队游行，到国民党陕西省教育厅请愿。万余人组成的游行请愿队伍高唱着《请愿进行曲》来到省教育厅请愿，厅长周伯敏慑于学生的压力，早已躲到省政府。学生们气愤至极，又奔向北院门省政府。先是派代表进去和省政府主席孙蔚如进行交涉，迫使省政府主席孙蔚如同周伯敏来到省政府大操场，当面向学生答复请愿要求，同意开放民众运动和实施战时教育。不久就颁布了《陕西省中等学校战时教育实施方案》。陕西大部分学校的学生基本上获得了半日上课半日参加救亡工作、到农村去做抗日宣传等抗日民主权利。

　　国民党陕西当局被迫开放了陕西青年抗日救亡运动，但对陕西青年的巨大作用依然十分惧怕，把持部分学校领导权的反动校长照样不断伺机压制学生运动，迫害进步学生，省教育厅还多次撤换了不少支持学生救亡的进步校长。于是广大学生在投身于救亡工作的同时，继续同顽固派进行了许多争取抗日权利、维护自身利益的斗争。凤翔师范校长忽子申反对学生下乡宣传，12 月，在校民先队带领下，全校学生开展了驱逐忽子申的学潮。经过党团组织的正确引导，校学生支会以抗日大局为重，采取有退有进的策略方法，使得省政府主席孙蔚如、秘书长杜斌丞答应了实施战时教育、撤销忽子申校长职务、查处学校贪污等要求。12 月 12 日，省会警察局以搜查汉奸为名，包围了西安二中并打伤三名学生，中共西安学委发动全市学生开展反对警察殴打学生的斗争。省政府下令逮捕肇事警察、给警察局长记过。1937 年冬，商县中学校长刘壮武诬蔑学生救亡是"非法行为"，童子军团长袁成之武力阻挠学生上街宣传，商县中学师生奋起罢课、请愿，迫使国民党商县当局答应了学生的请愿条件，撤换了刘壮武和袁成之。此外，同州师范、蒲城（尧山）中学、三原省立三中的爱国学生，也分别开展了驱逐克扣学生伙食的校长马凤岗、要求撤换压制救亡运动的校长米俊生、挽留支持学运的校长冯苒周的斗争，都有力地打击了顽固派的反动政策，扫除了救亡道路上的障碍。

1938 年 2 月 23 日，国民党陕西省党部又在西安各报发表通告，借口未经"合法登记"，提出解散中华民族解放先锋队、西北青年救国会、西安文化界协会、西安编辑人协会、西安市中等学校教职员联合会等十三个抗日救亡团体。5 月 17 日，国民党陕西省党部又重申前令，限各团体七天内一律结束，宣告解散。5 月底至 7 月，反动军警逮捕了民先、青救、新文字协会的负责人于志元、蔺克义、何志诚、李连璧、陈宇五人。6 月 7 日，国民党陕西省党部负责人于西安各报发表谈话，攻击各抗日救亡团体是"不法青年团体"。

针对国民党顽固派的倒行逆施，中共陕西省委机关刊物《西北》周刊发表了《关于解散西安十三个救亡团体》的社论。要求国民党陕西省党部在抗日救亡的大前提下，给予各救亡团体以合法地位，以发挥其抗战积极性，为国效命。6 月 15 日，中共陕西省委负责人对新闻记者发表了关于当前陕西救亡运动一些问题的谈话。6 月 22 日，欧阳钦又在《西北》周刊上发表了《我们的意见》一文，指出：国民党陕西省党部解散救国团体，逮捕爱国青年，是违犯抗战建国纲领、破坏抗日团结、分裂抗战力量的行为，必须立即停止。各救亡团体也纷纷发表告各界同胞书，抗议国民党陕西省党部这一反动行径，要求他们收回成命。社会舆论和广大爱国群众积极声援和支持抗日救亡团体，数千人签名抗议国民党顽固派的反动行径。在人民群众的压力和指责之下，被捕的爱国青年于1938 年 9 月 4 日获释。

国民党陕西当局为了进一步推行他们压制和取消群众抗日救亡活动的反动政策，加紧反共反人民的法西斯统治，于1938年8月开办了陕西省战时行政人员训练班。训练的中心内容是防共反共，规定毕业学员必须加入国民党及其执行防共反共任务的小组，企图实现其"全党特务化""社会化"的法西斯口号。为了控制青年运动，毒害青年，国民党还采取以数量胜质量的办法，大量发展反共的法西斯青年组织——三民主义青年团（简称三青团）。1939年4月16日，他们以国民党御用的青年组织西北青年抗敌协会、西北青年抗敌先锋团为基础，成立了三青团陕西支团部，胡宗南为支团部主任。其主要任务是进行反共活动，依靠其中忠实于反动派的骨干及其一些核心团员做政治调查、社会调查及特务调查。其内容除一般的团务外，着重了解当地共产党活动情形及青年动向。为了更广泛地扩展组织和进行特务活动，国民党和三青团还以举办社会服务事业为幌子，建立了许多外围组织，设立青年服务社，开办青年食堂、合作社、民众学校、俱乐部、补习班、职业介绍所等，举办各种集会、竞赛和娱乐活动。通过这些机构和活动的伪装，把他们的法西斯触角延伸到青年活动的各个领域。当时，一般青年大都在中国共产党的影响下，不愿参加三青团。国民党、三青团便用保证学业、保证出路、发奖学金、加薪升级等办法诱骗青年。对那些不受利诱和威胁的人，则采取打击、排挤、迫害的办法，甚至以"思想不纯"为借口逮捕监禁。1939年底，国民党又颁布了所谓"非常时期人民团体组织纲领"，严禁各抗日救亡团体活动，加上在农村实行联保统治，使国民党在陕西广大城乡一党专制的法西斯统治进一步加强。

在这种情况下，中共中央书记处在1940年8月16日《关于陕西工作的决定》中指出：必须"充分利用一切公开合法的可能去进行群众工作，应把进行公开合法团体中的工作，看作目前群众运动的主要方向"。根据政治形势的变化和中共中央、陕西省委的工作部署，陕西各地党组织在领导群众斗争中，注意在群众中建立广泛、公开、合法的、各种各样的小型组织。在学校和青年学生、教师中建立学生自治会、教师联合会、学术研究会、灶务委员会、读书会、篮球队等；在农民中建立夜校、自乐班、孝义会、冷娃团、兄弟会、姊妹团、识字班等。如西乡县 1939 年仅夜校、识字班即办了三十多个。在斗争方法上，坚持摒弃一些过"左"的做法，注意脚踏实地，从群众最关心的生活问题开始，逐渐引导群众参加一些政治斗争。据不完全统计，从 1939 年开始，各地党组织领导的比较大的群众斗争即有五十多次。同时，党组织还十分重视在斗争中培养群众领袖，要求党员和斗争中的骨干分子经常关心群众的生活，为群众谋利益，同群众保持密切的联系，真正取得群众的信仰，说话有人听，做到必要的时候一呼百应，又不暴露自己的身份。

四、青年抗日统一战线

在抗战初期的陕西国统区内，既有由共产党直接领导的被国民党视为非法的以先进知识青年为骨干的青年救亡团体，又有名义上由国民党陕西各级抗敌后援会领导、取得了公开合法身份、实际上由共产党领导的青年救亡团体，还有由国民党直接领导的经常与共产党领导的进步青年团体闹摩擦的青年团体。

由共产党直接领导的青年团体主要是民先队、青救会、西北青年文艺协会和西安新文字促进会。抗战爆发后，民先队以西安为中心，迅速在关中、陕南各县发展，并统一了对陕西民先队的领导。到暑期，全省民先队发展到最高峰，建立组织的县有四十多个，还相继成立了渭北、汉南地区性的队部，队员万余人。

抗战爆发后，1937 年 10 月，西北青救会领导人经常往返延安、西安，并根据中共陕西省委要求，于三原县斗口镇创办了战时青年短期训练班。1938 年 1 月，青训班迁往泾阳县安吴堡，继续为陕西国统区培训了一批批青运骨干。

随着上海、太原、南京、济南等地的相继失陷，华北和东南沿海大批青年学生向西北内地流亡，特别是临汾失守后，大批热血青年来到西安要去延安，以求抗战求真理。八路军西安办事处门前，不但拥满了普通学生和工人农民，还会聚着一群群拄文明棍，穿高跟鞋，着长袍马褂，穿旗袍，手捻佛珠、身披袈裟的男女青年。当时延安的"抗大""陕公"都难以容纳蜂拥而至的爱国青年。针对这种局面，毛泽东指示青训班"来者不拒"，面向爱国青年敞开大门。于是，青训班发展为全国培养青年抗日干部的学校。为加强对陕西国统区青年运动的指导，西北青救会还相继设立了西安办事处和渭北办事处。陈云同志担任中央青委书记后，明确指示青训班"要向全国撒种子"，以推动抗日救亡和青年运动的更大发展。青训班学员毕业后，除送往延安外，还大批奔赴各抗日根据地及抗战前方。他们深入到国民党友军、地方群众及各抗日团体中，以抗战为己任，奔向战区，推动当地抗日救国运动的蓬勃发展。从1938年初开始，青训班和西安办事处陆续派人到关中二十多县建立半公开的以先进青年为成员的青救会组织，暑期发展到最高峰，会员约达三千人，同年12月初成立了陕西省青救会。

西北青年文艺协会和西安新文字促进会，均是西安事变后西安知识青年中以新文字爱好者和文艺爱好者为主要会员的在共产党直接领导下的进步青年团体，公开在西安以文艺形式和新文字为武器，开展抗日救亡宣传工作。

取得了公开合法身份、名义上由国民党抗敌后援会领导，实际上，由共产党领导的进步青年组织，有省抗敌后援会西安学生分会、省妇女慰劳会和西安平津同学会。省抗敌后援会西安学生分会，包括了西安大中小学两万多学生会员，是全国学联的模范分会之一。各县抗敌后援会学生分会也团结了三四万学生在中共的周围。陕西省妇女慰劳会，在西安二十二个学校和全省三十七个县建立了支会。西安平津同学会，以平津及其他各地流亡西安的学生为会员，以解决流亡学生求学和生活困难，开展抗日救亡宣传为主要任务，受中共西安学委、西安学生分会、民先西北和全国队部的指导。

国民党陕西省党部的青运政策，由强制包办青年运动、不要青年组织，转向与共产党争夺青年、重视建立自己直接领导的青年组织之后，1937年11月在西安建立了西北青年抗敌协会（简称抗协），之后又陆续在关中、陕南二十余县建立了抗协分会。接着又于 1938 年 4 月建立了西北青年抗敌先锋团（简称抗先），组织先后发展到关中、陕南各县的主要学校。

为了发展陕西青年统一战线，中共陕西省委早就提出用抗日救亡、民主运动、战时教育的纲领和不同组织形式把全省青年组织起来的任务。在对待抗协、抗先的关系上，省委要求各进步青年团体既要帮助他们进步，在共同纲领和共同行动中求统一，又要开展批评和说理斗争；同时，还选派了一批青年党员、民先队员参加到这些组织中以便做争取工作。

抗协刚成立，就用特务手段蒙骗学生参加。西安某校出现的《参加抗协十六条》提出：参加抗协有饭吃有衣穿，有皮鞋、呢子大衣，每月薪水八元，每人一支手枪，服从队长，铲除民先，受训后到各县领导革命，在各县训导民众时，每人每月薪金八十至一百八十元。而且立即制造摩擦，分裂青年运动。中国共产党领导的进步青年团体对此采取了孤立打击的态度，揭露其"挂羊头卖狗肉"的嘴脸，一些被骗学生纷纷自动退出抗协。这时，中共陕西省委及时指示各进步青年团体，"以最大的努力来统一青年运动，反对任何分裂现象，运用统一战线的方式建立全陕的青年统一战线的组织"，在救亡工作上尽量与其合作，在组织上动员进步青年参加抗协，同时，欢迎抗协参加学生分会，争取转变其为真正的青年救亡团体。周恩来也在西安各青年团体代表同国共两党的陕西负责人座谈会上，特别强调要从大局出发，进一步巩固和发展陕西青年抗日统一战线。西北青救会冯文彬等主要负责人则深入青年学生中公开讲演，耐心地做说服解释工作。

根据中共陕西省委的意见和周恩来讲话精神，在西北青救会的主持下，1937 年 12 月 23 日，西安学生分会、民先西安队部、西安平津同学会、省妇女慰劳会、西北文艺青年协会、西北青年抗敌协会六团体制定了《共同活动的纲领》。此后，六团体很快建立了联席会议制度，共同讨论抗战形势和青运方向与任务，联合组织了春假集体行军。西北青救会的安吴青训班还专门为抗协举办了训练青年军事干部的游击战术训练班。

1938 年 4 月初，陕西学生参加全国学联代表大会的代表，受中国青年救亡协会委托，回西安后积极着手建立中国青年救亡协会西北分会。为此，西北青救会西安办事处和民先全国队部、西北队部、西安地方队部，通过舆论工作在西安公开呼吁统一青运；西安学生分会、省妇女慰劳会积极着手筹备青协西北分会，各进步青年团体还在五四期间专门举行了统一青运座谈会。而国民党领导的抗协、抗先态度极为冷淡。5月下旬，为欢迎世界学联代表团来西安，西安国共两党领导的十六个青年团体召集联席会议。在国民党省党部的同意下，成立了西北青年招待世界学联代表团委员会，选出西安学生分会、平津同学会、省妇女慰问会、民先全国总队部、西北青救会、抗协、抗先七单位为常委，并兼负筹备西北青运统一组织的责任。国民党省党部企图乘此之机操纵统一西北青运的领导权，继续打击、压迫被下令解散的西北青救会等十三个救亡团体，强令解散西北青年招待世界学联代表团委员会，策动抗协、抗先发起组织中国青年抗敌协会西北分会，只许合法团体参加，不许民先、青救等团体加入，捏造了二十多个实际不存在的青年团体名字，以便在会场上形成绝对优势。同时，又抛出"一元化""化学的化合"等谬论，以假统一代替真统一，于是掀起了一场统一青运的大斗争。

这时，中共陕西省委正确分析了陕西青年运动的形势，及时指示西安学生分会一面参加抗协、抗先发起的中国青年抗敌协会西北分会，一面组织全省学生讨论统一青运的正确主张。省委书记贾拓夫在《西北》发表了《我们对统一西北青运的意见》，提出"各青年团体必须在抗日救国的大前提下与各团体共同遵守的行动纲领之下，建立起青年统一战线和共同领导机关"。西安学生分会在筹备起草的纲领中提出，"在三民主义最高原则下，依据抗战建国纲领，团结全西北青年，集中力量消除摩擦，有计划有系统地开展各种抗战工作""在不违背统一纲领及正确原则下，各会员团体有其独立性"。得到了其他团体的赞同，被中国青年抗敌协会西北分会所采纳，促使抗协西北分会成为一个联合性质的组织。虽然民先队、青救会等组织被当局指控为"非法"团体而排斥在外，但却争取了基督教男青年会、女青年会、抗敌后援会妇女分会和武功、三原、华县进步学生团体的赞成与支持，团结了广大青年学生，打击了国民党压迫学生运动的反动政策。

在建立发展陕西青年统一战线中，陕西各级党组织及其领导的进步青年团体，选送了一批又一批青年到安吴青训班和延安革命干部学校学习，数以千计的青年先进分子被吸收为共产党员。省委还及时地在全省大多数学校建立了党支部，在西安、汉中、三原等学校集中的市委、县委建立了党的学生工作委员会。各进步青年团体内部，均有严格的组织生活和民主集中制制度，定期组织学习、讨论工作、改选领导机构和开展批评与自我批评。创办的机关刊物和壁报，举办的各种训练班、学术研究会，建立的读书会、阅览室、识字班、救亡室和书店，均成为广大青年学生汲取营养和力量、交流思想和学习体会的重要阵地。在抗日救亡实践的锻炼和考验中，陕西青年迅速成长起来，使抗战初期重建和发展中的陕西党组织的干部队伍得到源源不断地补充。

第四节　西北工合运动

工业合作运动，简称工合，它是在 1937 年抗战爆发后，由国际友人和国内各派进步力量发起，旨在弥补因战争而遭受到损失的工业生产力的不足，以工业生产为目标，采取合作化的方式，组织民众在大后方以及战区进行生产自救的生产运动。它对于缓解战时军需品及日用必需品供给的紧张局面做出了极大的努力，从而为支援抗战发挥了积极作用，当时曾有"经济国防线"之誉。

一、工合运动的创立

抗战开始，日寇为截断我国外援，加速摧毁我经济和军事力量，还在海口实行了严密的经济封锁。1937 年 8 月，先是封锁了北方各港至上海的航路，1939 年 5 月，又禁止第三国船只在中国沿海航行。1940 年 6

月，日寇侵入越南后，切断了滇越路，继而又封锁了滇缅路。至此，我抗战后方的对外交通几乎完全断绝，这就使内地市场大感困顿。同时，随着抗战的全面展开，军用被服、药品、军火和日常生活品等需用倍增，后方供需紧张，制成品价格飞涨。在此情况下，因势利导，以合作方式动员后方人力物力，从事日用品和简单武器的手工生产，便有助于改善军需民用的紧张状态，支持抗日战争。

1938 年 3 月，由上海各界爱国人士刘湛恩、胡愈之、萨空了、梁士纯、徐新六等人出席的一次"星一聚餐会"上，斯诺夫妇和艾黎提出了"一个在中国建立工业合作社的概略计划"。他们谈到组织工业合作社的重要性时，认为抗战将是长期的，中国沿海一带工业区渐遭沦陷，后方工业品十分缺乏，为了支持抗战应采用合作社的方式，发展小型手工业或半机器工业，利用大后方的丰富资源和流落到抗战后方的工人难民，从事各种迫切需要的日用工业品的生产，供应军需民用。用这种方式建起一道经济防线，配合游击战争，坚持长期抗战。这一设想当即得到"星一聚餐会"的全体成员一致赞同，并于 4 月成立了中国第一个工业合作社设计委员会，大家共同推路易·艾黎负责召集，并由卢广绵、林福裕和吴去非参加设计委员会，协助路易·艾黎起草组建中国工业合作社的计划。

设计委员会经过一段时间的研究讨论，于 5 月写出了一份成立中国工业合作协会和发展工业合作社的计划草案，由"星一聚餐会"的中外进步人士开会讨论，专门加以研究。大家认为，要在全国范围内开展工业合作社运动，应取得国民政府行政上和财务上的支持，以便顺利进行；同时，也必须保持这个组织的群众性，这样才能调动广大难民、工人的积极性，并可以得到海外华侨和国际友人的支援。于是，会上便推举徐新六携带这一计划前往武汉去见行政院长孔祥熙，以期得到国民政府的支持并拨给资金。孔祥熙为了利用工合运动将会在全国内外发生的影响，挽救遭受到严重损失的工业生产力，对工业合作给予了政策上的支持；同时，也为当时武汉地区浓厚的抗战气氛所推动，同意成立中国工业合作协会，并答应由国民党政府拨给资金五百万元，作为开展组织工业合作社的基金。这样中国工业合作运动就得以在全国范围内普遍迅速地开展。

经过各界抗日进步力量的共同努力，1938年8月，"中国工业合作协会"在武汉宣告成立。孔祥熙出任理事长，艾黎被聘为技术顾问。同年底，在重庆建立起工合总会的组织机构。刘广沛任总干事，梁士纯任副总干事。总会组织下设总务、业务、财务、推进、组织、技术六个组，总务组长为傅清淮，业务组长由刘广沛兼，财务组长为杨子厚，推进组长为沙千里，组织组长为卢广绵，技术组长为林福裕。工合总会理事也同时组成，共二十余人，其中既有国民党方面的王世杰、邵力子、张治中等人，也有共产党方面的林祖涵、董必武、邓颖超，还有各界著名人士沈钧儒、黄炎培、莫德惠等。根据理事长孔祥熙的建议，推举宋美龄为名誉理事长。

工合协会成立之后，便在武汉举办了一期"合作讲习班"，主要是培训骨干，讲授如何把组织工业合作社的运动开展起来的问题。讲习班一结束，艾黎就派卢广绵等前往陕西宝鸡筹组第一个办事处。1938年8月23日，工合西北区办事处在宝鸡成立。工合运动最先在宝鸡开展，一方面是抗战爆发后，日寇对占领区工业的破坏掠夺，严重打击了整个中国工业，造成了我后方军事和生活物资供不应求的紧张局面；另一方面，随着抗战的全面展开，军用被服、药品、军火和日常生活必需品等需用倍增，价格飞涨。在此情况下，以合作方式动员后方人力物力，从事日用品和简单武器的手工生产，对于改善军需民用的紧张状态，支持抗日战争有着十分重要的作用。

在西北创办和发展手工合作生产，具备着许多有利条件。首先，西北是抗战的大后方，幅员辽阔，物产丰盈，有手工业生产取之不尽的资源。绵亘数百里的关中、陕南产棉区，加之滔滔黄河的水力资源，这一切为发展西北手工业生产提供了极为有利的条件。其次，西北经济水平适宜发展手工业生产。因为西北地处偏僻，交通闭塞，手工生产蔚成风气。最后，沦陷区劳力、资金的拥入，也为发展西北手工业生产提供了条件。

日本人侵后，从战区撤退来的难民和技术工人，源源不断地拥入西北，是一支宝贵的技术力量。

工合的宗旨就是打破日军的经济封锁，实现生产自救，支持长期抗战。为此，工合创始人埃德加·斯诺创作了《工业合作社之歌》：

"我们是中国工合的社员，
我们团结起来进行建设和生产，
用我们的血肉，
组成不可征服的力量，
打倒日本帝国主义！
我们身体健壮、意志坚强，
敌人的装甲兵算得了什么，
我们是中国工业合作社的铁军！"

为了适应各地即将兴起的工合运动，工合总会制定了一整套的规章制度。其规定："每个合作社至少需要七个社员，每个社员至少需拥有自己一股。而最多不得超过资本总额的百分之二十。任何情况下每个社员只能有一票投票权。"这样，从所有权上保证了工合每个成员的平等利益。为了贯彻工合的民主管理和民主经营，还规定："每个工业合作社的社员都可自行决定其自己的工作时间和报酬，其主席系由社员中选出并作为领班。举行例会由所有社员参加讨论各项计划和问题，对于任何社员的失误应由全体社员进行批评和裁决。"总之，工合的基本原则和人人遵循的格言是："我为人人，人人为我。"

西北工合的组建和发展得到中国共产党的亲切关怀和国内进步团体、国际友好人士以及海外侨胞的热情赞助。

毛泽东在延安同斯诺谈话时曾指出："我们支持在战争中建立无数小工厂作为重建经济重要组成部分的设想，这能够实现许多目标……一切中国的朋友都应支持这一进步的运动。"1938年6月，当艾黎和斯诺在汉口筹组工合协会时，还得到周恩来的热情鼓励和具体指导。周恩来指出，工合的主要任务必须是促使蒋介石抗战，不要让他投降，尽可能地多争取美国和其他国家对工合的支持。周恩来同志还从抗战大局出发，对工合的性质、任务、组织领导等重大问题给了明确而具体的指导。这对西北工合的组建和发展产生了深远的影响。

随着工合组建热潮的兴起，为了更好地体现中国共产党的统一战线政策，1939年，陕甘宁边区召开了生产者合作社代表大会，一致投票通过将边区广山、一台合作社纳入"工合"宪章。西北工合在解放区的事务所——延安事务所和晋东南事务所也先后宣告成立，并由曹菊如、孟用潜分别任主任。后来，延安还曾派刘鼎、赵一峰、陈康伯、毛泽民等到宝鸡，帮助研究进一步巩固发展工合的问题。经过深入调查研究，他们建议西北工合要坚持民主办社，并应在陕甘川交通要冲、秦岭环绕的双石铺发展一些较重要的基础工业，以便在将来日军突破潼关西进时，可以利用双石铺的有利地形建立抗日游击根据地。西北工合重视并采纳了这个意见和建议，在双石铺建立了工合事务所，并迅速组建了二十五个合作社，经营范围包括机器制造、采矿、纺织、服装、化学酿造、食品加工等，是当时西北工合行业门类比较多的工业基地。

西北工合还得到国内各进步团体特别是宋庆龄及其领导的工合国际委员会的大力支持。宋庆龄曾赞扬工合运动是"生产者自身的运动，同时也是为生产者而发动的""目的是人类的复兴，经济的改造和培养民主教育"。1939年7月，工合国际委员会在香港成立，宋庆龄为名誉主席，香港美国主教何明华为主席，斯诺、艾黎、普律德和港澳爱国人士钟秉锋、郑铁如、何东及国府要员宋子文等二十多人为委员，陈翰笙任秘书，陈乙明为会计。他们在国外开展募捐活动，以支援中国人民的抗日斗争。在纽约、伦敦、马尼拉、香港也都成立了工合推进委员会或称工合促进社。他们热情宣传中国抗战的意义，宣传工合对支持长期抗战的作用，并在海外华侨和同情中国抗战的社团与朋友中募捐。工合国际委员会曾先后募得国外捐款两千多万元，其中相当部分用于支援陕甘宁边区的工合事业。这对于边区人民粉碎顽固派的封锁，克服困难，争取经济好转，起过积极作用。

工合曾得到美、英、新西兰等国人民和海外华侨的捐款。据1940年10月出版的《实业通讯》记载，菲律宾华侨捐助法币21.5万元；英国伦敦中英合作事业促进会主席白尼斯募集英金10万英镑；爪哇巨商华侨林氏捐助10万元；美国救济中国平民顾问委员会及美国基金团各捐法币2万元，继又捐助法币2.5万元。总共收到海外援助基金38万元又10万英镑。国民政府中、工、交、农四行的投资为，贷东南区100万元，重庆中国银行贷四川工合200万元，陕西金城银行及甘肃省银行、甘肃中国银行及农本局工合金库等贷西北区工合款数为293.5万元，广东省行贷粤省工合200万元，工合基金总数达到3 000余万元。国际热心人士的捐款，截至1940年已有500万元。

二、工合运动的发展

工合是中国战时政治经济的产物，所以它的发展受战时环境的影响很大。西北工合虽偏处大后方，但仍受其影响而呈现出阶段性的发展态势，大致经历了初创、整顿和苦撑的三个时期。

（一）初创时期（1938年8月—1940年6月）

1938年8月，第一个合作社在陕西宝鸡成立，半年时间就建立起西北、西南、川、康、云南五个办事处，成立了197个合作社，参加合作社的社员达6 000人以上，贷款120万元。合作社的门类有50多种，并应工合迅速发展形势的需要，在西安、凤翔、南郑组建了三个事务所，作为此地工合的基层指导机构。至1940年6月，工合区域已遍及16个省份。在全国广大地区，都可见到有三角形的工合标志。

随着抗战转入战略相持阶段和战争日益长期化，为支援抗战，粉碎日寇经济侵略阴谋，必须迅速、普遍、大量地组织工合社，于是西北工合社由陕西扩展至甘肃、山西、湖北、河南，并先后成立了天水、晋南、双石铺、陇县、延安、老河口、宝鸡、镇坪、榆林、勉县、安康等事务所，工合社已如期建立582个。这是西北工合社发展最快的时期。

这一时期，各事务所大都先利用文字与漫画的形式宣传工合，同时，对当地的经济状况和资源种类进行细致的调查，经研究认为有必要和有发展前途时，才组织成立合作社，以期尽量使工作适合抗战及民生之需要。有关向合作事业主管机关申请登记以及业务计划的安排、资金筹措、业务经营等事项，都由事务所派人协助进行。每一个事务所的工作区域和业务范围预先没有严格的规定，组社也没有计划和任务，一般视地方需要、经济状况和事务所现有的人力物力情况而适当掌握。最多时在 50 个上下，经常保持在 40 个左右。服务性业务的合作社多在县市区，生产性的多分散在郊区及周边地区。同时西北工合也注意对地方技术工人的培养，认为这是内地建立工业合作的基础，否则，随时有动摇之可能。

（二）整顿时期（1940 年 6 月—1941 年）

因初创时着重战区流亡同胞的救济和后方失业工人的安排，只注意了量的发展，工合社里难免鱼龙混杂，故须进行整顿充实和加强。整顿中还注意从西北资源的优势出发，扬长避短，确定以经营毛纺、皮革加工、机器制造为重点。此阶段还依各地区物产的不同而大致确定了事业中心区，如棉纺织区是陕南、河南；毛纺织区为甘肃、陕北；煤矿区是秦岭及甘肃南部为中心；冶金区是甘肃南部及洮河、岷江流域；造纸区是陕甘南部；桐油区是陕南；丝织区是陕南、河南两地并重等。其分布大体上是沿省内交通运输线或物产资源产地展开。经过整顿，社数虽有减少，但社务和经营却有明显提高，生产发展的基础较为坚实，所以，到 1940年 12 月，生产总值已上升为 7 248 933 元的最高水平。

能取得这样的成绩主要在于如下三个方面。

首先，是工合的事业进入了正常发展的状态。在人事安排上尽量地作到人尽其能，裁汰了一些未能称职的工合指导员和合作社管理人员，对有能力的社员进行培训并委以重任。合作社规章的制定在原则上不违反《中国工业合作协会模范章程》的前提下，为适应西北地方条件而做了适当的调整。就合作社业务而言，以因地制宜为原则，在原料产区就地组社，而在城区及近郊则以生产日用必需品为其主要业务。

其次，是军事订货的影响。支援抗战是工合的主要任务之一，中国工合曾承接国民党军需总署两次 150 万条总价值 4 000 万元的军毯加工任务，主要由西北工合完成。西北工合不仅如期交付，且因所织军毯质优耐用而获得军需总署的赞誉。除此以外，尚有被服、背包、鞋袜、棉纱等军用物资的生产任务。全西北区每年供应军需品产品总值应在全区总值的半数以上。西北工合 1941 年度销货额共计 2 455 030.21 元，而其中供应军需总额则达到 1 450 909.13 元，占到 59%，此数字尚不包括承制军毯和受交通运输条件限制而允许合作社自行销售的货品总额以及其与军事机关直接约定的供销总额。

由此可以看出，加工军事订货是西北工合的主要业务之一，西北工合的快速发展显然在于军事订货的推动。这种情况在当时已经引起西北工合各事务所的注意，特别强调，虽然工合初期在满足迫切需要的军队之供给，但如果不着眼于民生之改善，与民众生活发生密切之关系，则其工作势必随抗战结束而没落，因而强调工合"第一，必须真正地发展为深入民间的热烈的广泛的运动；第二，必须注意民生，改善民生，与民众生活发生密切的关系。"

此外西北工合的发展与其对教育的重视有十分密切的关系。工合一直很重视技术人才的教育和培训工作，艾黎曾强调说："工合社如没有技术地协助和推进，今后的命运仍难免于自毁一途的。"认为"训练一班有技术能力的社员及职员是今天工合刻不容缓的事情"。工合教育系统与工合经济系统发展相配合，使工业合作经济与工合教育设施，相辅而行，相互为进，达到合作式的经济体制与合作教育系统之形成。尤其要指出的是，西北工合对妇女工作的重视，除积极发动妇女参加工作，创办女子识字班、技能训练班来增加其知识技能外，还刻意培养其妇女解放意识。

（三）苦撑时期（1942 年—1945 年）

1941 年 12 月，太平洋战争爆发后，由于日寇封锁，一向从事外汇投机和海外贸易的游资纷纷拥向国内找出路，造成物价暴涨，生产事业遂受严重打击，工合社更遭遇到资金拮据和原料不足的双重威胁，减产、停工、解散者与日俱增。这一切，使工合多数被迫解散。1943年底，全国工合组织约三千个；1945年3月止，各地工合总数已经不到一千个，人数也不足一万个。为了工合的正常发展，组织者提出科学技术的引进，这是工合运动发展中很重要的课题。提出改良生产工具，统一生产标准，完善包装，从而使工合的生产达到近代化、技术化和科学化，但是因为工合业务的不景气和资金的严重匮乏，此问题至工合结束仍未能实现。

尽管面临重重困难，但西北区工合事业仍是西北具有相当活力的工商业组织，也尽其所能地为西北的经济发展做出了相当的贡献。西北工合根据市场需求，采取以销定产的策略，机动灵活地组织生产，在很短的时间内就生产出市面紧缺的商品应市。有些商品本地工合不能生产则由工合供销处向外省工合进货。工合产品品种繁多，花色新颖，实惠耐用且价格低廉，因而深受消费者欢迎。西北工合以微弱的资金力量创造出如此的业绩，不仅是工合同人共同努力的结果，也是工业合作事业生产能力的体现。

1945年抗战胜利后，聚集西北的资金纷纷向东南沿海汇集，市场上掀起抛售物资的狂潮，导致物价暴跌。银行担心贷款安全而又极力催收贷款，又迫使物价进一步下跌。此时工合业务已完全依靠银行贷款支持，遭遇如此情形，境遇十分困难。且因抗战胜利后，交通运输情况逐渐正常，外来日用工业品增多，工合产品的市场份额日渐缩小。在工合社员中有一部分是来自河南、山东、河北等沦陷区的流亡难民，抗战胜利后，这些人归心似箭，生产热情一落千丈，纷纷离社回乡，加之随着战事的结束，军事订货数量锐减，有些订货甚至被取消，使大部分的工合社处于停顿、观望状态。解放战争期间，在工合事务所的扶持和指导下，西北工合勉强维持，直到1951年分别交由甘肃、陕西两省合作事业管理局接管。

工业合作运动对西北的社会发展产生了重要的影响。其主要表现在：一是有力地改变了西北社会的消费结构，逐渐使其从完全依赖内地工业产品的输入改变为部分的自产，而且有些产品是被当作对外输出商品来生产；二是改变了西北人民的收入结构，工业产品收入在整个西北地区国民收入中的比重有所攀升，并在一定范围内促进了新兴工业的发展。当时工合建立了各种不同行业和规模的作坊和工厂，大体可分以下几类：纺织印染工业、机电工业类、矿冶工业类、化学工业类、陶瓷工业类、食品工业类、交通工具类、其他工业等项，工合生产合计大小业务一百四十余种。

工合组织聚集了一千多名受过训练的工程师、经济学家、科学家、会计员、各种技术人员和组织者，共同推动这一事业。它把失业工人、流亡难民、荣誉军人以及抗战家属组织起来，利用当地原料，进行加工制造，促进了农产品与工业品的相互发展，既稳定了社会，也充实了国防经济力量。

西北工合在西北抗战经济史上留下了光辉的一页。它的出现对于战时经济建设，提高西北手工业生产水平，繁荣经济，改善战时人民生活等方面都发挥了积极的作用。西北工合是战时经济建设的重要力量，对于粉碎日寇"以战养战""以华制华"的阴谋，和缓抗战初期物资供应的一时极度紧张，支持抗日民族战争等，都做出了重要贡献。

第五节　延安青年的抗日活动

抗日战争爆发后，第二次国共合作正式形成。中共中央所在地延安，成为抗日青年向往的地方，成千上万的爱国青年怀着抗日救国的热情、寻求革命真理的渴望，以及对中国共产党的信赖，先后从日寇占领下的沦陷区、国民党统治的大后方、敌后抗日根据地、从海外冒着生命危险，越过日寇和国民党的层层封锁，历尽艰辛来到延安参加革命。在中共中央和毛泽东等领导人的关怀下，延安的青年运动已成为全国青年运动的模范。1939 年 5 月 4 日，毛泽东在延安各界青年庆祝五四运动二十周年大会上，以《青年运动的方向》为题发表演讲，盛赞"延安青年运动就是全国青年运动的模范，延安青年运动的方向，就是全国青年运动的方向"。

一、最普遍最广泛的青年组织

1936 年 11 月初，中共中央在改造共青团的决定中就提出了"使全苏区的青年成为全中国广大青年群众的模范"的要求。"用一切方法，形成广大青年的组织，造成青年的统一战线，去反对主要的敌人——日本帝国主义。"西北苏区的共青团改造之后，建立了自下而上的青救会组织，并于 1937 年 4 月 12 日至 17 日，在延安召开西北青年第一次救国代表大会。大会号召西北各地青年救国团体立即开始和全国各地青年团体联系和合作，要求各地组织利用各种方式，建立各种青年团体，规定青救会是广大青年自己的组织，只要是抗日青年，不论何党派、阶级、信仰、性别，"年龄从 17 岁至 23 岁，都可以参加"。

第二次国共合作开始后，西北苏区更名为陕甘宁边区。为了广泛团结青年参加抗战，西北青救会在陕甘宁边区提出了"动员 100％ 的非会员青少年入会"的口号和发展整顿、巩固组织、训练培养青年干部的组织任务。各级青救会通过会员的政治军事教育、民主改选基层组织等活动，把边区各机关、工厂、学校等单位的全体青少年和农村绝大多数青少年团结和组织到青救会中来。1937 年 12 月成立的陕甘宁边区青救会，是边区青年组织的领导机关。到 1938 年 4 月，西北青救会成立一周年时，全边区健全了乡、区、县、分区的青救会系统领导，建立乡青年俱乐部 1 080 个，区青救会 165 个，县青救会 28 个，分区青救会等青年工作机构 7 个。与此同时，陕甘宁边区党委在县级以上党委设立了青年部（1938 年 5 月改为青委），在分区以上青救会建立了党团，加强和改善了党对青年的领导。

"天下青年心归延安"，万千爱国青年怀着抗日救国的热情、寻求真理的渴望和对中国共产党的信仰，选择了跟着共产党抗日的道路，冒着生命危险，冲破重重封锁，从国统区、沦陷区，甚至海外奔赴延安。

据统计，1938年末，等待批准进入陕甘宁边区的青年学生就有两万人。投奔延安的人中，有华侨，有上海滩的女明星，有冼星海、邹韬奋、丁玲、艾青、茅盾、萧军等著名的文化人，也有张学良的弟弟张学思、杨虎城的儿子杨拯民等爱国军人。尽管出身、信仰、年龄、职业、文化程度、生活习惯不同，但是，为了中华民族的解放事业这个共同目标，他们走到了一起。他们在革命熔炉里经受锻炼，与工农群众结合，把自己的前途、命运和伟大的抗战事业紧密联结在一起，到20世纪40年代初，延安已经形成一个约四万人的知识青年群体。党中央非常关心这些走上抗日道路的青年，为了把他们培养成为坚强的抗日战士，满足他们的政治要求，在延安创办了许多干部学校。这些青年在延安进行学习和工作，陆续从这里走向抗日战争的各个方面。

二、全面参与抗战

在中共中央的直接关怀下，陕甘宁边区青年运动，始终重视把青年的积极性、创造性引导到武装斗争、经济建设、文化建设中去，对全国青年的抗日救亡运动产生了深远影响，对世界青年的反法西斯斗争也起到了积极作用。

（一）参军参战

动员青年参军参战，是陕甘宁边区青年工作的中心任务之一。边区青救会在动员青年参军参战的工作中，发挥了先锋的作用。陕甘宁边区广大青年，响应党和边区政府的号召，踊跃地参加正规军。在抗战爆发的头两年，边区就有八千余名青年参加了主力部队。与此同时，各地还大力发展地方武装，组织青年自卫军。据1938年统计，边区青年自卫军已达十八万人。少先队也是青年的武装组织，他们配备少量枪支，而大量的是梭镖、大刀等武器。他们经常学习军事，配合主力部队和自卫军，开展保卫边区的治安，盘查行人、放哨，抬运伤员和锄奸防特等工作。青年自卫军和少先队成为抗日的后备军。边区儿童团也担负起放哨、送信、扶助抗属等工作。另外，各乡还建立了民兵组织，他们拿起武器，保卫家乡。在边区，由于广大青年的参军参战，形成了八路军留守兵团、青年自卫军、民兵三位一体的武装体系。抗战初期，因八路军主力开赴前线，国民党和日寇趁机派土匪、汉奸、伪军袭扰边区，在边区的部分地区曾一度出现"匪患"。广大青年自卫军与八路军留守部队，予以痛击，到1938年底，"匪患"基本平息，边区得到了巩固。

抗战进入相持阶段之后，为应付突然事变，击败日寇进攻，使八路军得到源源不断的补充，中共中央青委和中央军委于1939年4月发出建立青年武装的指示，决定建立普遍的青年军事组织，半脱产的青抗先和全脱产的青年连、营、团、支队、纵队、游击队，以逐渐地、有计划地吸收青年参军参战。1940年6月，中央书记处进一步提出，建立青年军事组织，在参战中不断壮大正规军。从1938年到1940年底，日寇对陕甘宁边区河防阵地发动了数十次进攻。当时边区留守部队只有一万五千人，广大青年自卫军与八路军一道，打退了日寇对边区的进攻，并缴获了大量战利品。在抗战期间，青年自卫军配合八路军留守部队，守卫着一千余里长的河防阵地，使敌寇不能越河进犯。

在抗战期间，广大青年配合主力部队，先后肃清了土匪特务，打退了日寇的进攻，粉碎了国民党的军事进攻，保卫了中共中央，保卫了边区人民的生命财产，使陕甘宁边区日臻巩固。

（二）参加经济建设

由于日寇与国民党顽固派加紧对边区实行经济封锁，1939年以后，边区的财政供给、人民生活发生了很大的困难。针对这种局面，中共中央和毛泽东号召边区军民"自己动手、生产自给"，开展了大规模的生产建设运动，以保障部队供给，减轻人民负担，支持长期抗战。边区的广大青年响应党的号召，在各级青救会的宣传动员与组织下，积极投入生产建设。由于边区劳动力缺乏、生产技术低下，增加了广大群众的劳动强度。对此，边区各地青救会组织青年帮助人民进行改良牲畜、提高生产技术和组织家庭手工业的活动，以改善人民的生产状况。同时，大力宣传和解释党关于经济建设的方针、政策，推动群众生产建设运动的深入发展。边区青救会还领导青年进行互助事业和社会服务，建立青年农场等工作。各校青年学生也都投入到生产建设中，边学习，边生产。

1940 年 2 月，陕甘宁边区普遍开展了减租减息工作。为了配合党开展减租减息工作，广大青年在青救会领导下，发动群众，对某些地主暗地抵制减租展开斗争，保护了农民的佃权，打击了地主对减租减息的抵抗和破坏，鼓舞了农民的志气，增强了他们向地主斗争的勇气。同时，协助党组织帮助农民组织"减租会""减租保地会""租户会"等群众组织，使广大农民的政治觉悟空前提高，并促进了边区农业、手工业生产的发展。

在生产建设运动中，有组织地发挥青年的先锋模范作用，1940 年起，边区青救会普遍在农村推广建立了青年农场、青年林场、青年合作社、青年运输队以及青年商店、青年工厂等生产服务组织，极大地推动了边区的生产建设事业。边区的儿童也发挥了积极的作用。如志丹县儿童保证每人种树两株，延川县永胜区三十多名儿童团员，开垦荒地三十余垧（每垧约三亩）。在生产建设运动中，涌现了大批青年干部和青年积极分子，他们在各个工作岗位上，为边区的青年树立了榜样。

（三）推动教育工作

抗战爆发前，边区的文化教育非常落后。识字者平均只占边区总人口的百分之一。1937 年后，党和边区政府克服财政困难和各种物质条件的限制，开展了文化教育运动。为此，《解放日报》发表社论指出："边区的青年运动，正应从下而上地积极配合这一运动，动员干部到实际的教育工作中去，做小学、冬学、夜校教员，组织识字班、读报组，以行动来响应党的号召，贯彻新的方针。"边区青救会为了配合这一运动，广泛地开展了动员工作，动员四十岁以下的成人和男女青年及儿童入校学习，并协助政府扩大学校，培养教育干部输送给政府教育机关；帮助学校改善教材和教学方法，在学校中建立俱乐部，以提高人们的学习热情与兴趣；帮助政府建立夜校、半日学校，以及开展冬学运动。延安师范等学校的青年学生，也积极地投入到文化教育中，其中有一个学生，一人就建立了四个冬学，并担任教员。此外，边区青救会还通过歌咏、戏剧、流动训练班、读报组等形式，向边区青年儿童进行政治、文化等方面的宣传，使边区人民及广大青年对抗战形势、青年任务、统一战线都有了正确的认识，使广大青年和儿童的文化水平有了较大的提高。

（四）参与政权建设

在党和边区政府的领导下，边区青年作用日益显著，边区青年的社会地位也大大提高，18岁以上青年都获得了参加民主政治建设的平等权利。青年们十分珍视自己的民主权利，在1941年边区第二届参政选举运动中，陕甘宁边区青救会发出了告全体会员和青年书，提出了有关青年的政见，号召边区青年积极参加选举和竞选。延安市青联组织了2 000多名青年参加竞选演习大会，为青年参政创造条件。各级青救会、学生会组织的选举工作团、宣传队、秧歌队、话剧团，成为选举宣传活动的劲旅。学生们在各地农村游行演讲，回家劝说父母兄弟，出门宣传亲戚朋友，自编自演街头剧目，受到了群众的欢迎和好评。在选举中，共有32名青年被选为边区参议员，12个县就有78名青年被选为县参议员，675名青年被选为乡参议员。全边区选到各级政府委员以上职务的青年共320名，其中有青年专员强晓初，青年县长、参议长谢怀德、王丕年、张方海等。

第六节　陕西人民的抗战贡献

抗战中，三秦儿女为抗日战争的胜利做出了巨大的牺牲。抗日战争时期，陕西约有937万人口，耕地面积3 692万余亩。大批三秦儿女英勇走上抗战前线。陕甘宁边区1937年至1938年两年，共有8 000多名青年参加八路军和边区保安队。1939年12月28日，陕甘宁边区党委、边区政府与八路军后方总留守处发出训令，动员壮丁1 710名补充留守兵团和保安队，要求三个月内完成，而延安县这次完成130名，占补充总数的7.6%。1940年春，边区政府原计划动员3 500名青年参军，结果有 5 000 多名青年参军。全面抗战期间，边区先后动员了 3 万多名青年参军。1937 年、1938 年组织 22 万人参加自卫军，2.8 万名少年参加少年先锋队配合部队保卫边区。1937 年 11 月晋南吃紧，边区沿河各县在七天之内动员 1 万多头牲口组成运输队到山西运输物资，支援抗战。延安县和延安市的青年表现得非常积极，据有关当事人回忆，延安前后参军的青年人数占到当时县、市总人口的 10%。边区人民还为前线募集毛袜、手套 10 万双。抗战时期，边区安置了 11 500 多名伤病退伍军人，优待军烈属 10 万人。抗战期间，边区人民缴纳救国公粮 98.3 万石，在地瘠民贫、只有 150 万人口的陕甘宁边区显得尤为重要。

另据国民党陕西军管区的统计，全面抗战期间，陕西历年征兵额为：1937 年至 10 月征兵为 5.0 108 万名，1938 年 11.2 372 万名，1939 年 18.2 025 万名，1940 年 18.3 276 万名，1941 年 15.4 285 万名，1942 年 15.6 904 万名，1943 年 9.2 864 万名，1944 年 13.8 264 万名；1945 年初至 9 月 3 日为 8.6 119 万名。连同志愿兵等兵员在内，共训练壮丁约 160 万以上。以当时陕西人口计，几乎不到九人就有一人应征。

抗战期间，国军孙蔚如部三十八军、高桂滋部十七军、高双成部二十二军以及武士敏部九十八军等三秦子弟组成的几支部队，东渡黄河，置身华北、中原等抗日前线，与八路军相配合，英勇奋战，歼灭了大量的日伪军，做了重大牺牲。八年抗战中，仅陕西籍的抗战英烈就有数十万人，英勇的三秦儿女为抗战的胜利做了巨大牺牲。

陕西还为抗战贡献了大量的财力和物力。当时，陕西驻扎着胡宗南的四五十万军队和四五万军事学校的学生，他们的军粮均取自于陕西人民。陕西人民年需负担军粮 256 万石，加之阎锡山的部队每年也要向陕西采购军粮 10 余万石，占全国交纳粮赋的 8% 左右，陕西人民的负担极为沉重。另外，自抗战爆发，冀、鲁、晋、豫诸省相继沦陷，难民流亡，云集关中陇海铁路沿线各地。尤其是在黄河决口以后，黄泛区灾民更像潮水般拥入陕西。据当时官方统计，为数约 10 万。因此，在抗战开始后不久，陕西就把开垦荒地、扩大农村耕地面积视为重要问题之一。当时，陕西纳粮数及人均负担均超过全国其他省份。1941 年至 1945 年，陕西每年的纳粮数分别占全国总数的 6.6%、7.3%、7.4%、8.7%、8.5%；全国纳粮各省平均每人负担不过 0.574 石，而陕西省每人竟达 1.564 石。以粮食产量与捐纳赋粮的比例计算，1944 年度，后方 15 省粮食产量中捐纳田赋者，还不到 4%，而陕西竟达 10% 以上。

陕西是西北咽喉，也是坚持抗战的大后方基地，因此，成为日机狂轰滥炸的主要目标之一。从 1937 年 11 月 7 日日机首次轰炸潼关、13 日轰炸西安起，一直到 1945 年 1 月 4 日最后轰炸安康的 7 年多时间内，日机对陕西轰炸总计 560 余次，投弹 1.36 万余枚，炸死 1 万余人，毁房 4.3 万余间。轰炸的范围遍及全省 55 个市、县、镇，西安、宝鸡、潼关、汉中、安康等地为轰炸的重点。西安为西北重镇，日机轰炸西安达 7 年之久。共空袭 145 次，出动飞机 1 106 架次，投弹 3 440 枚，死 1 244 人，伤 1 245 人，合计伤亡 2 489 人。重大事件有：1938 年 11 月 23 日，日机 20 架轰炸西安回民区，投弹 80 余枚，被炸清真寺 4 座，毁民房 150 余间，死伤民众 200 余人；1939 年 3 月 7 日，日机 14 架轰炸西安市区，投弹 100 余枚，死伤平民 600 余人，毁房屋 1000 余幢，为西安古城最大的一次浩劫；1940 年 6 月 30 日，日机 36 架飞临西安城，狂轰滥炸，还投掷毒气弹，死伤 400 余人。

宝鸡在抗战期间，沿海的工厂大量迁入，加之灾区、沦陷区的难民大量拥入，人口急剧增长，战略地位越发重要，也就成为日机轰炸的重要目标。日机轰炸宝鸡从 1939 年至 1944 年共 5 年之久，空袭 28 次，出动飞机 320 架次，投弹 1 211 枚，死伤 816 人，毁房屋 1 421 间。重要的有：1939 年 1 月 19 日，日机 11 架，投弹 58 枚，死伤 147 人，毁坏房屋 58 间；1940 年 8 月 30 日，日机 24 架分两批轰炸西北农学院，投掷杀伤弹、燃烧弹 120 余枚，毁坏校舍 136 间，震坏 366 间；1941 年 8 月 5 日，日机 7 架第二次空袭农学院，师生 3 人遇难；1940 年 8 月 31 日，日机 36 架分批袭击宝鸡，投弹 100 余枚，严重破坏了申新纱厂，导致 1 114 包棉花、60 台织布机被毁；1941 年 5 月 22 日，日机 8 架又来轰炸申新纱厂，投弹 40 余枚，炸毁房屋 20 余间。

汉中遭日机轰炸共 44 次，出动飞机 575 架次，投弹 2 056 枚，死伤 1 249 人，毁房屋 2 689 间。安康曾经遭到日机 18 次的轰炸，出动飞机 145 架次，投弹 1 154 枚，死伤 3 495 人，毁房屋 2 518 间。损失最大的一次是 1940 年 9 月 3 日，日机 36 架，倾泻毒气弹、杀伤弹 200 余枚，加上机枪扫射，伤亡极其惨重，安康城区大火笼罩三日不灭，死难者 850 余人，受伤者 2 300 余人，毁房 1 000 余间。

延安是抗日战争的总后方和政治指挥中心，也是日本帝国主义最痛恨的地方。从 1938 年 11 月日机首次轰炸延安，到 1941 年 10 月最后一次空袭，共 17 次，出动飞机 257 架次，投弹 1 690 枚，死伤 398 人，毁房屋 15 628 间。其中轰炸最残酷的是 1939 年，共轰炸 10 次，出动各种飞机 187 架次，投掷炸弹 1 189 枚，死伤 229 人，毁坏房屋和窑洞 7 882 间，整个延安城基本上被炸成废墟。

在反日机轰炸斗争中，陕西人民组织起来，大规模挖防空工事，不断强化防空演习，积极宣传抗日，发动救济活动，把损失减少到最低限度。日机的轰炸没有使英勇的陕西人民屈服，反而使得陕西人民的抗日意志更加坚定，激起了更强烈的抗日怒火！

第六章 抗战时期陕西民众生活

　　抗战之前，陕西由于地处内陆，经受欧风西俗的影响较少，广大农村仍然处于封建蒙昧状态。抗战时期，大批厂矿、高校、党政机关、军队在迁入陕西的同时，也将新的人生观、价值观、生活方式、风俗、工业技术、知识等带入陕西，极大地冲击了陕西封建落后、愚昧保守的社会风气，思想观念中的文明因子日渐增多，生活风貌发生较大改变。这在某种程度上给陕西带来了一次近代思想及社会生活的深刻启蒙。

第一节　抗战时期的陕西移民

　　抗日战争全面爆发后，国民政府政治中心西移，以陕西为中心的大西北成为抗战的大后方，陕西战略位置重要，是华北、华中通往西北的必经之地。再加上陕西是西北各省中最富庶、交通也最为发达的地区，所以大批难民迁移到这里，据估计，"战时入陕人口约占总人口的十分之一"。

一、抗战爆发与陕西移民

抗战时期的入陕移民主要由以下几部分组成：

（一）抗战爆发后，日军占领大片国土，沦陷区的人民纷纷内迁。抗战全面爆发后，日本倚仗先进武器大举进攻，迅速占领了中国大片领土，华东、华北等人口众多、经济发达的广大地区沦为敌占区，于是华北、华东地区的人民纷纷内迁。由于陕西的位置优越，经济也较为发达，成为难民集中的中心之一。1938年6月，为了阻遏日军的推进，国民党军队在河南郑州花园口一带炸开大堤，虽暂时遏制了日军的攻势，但滔滔洪水淹没了数以万计的村庄，造成了成千上万无家可归的难民。据国民党中央社从西安报道说："各方投奔到陕西的难民共有九十万之多。"河南地邻陕西，所以大量灾民纷纷迁往陕西。

（二）军事人员的增多——东北军的调入。由于陕西战略位置重要，国民政府将陕西和关中作为经营的重点，以作为控制整个西北和消灭陕北红军的基地。1935年10月3日在西安成立"西北剿匪总司令部"，蒋介石自兼总司令，张学良任副总司令。张学良奉命将东北军主力调入陕西，东北军总兵力约二十个师，十五六万人，调入陕西的就占五分之四。因为东北早已沦陷，东北军大都是携家带口迁入的，这也成为陕西移民的一大来源。

（三）战时高校、工厂内迁，随之迁来的广大师生、职工亦有相当数量。陕西整个地形是全封闭的，八百里秦川群山环绕，陕南为高耸入云的秦岭山脉，陕北为黄土高原（有黄河天险），都易守难攻。当时日军虽侵入山西、逼近潼关，但由于陕西为国民政府多年经营的重点，蒋介石认为，陕西为四川屏障，为此设立了蒋鼎文为主任的西安行营，辖十三个步兵师、四个步兵旅、三个骑兵师。再加上地形易守难攻，陕西还是相对安定的。因此，许多高校、工厂迁于此。据不完全统计，自1938年到1940年，经国民政府工矿调查委员会（后改名为工矿调查处）协助内迁的工厂中，迁至西安、宝鸡、咸阳等地的约40家，器材万余吨，技术工人700余人。此外，国立北平大学、国立北平师范大学、国立北洋工学院等九所高校迁入陕西，使陕西成为战时中国教育界的一大重地。工厂、高校的迁入，不仅促进了工业的发展和高等教育的发展，随之而来的技术人员、广大师生及其家属也是移民的一大来源，促进了人口的增长。

二、战乱与陕西人口变迁

战争是残酷的，其直接的结果就是大量人口的伤亡。据战后统计，整个抗日战争时期，中国伤亡人数高达3 500万。陕西虽然没有直接遭受日本侵略者的侵略，但是陕西处于抗战的最前沿，是日本侵略者重点"照顾"的后方抗日基地，因此，陕西在战争期间遭受的直接、间接损失也很巨大。

（一）战乱中陕西人口伤亡

陕西是西北抗战的前哨，又是坚持抗战的后方基地。日本侵略者早想摧毁这个抗日大基地，只是苦于心有余而力不足，山西有大量八路军和国民党军队的牵制，再加上潼关易守难攻，使日军只能放弃攻占陕西，转而寻求空中打击，想借空袭来摧毁抗战力量和打击抗日军民的士气。

日军空袭飞机多半是从山西的飞机场起飞，轰炸范围遍及全省55个市、县，西安、宝鸡、潼关、安康、武功、南郑等地为轰炸重点。从1937年11月7日日军首次空袭潼关，6天后轰炸西安，到1945年1月4日最后轰炸安康的7年多时间里，日机对陕西国统区的轰炸计560余次，每次飞机10余架至30架不等，共投弹1.36余万枚，致死致伤1万余人，毁坏房屋4.3万余间。一次死伤在百人以上的有西安、宝鸡、汉中、安康等地，其中西安达6次之多。西安自1938年11月至1939年4月初的5个多月时间里，就遭受日机轰炸9次，仅无主尸体就达164具。

为了削弱陕西抗日军民的抗战意志，日军多次轰炸的目标竟然是无辜平民。1938年11月23日清晨，西安西城的回族同胞正举行开斋典礼，日机20架突然飞来，以市中心和西北隅大、小皮院一带及各清真寺为目标，向无辜平民进行轰炸。此次日军共投弹 80 余枚，炸毁清真寺 4 座、民房 150 余间，死伤 160 余人。

1940 年 6 月 30 日午后 1 时，日机 36 架飞临西安轰炸并投毒气弹，致死伤平民 400 余人。安康县城共遭日机轰炸 18 次，其中损失最大的一次是 1940 年 9 月 3 日。当日，日机 36 架对安康城进行轮番轰炸，倾泻炸弹、毒气弹 200 多枚并用机枪扫射，仅死者就达 850 余人，致伤 2300 余人，毁坏房屋千余间，财产损失无法估计。

陕西全省各年度日机空袭损害统计表

年份	突袭次数	飞机架数	投弹颗数	死亡人数	负伤人数	毁房间数
1937 年	17	78	305	24	29	740
1938 年	67	576	1 460	315	386	12 951
1939 年	116	1 251	4 417	1 055	1 388	14 211
1940 年	59	362	2 498	1 742	3 165	6 033
1941 年	152	962	3 608	965	403	7 528
1942 年	62	92	50	5	8	180
1943 年	15	129	320	158	193	710
1944 年	74	331	925	66	168	1 448
1945 年	5	8	27	1	2	20
合计	567	378	13 610	4 331	5 742	43 825

（二）移民对陕西社会的影响

抗战时期由于战争等因素的影响引起大规模的"逆向人口迁移"，大量移民进入陕西，不断与当地居民、社区发生密切联系，彼此相互影响，对陕西社会产生了深远的影响，而且影响是多方面、多层次的。其影响主要有以下几个方面：

（1）入陕移民对陕西农业及垦荒事业的发展起了极大的推动作用。

开垦荒地是发展农业的一个重要途径，抗战爆发后，大批难民拥入陕西，为开垦荒地提供了大批劳动力。

（2）刺激了陕西工商业的发展。陕西原来工业基础十分薄弱，战前仅有小型工厂72家，资本总额1 813万元。抗战爆发后，陕西成为抗战的大后方，于是东部沿海的工厂纷纷迁入，总计42家。抗战时期，内迁工厂大都是资金雄厚、设备先进、管理科学的代表国内工业发展水准的工业企业。他们带来了先进的技术、先进的管理经验和科学的相对完备的企业制度，对相对落后的陕西工业企业起到了带头模范作用，为陕西的工业发展注入了活力，对陕西的工业发展起到了极大的推动作用。

机器制造业往往代表着工业的发展水平，被称为现代工业之母。抗战时期有八家机器工厂迁入陕西，在他们的影响带动下，机器工厂纷纷设立，至1943年，陕西的机器工业达到56家，有资本总额6 643万元，工人2 151人，分别占当时全省工厂数、资本总额及工人总数的23%、11%、16%。如陕甘工厂、建国机器厂、洪顺机器厂等骨干工厂，都是在这段时间建立的。

在迁陕企业的带动下，陕西的工业生产获得迅速发展。据省政府公布之统计数字，1937年抗战开始至1943年3月，经国民政府核准登记之工厂已达238家，其中纺织业104家，机器工业56家，化学业15家，制革业12家，面粉业10家，其他41家，资本总额6 643万元，动力总和6 932匹马力。与战前相比，工厂数增加3.3倍，资本总额增加6倍左右，而且这些工厂也相对分散。除西安外，其他城市如宝鸡、咸阳等地的工业也获得较大发展。

（3）对社会习俗的冲击。难民大规模的流动，无论是对难民自身还是对流入地人民打破地域观念和开阔视野，都有很大的帮助。抗战时期大规模的人口流动大大地扩展了人民的交往范围和人民的视野。近代著名社会学家孙本文曾经指出：抗日战争时期由于东部各省人民移入西部，"使东西两部风俗得到接触机会。不仅使一般人民知道全国风俗的不同，而且相互观摩，而得接触和改良的利益。加诸抗战期间，生活上一切因陋就简，可以省却平时的许多繁文缛节。我国社会上不少礼仪或可得合理化或简单化的机会"。由于不同区域的人民在一起共同生活，彼此的生活习惯、语言习惯、婚俗等方面都会相互影响。难民来到西部，既受到当地人的影响，也影响着当地人的生活，不同范畴的风俗文化彼此撞击、互相适应，你中有我、我中有你。

第二节　战时陕甘宁边区民众日常生活

陕西高校及中学学生在抗战期间一直走在抗日救亡民主运动和传播近代文化知识的前列。抗战期间，陕西学生深入农村、工厂，广泛宣传抗日主张，讲授近代知识，对于促进农村社会风气开化、教育民众关心时事起了一定的作用。在西安学生分会的带动和影响下，汉中、凤翔、武功、三原、大荔、华县、合阳、韩城等县的中学生，也采取各种形式到农村开展抗日救亡活动。

中共领导的陕甘宁边区在对封建陋习的打击和社会风气的转变方面取得的成效更大。陕甘宁边区则制订了新的婚姻条例，将妇女从传统的包办婚姻中解放出来。1939年4月4日，边区政府颁布了《陕甘宁边区婚姻暂行条例》，规定男女婚姻照本人之自由意志为原则，禁止包办强迫及买卖婚姻，禁止童养媳及童养婚，禁止有直接血统关系或患有不治之恶疾者结婚等。同时还规定凡具有感情不和、虐待行为等理由，则可以离婚。新的婚姻条例为妇女争取婚姻自由提供了法律保障。妇女接受教育和参政也是其重要内容。这时期边区的各级学校都收有女生。截至1939年，边区小学女学生有三千四百多人，占在校生的六分之一。大批的劳动妇女参加了识字组、冬学、夜校的学习。据边区妇联在1939年春统计，识二百字左右的妇女已占全边区妇女的十分之一，使边区妇女的文化素质有了大幅度的提高，其思想意识、人生态度也大有转变。觉醒的妇女在边区政府的鼓励下，又积极投身于参政议政之中，在第二次普选中，有百分之七十以上的妇女参加了直接选举。边区政府又在改造"二流子"、打击社会丑恶势力、改变陈规陋习方面做了大量的工作，以至于在边区出现了"一没有贪官污吏，二没有土豪劣绅，三没有赌博，四没有娼妓，五没有小老婆，六没有叫花子，七没有结党营私之徒，八没有萎靡不振之气，九没有人吃摩擦饭，十没有人发国难财"的良好社会风气。

抗战时期，陕甘宁边区的日常生活也发生了很大的改变。抗战进入相持阶段后，边区与国民党统治区域的货物流通，几乎完全停止，除了消耗品，任何的必需品如布匹、棉花等都禁止运往边区，致使穿衣问题日渐突出。为此，边区政府一方面大力推广植棉，另一方面全面开展纺织运动。在抗战后期边区民众的穿衣得到了改善。延安城里党政军学统一的服装是八路军制服。边区领导人和普通人员的衣着差别主要表现在衣服质地和口袋数量的不同，少数干部和教师也发延安产粗毛呢服，只是学员的上衣是三个口袋，干部、教师的上衣是四个口袋。在延安城里，革命男女都身着八路军制服，于是斯诺说："在共产党人之中，你很难区分谁男谁女，只是妇女的头发稍长一些。"从着装上看，抗战时期延安革命青年的服装有着强烈的时代特征。

抗战时期的边区，农村经济十分贫困，农村的饭食十分简单，生活很清苦，许多农民连一般的温饱都很难维持。边区的机关、部队和学校是供给制生活，吃饭以小米为主。按照规定，供给的标准是：一般工作人员的粮食是每人每日发小米一斤四两。供给制的生活反映了抗战时期延安"小米加步枪"的时代特征。

抗日战争时期，陕甘宁边区物质生活虽然困难，但精神生活却十分丰富。每逢周末和节假日，边区不同单位都要举行各种晚会，节目丰富多彩，话剧、京剧、合唱、相声等等，应有尽有。广大乡村民众的业余生活也发生了变化，过去死气沉沉的村子因边区各种剧团下乡而变得活跃起来。如庆环分区农村剧校1940年上半年在陇东各地演出戏剧三十六场次。延安的剧团也利用农闲的冬季到边区各地巡回演出，送戏下乡。1938年冬，民众剧团在陕北三边等地巡回演出，演出的剧目多达十余个。这样的巡回演出，一方面，宣传了中共的抗日主张，起到了动员民众的作用，另一方面丰富了广大乡村民众的业余生活。整风运动和延安文艺座谈会后，根据地的文艺走上了面向农村、面向群众的道路，使边区乡村民众的业余生活更加活跃和丰富。边区不同层次的剧团和宣传队纷纷走向基层，为老百姓服务。

延安文艺座谈会后，边区兴起了新秧歌运动，于是秧歌成为边区民众最普及的娱乐活动。1943年开展秧歌运动中，全边区共有六百个民间秧歌队，大的有二三百人，小的也有二三十人。新秧歌运动的普及不仅丰富了边区民众的生活，而且在动员民众方面发挥了应有的作用。

第三节　战时陕西国统区民众日常生活

社会习俗是人民在长期生活中所形成的生活习惯，它是很长一段历史时期内经过缓慢发展而形成的，是根深蒂固的，因此是最难改变的。陕西地处中国西北，和西北其他地区一样，是较为封闭和保守的，但是在抗日战争时期，由于大规模移民的冲击、工农业的发展变化、大量文化人的迁入，陕西的社会生活习惯也开始发生了变化。

一、战时的衣食住行

生活习惯的变化最直观的反映就是人民的衣食住行方面的变化。

（一）饮食的变化

饮食更多地取决于地方物产和气候条件，在整个抗日战争时期，关中地区的饮食结构和习惯基本上沿袭传统和地方特色，尤其在广大的农村。在饮食结构中，主食仍以麦面食为主，海味之类在西北地区比较匮乏，蔬菜品种较少。在饮食习惯上，西北地区城市中多为一日三餐，农村则在农闲时多为一日两餐，农忙时才一日三餐，但这种一日三餐并非现代意义上的营养合理搭配的三餐制，而是根据农事劳动的时间安排。

尽管传统的饮食结构和习惯根深蒂固，但是随着战时的西北开发和大规模移民的影响，陕西社会自近代以来的发展趋势得到了加强。因此，传统的饮食结构和习惯，或多或少都发生了细微的变化。当然，这种变化主要还是集中在城市。

首先，是西餐的进入。西餐进入中国后早在民初已成一种时尚，而由沿海传至内地，再至边疆，速度并不快。抗日战争时期的西北开发吸引了一批投资者（银行、旅行社、股份公司等），在陕西相继开设了一些较为现代化的饭店、酒店和招待所，并在其餐饮服务中设立西餐厅。享用西餐者也多为有相当经济条件的军政、工商界人士，但这并不妨碍西式食品在该地区的发展。

其次，是随着战时人口的不断流动，各路菜系在西安地区聚集并相互交融。当时的西安，京菜、川菜、粤菜、清真菜等，都是较为有名的地方菜系。与此同时，具有各种地方特色的小吃店、小饭馆也纷纷兴起。

（二）居所的变化

居住条件的改善，很大程度上与社会的进步尤其是工商业的发展有关。近代以来，人们的居所亦表现出传统的静闭特色。在城镇或平原地区的乡村大户中，民居多以平房、瓦房为主，且多为四合院式结构。每家独门独户，设有围墙和大门，与外界隔开。房屋建筑以土木为主，墙多以土坯或砖筑，顶覆以瓦，中间起脊，两边下巡者为正房，一边下巡者为厦房。在丘陵或山区农村，民居则多为窑洞，或用砖或用土坯或用石料叠砌成窑。千百年来代代相传的平静、封闭、分散、亲土而又落后的农业文明下的生活居住方式，被火车的轰鸣、汽车的急驶以及纷沓而至的商行、银行、机关、学校、工厂企业所打破。新式的以钢筋、水泥为材料的建筑物在铁路所到之处渐渐竖起。

在一些城市，逐渐出现了新居住区，其中多为官僚或资本家所居的新式洋房和豪宅。譬如1936年前后，在西安新城北门外的北新街附近，陆续盖起了"一德庄""四皓庄""五福庄""六谷庄""七贤庄"等新村，成为当时西安城内最阔绰的住宅区和街坊。这些住宅纷纷仿西式洋房建筑，尤其是室内大多具备了西式会客厅、卧室、卫生间、取暖设备、电话、电灯等设施。有一些内迁工厂、企业也设立了工人居住区，其房屋大多类似于集体宿舍式的建筑，并附设有某些公共生活设施。

居所的变化除了上述的民居之外，还有现代气息更浓的旅馆和招待所。20世纪三四十年代陕西的特殊地位，使这里沿铁路、公路各城镇的旅馆业极为繁荣。我们从当时崛起的一批较为现代的招待所来了解旅居方式的变化。全国抗战以前，中旅就随陇海铁路向西延伸，相继在开封、郑州、潼关设立分支社及招待所，并先后在西京（即西安）、宝鸡、天水、汉中、兰州等设立招待所。其中，西京招待所被称为当地三大建筑之一。"其布局设计，前面有花园颇宽敞，正中为三层楼房，两翼均为二层楼。斜向东南，外观格局颇幽雅庄严，实际建筑面积三千余平方米，拥有客房四十六间，在两床房中设有浴室及卫生间，其余则具有公共卫生洗澡间。有餐厅，备有中西菜。附设理发室、洗衣房及代收电报。冬季有暖气设备。"与旧式的客栈相比，这种新式旅馆不仅在规模和建筑上突破了小本经营和土木结构的传统，更重要的是在内部设施上注重了卫生条件和现代附属设备。当然，无论是新式住宅还是现代意味的旅馆，都集中出现在城市，尤其是铁路所及和工商业发展之处，而在广大的乡村，一般民居窑洞并没有什么变化，但对窑洞的改造却已在有的地方见诸实施。传统的窑洞，仅可由前置窗通气纳光，而为了防寒，门窗多做得很低矮。全国抗战爆发后，第二战区司令长官部驻节宜川县兴集镇，部属沿县川各村庄建房掘窑甚多，由于嫌其昏暗，于是扩开窗户，增强光线。入夜，倚坡重叠窑孔四层，各窗灯光齐放，远望好像西式楼房，时人皆比为上海四马路。不仅"邑人多仿行之"，该区专员余正东亦专门向各县发出通令："宜川县政府并本区（第二战区）各县鉴：查挺胸抬头，为发扬民族之良好习惯；本区各县人民之居室，门户低矮，碰伤头脑，到处皆然，迫使一般人民出入门户，莫不鞠躬俯首，体魄志气均受影响。此种习俗，巫宜有所改正。今后建筑居室，门户之最低限度，不得低于六市尺。已有之低矮门户，应酌量限期提高……尤应转知泥木匠工，随时注意为要。"

（三）交通工具的变化

近代意义上的交通，包括以新式交通工具为标志的水、陆、空交通以及借助于新式交通工具而进行的信息传递。在陕西，人们外出除了步行之外，主要是借助畜力。随着铁路、公路网等交通设施的修建，汽车、火车、摩托车、自行车逐渐进入人民的生活当中。这些新式交通工具的应用，不但大大缩短了人们旅途的时间，而且使人们从封闭走向开放，促进了西北与外地的交往。

铁路是近代工业的产物，同时，也是近代工农业发展的重要条件。铁路最早出现于工业革命的发端地英国，而后随着世界工业革命的开展，迅速扩散到各发达资本主义国家。铁路这一新式事物随着资本主义的文明一起传入中国。出于国防战略和陕西发展的需要，1934年陇海铁路向西延伸到宝鸡，这样，火车也进入了陕西人的日常生活之中。自行车作为一种相对低廉、轻便的交通工具，对于广大农村缺乏平坦公路的地方，比其他工具能够更快更容易地为民众所接受。1949年的西安，仅自行车行业工会的会员即达九十四家。

近代以来，新兴的信息传递，除了借助于上述的新式交通工具外，还有专门的工具，如电报和电话。不过，这些更为便捷的现代通信手段——电报和电话，抗战军兴以前，陕西鲜有。在西北开发中，环境电话所和电信局相继成立，电话开始在各县地方驻军及政府部门安装，同时，私人安装势头大大超过公家。据统计，三原县电信局自1933年开始办理长话、市话业务，到1944年，市话发展至十三门，其中属于私人花店和商号的就占十门，余则属于县政府、警察局和当地驻军；在不对外安装的环境电话中，竟有百分之三十是为"捞外快"而破规安装的私户电话。

二、战时的婚姻家庭生活

长期以来，由于封闭保守和民族宗教信仰的不同，陕西地区的通婚范围受到很大的限制。在农村，通婚的对象往往是本村、本族。抗日战争爆发后，大规模的人口流动和近代交通的发展，给人们提供了更多接触的机会，工商业的发展也为一部分人提供了相对独立的经济地位，使人们拥有更多的经济能力和婚姻自主权利，通婚范围得到很大改变。

（一）婚姻制度和婚姻习俗的变化

传统的谈婚论嫁都是依父母之命、媒妁之言的。女子一般到 14 岁以后，即由父母做主遣媒人开始说亲，至 16 岁而未嫁者甚少，早婚之习深厚。一旦出嫁，往往嫁鸡随鸡，嫁狗随狗，离婚事则因"民风淳厚，男虽极贫，女虽极陋，各安天命，白头相守，不相离开，俗谓一竿子到底"。1930 年，国民政府颁布的《民法》之"亲属编"，对婚姻自由、婚姻年龄以及离婚和财产继承等都有规定。如第 972 条规定：婚约由男女当事人自己订定。这就从法律上肯定了男女双方在决定自己的婚姻方面，地位是平等的。再如第 980 条规定：男未满 18 岁，女未满 16 岁不得结婚。虽然所定年龄的下限偏低，但对自古流传下来的早婚陋习毕竟有了第一次明确的限制，也从法律上公开禁止娃娃亲、童养媳等婚姻恶俗。《民法》还比较公正地对待男女离婚的问题，如规定，"一方有下列情况之一者（重婚；与人通奸；受他方不堪同居之虐待；妻虐公婆或公婆虐妻致不堪共同生活；恶意遗弃他方；有精神病；生死不明之逾三年或被判处徒刑），另一方可向法院请求离婚"。

立法为改变陕西婚姻陋习提供了法律依据，婚姻自由的风气在一些地方开始形成，但落后的封建婚姻习俗并没有根除，加之大批内迁人口在陕西生活，就使这一时期的婚姻形态呈现出新旧并存的现象。抗日战争时期，在政府的法律规范和文化界移风易俗等活动的推动下，早婚现象比以前大幅度减少，初婚年龄亦出现了变化。如 1930—1940 年，陕西全省按性别平均初婚年龄统计，男性从十五六岁提升到 21 岁，女性从 16 岁提升到 18 岁。婚姻自由一方面表现为缔结自由，另一方面则表现为解除自由。当时离婚案的出现和上升趋势也体现了人们突破传统婚姻束缚的勇气和追求自由婚姻的向往。总的来说，婚姻制度变革的影响和婚姻观念的变化速度及彻底程度在各处不同，一般在城市快于乡村，知识分子阶层快于其他阶层。

（二）陕西家庭结构和家庭关系的变化

婚姻习俗的变化必然带来家庭及家庭观念的变化。陕西家庭结构与家庭关系的变革与整个民国时期社会发展的趋势相一致，这就是"由大家族制趋向于小家庭制，由阶级的家庭趋向于平等的家庭制"。

抗战时期陕西的家庭类型主要有四种：一是以夫妻为核心和未婚子女组成的核心家庭；二是以夫妻、父母和未婚子女（包括兄弟姐妹）组成的主干家庭（又被社会学家称为直系家庭）；三是以父母和两对以上已婚子女组成的联合家庭；四是没有婚姻关系只有血缘亲属关系的组合家庭，亦称为其他类型家庭。其中，以两代的核心家庭和三代的主干家庭居多，即使在传统大家庭制度较为盛行的陕西，也是如此。有资料显示：1949 年，在城市、陕北、关中、陕南，其家庭类型中核心家庭、主干家庭之和分别占到 81.34%、92.20%、76.04%、86.01%。在总体家庭结构中，核心家庭与主干家庭占据主流，是整个社会变迁的必然表现。

与家庭类型的变化相伴随的是家庭内部关系的调整。在传统的婚姻家庭中，妇女在婚姻上的不自由和丈夫在人权上的独占性（即夫权居权威地位）得到社会观念和国家法律的双重维护，造成了夫妻间地位的极不平等，妇女在家庭中处于从属地位。而以维护婚姻自由、男女平等、妇女权益为内容的婚姻制度的变革以及婚姻自由等新文化思潮的影响，使这一时期的陕西妇女同全国各地妇女一样开始觉醒，并从事争取男女平等、婚姻自由的斗争。

三、战时的文化娱乐生活

在陕西，传统的文化娱乐形式主要有：戏剧、民歌、木偶戏、腰鼓、快板等。娱乐的场所除戏剧尚有一些专门的戏楼外，大多并无固定场所，空旷之处都可以利用，时间上也常常是借助节日、庙会、农闲、婚丧期间偶聚而乐之。由于全民族抗战的影响和商品经济的不断冲击，陕西的封闭和"宁静"被打破，人们的生活观念和精神风貌向积极进取、竞争开放的方向转化，传统的娱乐活动也随之发生变化。传统的文化娱乐方式在内容上更多地反映了现实生活的变化。

比较成熟、也一向较少变化的传统戏剧，在全国抗战中也表现出强烈的时代气息。随着东部人口的大量内迁和华中艺术界人士的纷沓而来，陕西同四川等省一起成为文化界的"敦刻尔克"，各种戏种如河北梆子、豫剧、京剧、晋剧、评剧等，与当地的秦腔一起交流对演，一时间戏剧界热闹非凡。

除了演传统剧目之外，戏剧界也纷纷编排以反映现实生活和抗日救亡为主题的新剧目从而不仅满足了群众文化娱乐的需求，而且大大激发了群众的爱国主义热情。陕西最著名的秦腔剧团——西安易俗社，在爱国戏剧家范紫东的主持下，创演了至今仍为范本的《三滴血》等传统剧目和《投笔从戎》《民族魂》《保卫祖国》《还我河山》等新编历史剧。当剧团在各地演出时，所到之处民众奔走相告，争相观看。同时，许多戏剧团体还通过演出募集了大量现金，有力地支持了前线的抗战。

其次，新的剧种——话剧也出现并活跃在抗日战争时期的西北。20世纪20年代以来，由于各省文化教育促进会的推动，陕西也相继组建了一批话剧团，演出了一批有影响的剧目。至三四十年代，在抗日救亡的时代背景下，话剧迅速发展。在抗日战争时期，陕西的话剧演出更加活跃，尤以三原县最为兴盛。先后出台的话剧有民治小学话剧团的《一元钱》，省立三中双星剧团的《一片爱国心》《屏风后》，职工学校的《有冤难伸》《醒狮会》，三原民众教育馆抗日宣传队的《米》，北城西潭巷普育小学的《卢沟桥》《夜光杯》《天津的黑影》，驻三原的国军第三十七集团军总司令陶峙岳部和平话剧团的《雷雨》《原野》《日出》《风雪夜归人》等。另有第二战区文化抗战协会民族实验剧团、西安狮吼儿童剧团、泾阳青年剧社等外地话剧团来到三原，除在县城演出外，又奔走各乡及邻县乡镇为当地群众演出。一些剧社不但剧目生动感人还使用现代的演出设备。如泾阳青年剧社演出的大型话剧《万世师表》，反映的是抗日战争时期从沦陷区迁来的某大学教授克服重重困难，坚持培育新人的事迹，由于演员具有较高职业水准，又配以电光布景，演出轰动全城，竟有"连演三天，座无虚席，站位也相当拥挤"之情形。

再次，电影这一新式的文化娱乐方式也开始在陕西地区出现。如果说电影早于1905年已在东部沿海的上海等地出现并逐渐成为城市居民重要的娱乐方式之一，那么它传到偏僻的陕西则迟至20世纪30年代初。重要的是，电影同其他现代传媒（广播、电信、报刊、话剧）在陕西的出现，对世代生活在这里的民众所起的潜移默化的作用是不可低估的。它不仅促进了社会风气的开化，加深了陕西民众对外界的认识，也推动着陕西人民思想观念的更新和传统生活方式向现代生活方式的转型。电影是当时最受欢迎的一种寓教于乐的宣传方式，姑且不论放映影片的政治性如何，观众的兴趣点也不在这个地方，影片中最能让人迅速认同并接受的是剧中人的摩登生活方式，然后才会启发某种程度的理性思考，逐步地引导自身生活方式的转变。

后 记

中国抗击日本侵略战争胜利已70余年，为了铭记历史，缅怀先烈，很有必要把陕西人民包括陕甘宁边区人民的抗日救亡活动完整真实地呈现出来，以便弘扬陕西人民在波澜壮阔的抗日战争中的爱国情操和英雄主义精神。因此，在得知太白文艺出版社有一个宏大的计划，要策划出版一套《陕西抗战记忆》的丛书，心里非常激动。能够在其中为讲好陕西抗战故事贡献自己的一份微薄的力量，我感到非常的荣幸和自豪。

《抗战中的陕西民众》主要是描述抗战时期陕西人民的抗日救亡活动，包括陕西国统区的抗战团体、陕甘宁边区的抗战团体，陕西新闻和文艺界的抗战活动，陕西人民的抗日武装斗争，尤其突出介绍了陕西妇女和学生的抗日活动。抗战除了打仗和生产，当然也要生活。文中最后加上了抗战时期陕西民众的日常生活，也是为了让读者增加了解真实的战争年代的社会生活。

为了保证历史叙述的准确可靠，尽量采用可信可靠可读的史料，由于时间紧张，水平所限，失误之处在所难免，还望各位读者谅解和不吝指正。

最后，向辛苦的编辑们说声感谢。也向书中所引用的资料的作者和编写者说声感谢。

袁文伟

2016 年 9 月 16 日

参 考 书 目

1. 《中国共产党历史》(第一卷),中共中央党史研究室编,中共党史出版社,2009年版。

2. 《中国共产党陕西历史》(第一卷),陕西省委党史研究室编,陕西人民出版社,2009年版。

3. 《陕西军民抗战记事》,中共陕西省委党史研究室编,陕西人民出版社,1995年版。

4. 《陕西党史资料丛书(七)·陕南人民抗日第一军》,陕西省委党史资料征集研究委员会编,陕西人民出版社,1988年版。

5. 《抗日战争时期的西安八办》,中共陕西省委党史研究室、八路军西安办事处编,陕西人民出版社,1995年版。

6. 《抗日战争时期的陕西省委》,中共陕西省委党史研究室编,陕西人民出版社,1993年版。

7. 《抗战期间日本飞机轰炸陕西实录》,肖银章、刘春兰编著,陕西师范大学出版社,1996年版。

8. 《陕西党史资料丛书(九)·西安事变前后和抗战初期陕西国统区青年运动》,陕西省委党史资料征集研究委员会编,陕西人民出版社,1989年版。

9. 《陕西党史资料丛书(十)·西北民主青年社与陕西国统区学生运动》,陕西省委党史资料征集研究委员会编,陕西人民出版社,1989年版。

10. 《陕西党史资料丛书(四十三)·抗日战争时期中共汉中地区组织及其活动》,陕西省委党史资料征集研究委员会编,陕西人民出版社,2007年版。

11. 《陕西党史资料丛书(十九)·抗日战争时期中共咸阳地区组织

及其活动》，陕西省委党史资料征集研究委员会编，陕西人民出版社，1991年版。

12.《陕西党史资料丛书（二十）·土地革命战争时期共青团陕西省委和陕西青年运动》，赵有奇主编，陕西人民出版社，1992年版。

13.《抗日战争时期陕甘宁边区统一战线和三三制》，中共延安地委统战部、中共中央统战部研究所编，陕西人民出版社，1989年版。

14.《陕西革命历史文件汇集》（1937年1.2），中央档案馆、陕西省档案馆编，1992年版。

15.《中国共产党组织史资料》（第三卷）（上），中共中央组织部、中共中央党史研究室、中央档案馆编，中共党史出版社，2000年版。

16.《陕西省志·军事志》（上、下），陕西省地方志编纂委员会编，陕西人民出版社，2000年版。

17.《陕西省志·报刊志》，陕西省地方志编纂委员会编，陕西人民出版社，2000年版。

18.《陕西省志·妇女志》，陕西省地方志编纂委员会编，陕西人民出版社，2001年版。

19.《陕西省志·中国共产党志》（上、下），陕西省地方志编纂委员会编，陕西人民出版社，2002年版。

20.《陕西省志·文化艺术志》，陕西省地方志编纂委员会编，陕西人民出版社，2005年版。

21.《陕西省志·人口和计划生育志》，陕西省地方志编纂委员会编，陕西人民出版社，2012年版。

22.《延安时期的社团活动》，任文主编，陕西师范大学出版社，2014年版。

23.《延安时期的日常生活》，任文主编，陕西师范大学出版社，2014年版。

24.《中国青年运动六十年：1919—1979》，郑洗主编，中国青年出版社，1990年版。

参考书目

25.《中国学生运动史》，翟作君、蒋志彦著，学林出版社，1996年版。

26.《中国妇女运动历史资料（1937—1945）》，中华全国妇女联合会妇女运动历史研究室编，人民出版社、中国妇女出版社，1991年版。

27.《陕西近现代革命史》，袁武振著，陕西旅游出版社，1997年版。

28.《陕甘宁边区史》(抗日战争时期)，雷云峰总编，西安地图出版社，1993年版。

29.《陕西青年运动纪事》，陕西省委青运史研究室编，陕西人民出版社，1993年版。

30.《陕西通史》(民国卷)，郭琦、史念海、张岂之主编，陕西师范大学出版社，1997年版。